Global Energy Interconnection
Development and Cooperation Organization

全球能源互联网发展合作组织

中国碳中和之路

全球能源互联网发展合作组织

中国电力出版社
CHINA ELECTRIC POWER PRESS

前　言

　　2020年9月22日，习近平总书记在第75届联合国大会上发表重要讲话，提出我国将提高国家自主贡献力度，采取更加有力的政策和措施，二氧化碳排放力争于2030年前达到峰值，努力争取2060年前实现碳中和。围绕此目标，习近平总书记作出了一系列重要指示，强调要把碳达峰、碳中和纳入生态文明建设整体布局，提出到2030年我国非化石能源占一次能源消费比重达到25%左右、构建以新能源为主体的新型电力系统、严控煤电项目等明确要求，为应对气候变化、加快绿色发展提供了方向指引、擘画了宏伟蓝图。

　　碳达峰、碳中和目标的提出，是党中央统筹国际国内两个大局作出的重大战略决策，是我国向世界作出的庄严承诺，体现了我国主动承担应对气候变化国际责任的大国担当，彰显了我国走绿色低碳发展道路的坚定信心和决心。此目标是我国实现可持续发展、高质量发展的内在要求，将加快我国产业结构、能源结构转型升级，有力推动构建现代化经济体系，促进生态文明建设，为实现中华民族伟大复兴中国梦、推动构建人类命运共同体奠定坚实基础。

　　全球能源互联网发展合作组织认真学习习近平总书记重要讲话精神，深入贯彻新发展理念，落实"四个革命、一个合作"能源安全新战略，从战略全局认识和把握碳达峰、碳中和目标任务，结合自身在全球能源转型、清洁发展、气候环境等领域的研究成果，对我国碳达峰、碳中和的重大意义、形势任务、思路目标、重点举措等进行了深入研究，编制形成《中国碳中和之路》。

　　本书共分九章。第 1 章剖析我国碳中和的重大意义与面临的挑战。第 2 章阐述碳中和内涵、影响因素，提出以中国能源互联网为基础平台和根本依托，实现碳中和的总体思路。第 3 章提出以中国能源互联网实现碳中和的目标与路径，通过比较分析展示中国能源互联网的优势。第 4 章研究提出以"清洁替代"加快能源生产领域脱碳的方案。第 5 章研究提出以产业升级、电能替代、能效提升等加快工业领域脱碳的方案。第 6 章研究提出交通领域脱碳的方案。第 7 章研究提出建筑领域脱碳的方案。第 8 章提出促进碳中和目标实现的关键技术创新方向与重点，对碳中和相关产业、财税、金融政策以及市场机制进行研究。第 9 章分析以建设中国能源互联网实现碳中和目标的综合效益，展望实现碳中和的经济社会美好未来。

　　实现碳中和目标对我国经济社会发展转型提出了更高要求，也带来了新的重大机遇，将为建设富强民主文明和谐美丽的社会主义现代化强国提供强大动力。需要社会各方携手努力、凝聚共识、迅速行动，把握"十四五"夯基筑台的关键窗口期，应尽早确定战略转型方向和重大技术路线，加快推动实现碳达峰，2050 年全面建成中国能源互联网，全面促进"两个替代"，确保 2060 年前实现碳中和战略目标，走出一条速度快、成本低、效益好的中国碳中和之路，为实现"两个一百年"奋斗目标、构建人类命运共同体作出积极贡献。

目　录

图目录

表目录

专栏目录

1 碳中和的意义与挑战

应对全球气候变化是全球各国共同的挑战和责任，我国宣布碳达峰和碳中和目标愿景，并将其纳入国家建设整体布局和发展规划，展现了我国作为全球生态文明建设参与者、贡献者和引领者的决心和魄力。我国正处于全面建成小康社会、开启全面建设社会主义现代化国家新征程的历史阶段，实现碳中和是我国实现可持续发展、高质量发展的内在要求。2060 年前我国经济将持续增长，产业结构转型、能源结构调整任务艰巨，实现碳中和面临重大挑战，亟须提出战略性、系统性、全局性的解决方案。

1.1 中国经济社会发展与展望

1.1.1 经济发展

改革开放以来，我国经济保持高速增长，城市化、工业化取得举世瞩目的成就，国内生产总值（GDP）年均增长 9.2%，远高于同期世界经济 2.7% 的平均增速。2020 年，面对新冠肺炎疫情冲击，我国经济运行总体平稳，经济结构持续优化，圆满完成全面建成小康社会的第一个百年目标。在新发展理念的引领下，稳步转向高质量发展阶段，开启全面建设社会主义现代化国家新征程，向第二个百年目标奋力迈进。

1 发展现状

经济持续快速发展，彰显强大韧性与活力。 2019 年，我国 GDP 为 99.1 万亿元，同比增长 6.1%，对世界经济增长贡献率达 30% 左右。2020 年，我国 GDP 达到 101.6 万亿元，总量迈上百万亿元新台阶，同比增长 2.3%，在遭受新冠肺炎疫情冲击的情况下，成为全球唯一实现经济正增长的主要经济体，按年平均汇率折算，我国经济总量占世界经济的比重超过 17%。

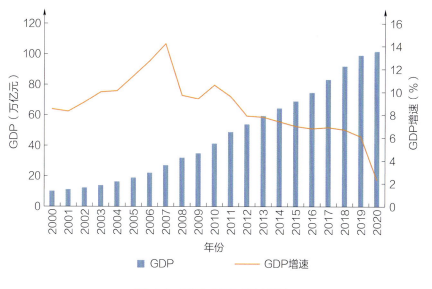

图 1.1 我国 GDP 及其增速

产业结构优化调整，协调性、均衡性不断增强。 党的十八大以来，我国农业基础作用不断加强，工业主导地位迅速提升，服务业对经济社会的支撑效应日益突出，三次产业发展速度逐渐趋于均衡。2020 年第一、二、三产业比重分别为 7.7%、37.8%、55.4%。

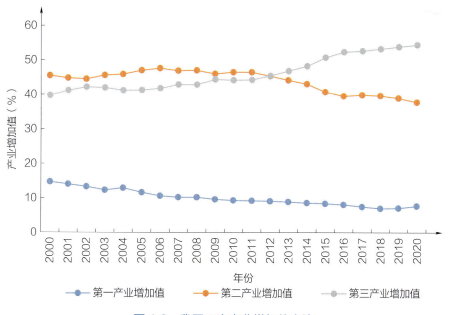

图 1.2 我国三次产业增加值占比

工业生产能力日益增强，逐步向中高端迈进。 我国是全球唯一拥有联合国产业分类中所列全部工业门类的国家，200多种工业品产量居世界第一。2020年，我国工业增加值达到31.3万亿元，连续11年成为世界第一制造大国。其中，高技术制造业、装备制造业增加值占规模以上工业增加值的比重分别达到15.1%、33.7%。"十三五"期间这两类制造业平均增速达到10.4%，高于规模以上工业增加值平均增速4.9个百分点，成为带动制造业发展的主要力量。

服务业进入发展快车道。 2016—2019年，我国第三产业对GDP增长贡献率均超过60%，并逐年升高。尽管受新冠肺炎疫情影响2020年第三产业对GDP增长贡献率有所回落，但新产业新业态保持逆势增长，战略性新兴服务业企业营业收入同比增长8.3%，增速快于规模以上服务业整体增速6.4个百分点。网络零售、在线教育、远程办公等线上服务需求旺盛，信息传输、软件和信息技术服务业同比增长16.9%。

开放水平不断提高。 改革开放以来，我国对外经贸合作实现了跨越式发展。1978—2019年，货物进出口总额增长222倍，年均增速14.1%，高出同期全球货物贸易平均增速7.3个百分点。实际利用外资不断提升，2019年占全球比重提升至9.2%。2020年，我国主动加强抗疫国际合作，积极推动经济全球化，货物进出口总额和出口总额分别同比增长1.9%和4.0%，双双创历史新高，继续稳居全球货物贸易第一大国；吸引国外直接投资达到1.04万亿元，首次成为全球第一大吸引外商投资国。

创新型国家建设成果丰硕。 改革开放以来，我国科技实力和创新能力大幅提升，"十三五"以来更是实现了历史性、全局性变化，全社会研发投入从2015年的1.4万亿元增长到2020年的2.4万亿元左右，研发投入强度达到2.4%，在载人航天、探月工程、深海工程、超级计算、量子信息、特高压输电、"复兴号"高速列车、大飞机制造等领域取得一大批重大科技成果。2020年，我国在世界知识产权组织发布的"全球创新指数"中排名第14位，在多个领域表现出领先优势，是跻身综合排名前30位的唯一中等收入经济体。

2 发展展望

在新发展理念的引领下，我国进入高质量发展新阶段，经济将保持长期平稳增长。2020—2030 年，我国将加速实现经济增长的质量变革、效率变革、动力变革。

供给侧

随着我国要素市场化配置改革深化和科技创新水平的不断提升，经济增长将进一步由要素驱动向创新驱动过渡，全要素生产率提升将成为经济增长的关键贡献因素。

需求侧

以国内大循环为主体、国内国际双循环相互促进的新发展格局加快构建，内需潜力进一步释放，消费将在经济发展中进一步发挥基础性作用，成为经济增长的第一拉动力。固定资产投资增速将逐渐放缓，传统基建和钢铁、水泥、有色金属等过剩产能领域的投资空间逐渐饱和，特高压电网、第五代移动通信、工业互联网、大数据中心等现代化基础设施将成为重点投资领域。

产业结构 ▶ 第三产业在国民经济中的比重和对经济增长的贡献率逐渐增加，生产性服务业向专业化和价值链高端延伸，生活性服务业向高品质和多样化升级。第二产业比重稳步下降，保持门类齐全和产业体系完备，内部结构不断优化升级。传统制造业将向高端化、智能化、绿色化转型发展，新一代信息技术、新能源、新材料、高端装备制造、新能源汽车等高技术制造业和战略性新兴产业将保持快速增长，成为第二产业发展的新引擎。

预计 2020—2030 年，我国 GDP 年均增速为 5.2%。2030 年我国实际 GDP 达到 169 万亿元，按市场汇率计算有望成为全球第一大经济体，三次产业增加值比重为 5.9∶37∶57.1。

2030—2050 年，我国将建成现代化经济体系。全要素生产率持续提升，经济将保持稳定可持续增长，经济规模领先全球。我国将在新一代信息技术、新能源等一大批战略性新兴产业和数字经济等领域引领全球；新型基础设施体系全面建成，现代能源、数据中心、智慧交通、工业互联网等智能化数字基础设施形成规模化、网络化布局；关键核心技术自强自立，成为全球领先的创新型国家。

在产业发展上形成先进制造业和现代服务业双轮驱动的发展格局，实现"中国制造"与"中国服务"并举。服务业在产业结构中占据主导地位，制造业实现高端化、绿色化。第三产业将在我国经济中占据支配性地位，吸纳就业人口比重超过 70%，成为经济增长贡献的主要部门，服务贸易规模持续扩大，知识密集型服务出口占比持续提升，数字服务、信息通信、现代金融、文化创意等高端服务产业规模和竞争力进入全球第一梯队。传统制造产业高端化、绿色化、智能化水平持续提升，在新能源、新材料、新能源汽车、高端装备等领域形成一批先进制造业集群，服务型制造规模不断壮大，跻身制造强国行列。

> 预计 2030—2050 年，我国 GDP 年均增速约 3.5%，到 2035 年实现经济总量和人均收入较 2020 年翻一番的目标，完成基本实现社会主义现代化目标。2050 年，我国实际 GDP 达到 338 万亿元，三次产业增加值比重为 4.2∶32.6∶63.2，建成富强民主文明和谐美丽的社会主义现代化强国，实现全民共同富裕，人均收入位居中等发达国家前列。

2050—2060 年，我国经济将继续平稳增长，对全球经济发展的引领作用持续增强。 期间，我国数字经济和实体经济进一步深度融合，为工业生产、社会生活和公共管理赋能赋智，进一步提升经济发展效率，创造出大量新业态和新模式，平台经济、共享经济、绿色经济引领全球；建成全球领先的高水平开放型经济体，全面实现大范围、宽领域、深层次的开放发展格局，成为全球发展重要引擎和稳定器。服务业数字化水平全球领先，制造强国地位持续巩固。一批具有全球影响力的高端服务业中心城市和"中国服务"品牌将主导和引领全球价值链；在建成制造强国的基础上，全面完成制造业智能化转型升级；智能制造、产业互联网等数字化新业态、新模式壮大成熟，在高端制造、数字产业、清洁生产等领域引领国际规则和标准制定。

> 预计 2050—2060 年我国 GDP 年均增长率约 2.5%。2060 年，我国实际 GDP 达到 435 万亿元，三次产业增加值比重为 3.6：30.5：65.9。

表 1.1　我国经济增速预测

时间	2020—2030 年	2030—2040 年	2040—2050 年	2050—2060 年
GDP 平均增长率（%）	5.2	4.0	3.0	2.5

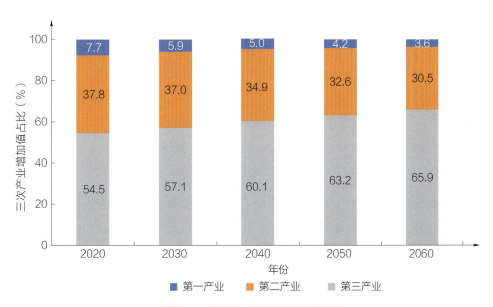

图 1.3　我国三次产业结构预测

1.1.2 社会发展

1 发展现状

人口总量稳步增长，劳动年龄人口已达峰值。改革开放以来，我国内地总人口由 9.6 亿人增长至 2020 年的 14.1 亿人 ❶，15—64 岁的劳动年龄人口总量从 20 世纪 80 年代初的 6.3 亿人增长到 2013 年 10.1 亿人的峰值，人口红利充分释放，劳动力配置结构不断优化，有力支撑了我国经济高速增长。

人口自然增长率放缓，老龄化问题显现。1990 年以来，我国人口自然增长率持续下降。"十三五"时期，受"二孩政策"影响，人口自然增长率短暂升高，但随即回落。2019 年，我国人口自然增长率 0.334%；60 周岁及以上人口 2.54 亿人，占总人口的 18.1%；65 周岁及以上人口 1.76 亿人，占总人口的 12.6%；总抚养比为 41.5%，处在老龄化初期阶段。

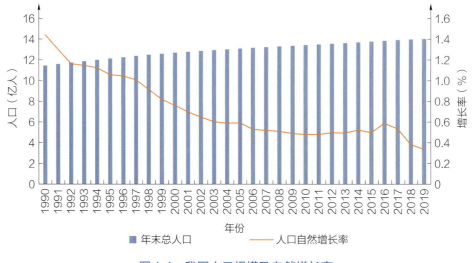

图 1.4　我国人口规模及自然增长率

人力资本红利逐步取代人口红利成为我国经济增长的重要"引擎"。2019年，我国适龄劳动人口规模为 9.89 亿人，平均受教育年限达 10.7 年。根据联合国开发计划署发布的《2020 年人类发展报告》，我国平均受教育年限在全球

---

❶ 第七次全国人口普查结果显示，全国人口共 141178 万人，包括 31 个省、自治区、直辖市、中国人民解放军现役军人、香港和澳门特别行政区及台湾地区。

仅排在 115 位，显著低于人类发展指数排名 ❶，仍然具备极大的提升空间。随着人口素质不断提升和代际更替，教育水平提升带来的人才红利将成为推动我国经济发展的重要基础。

城镇化进程不断加快，城镇化水平显著提高。 改革开放以来，城市人口快速增多。2019 年，我国城镇常住人口 8.5 亿人，较 1978 年末增加 6.8 亿人，常住人口城镇化率达到 60.6%，略高于 55.3% 的世界平均水平，但显著低于高收入经济体的 81.3% 和中高收入经济体的 65.2%，城镇化率未来仍有巨大增长空间。

图 1.5　我国城镇和乡村常住人口及城镇化率

城市群辐射效应明显，大中小城市协调均衡发展。 2019 年我国 19 个城市群以 25% 的土地面积集聚了全国 75% 的人口，创造了 88% 的 GDP。以京津冀、长三角、珠三角城市群为代表的超大城市群，以长株潭与中原城市群为代表的中部城市群和以成渝与关中平原城市群为代表的西部城市群，构成了我国经济发展的重要基础和增长动力。中小城市不断整合空间、资源、劳动力等比

---

❶ 人类发展指数是国际上衡量国家或地区社会发展程度、民众生活水平的主要指标，由预期寿命、平均受教育年限和人均收入三个指标综合衡量计算得到，分为极高（0.8 及以上）、高（0.799—0.7）、中（0.699—0.550）、低（0.549 及以下）四个组别。2020 年，我国人类发展指数为 0.761，排名全球第85 位。

较优势，因地制宜推动特色产业发展，与大城市形成紧密联系的产业分工体系。城市综合实力持续增强，全球化程度不断提升。在全球化与世界城市研究网络编制的《世界城市名册2020》❶中，我国有6座城市位列一线等级，13座城市位列二线等级。

人均收入大幅提升，人民生活实现全面小康。2020年，我国人均国民总收入连续两年突破1万美元大关，位于中等偏上收入国家行列，城乡居民人均收入比2010年翻一番的目标如期实现。脱贫攻坚战取得全面胜利，现行标准下9899万农村贫困人口全部脱贫，832个贫困县全部摘帽，12.8万个贫困村全部出列，区域性整体贫困得到解决，完成了消除绝对贫困的艰巨任务。中等收入群体不断扩大，在经济发展中发挥着日益重要的作用。当前我国中等收入群体达到4亿人，约占总人口的30%，相比于欧美发达国家60%以上的中等收入群体占比，依然有一定差距❷。中等收入群体扩大将积极促进我国经济增长的内生驱动力从投资拉动转向消费拉动。

基本公共服务体系日趋完善，均等化水平稳步提高。多层次社会保障体系加快构建，养老、医疗、失业、工伤、生育保险参保人数持续增加。截至2020年年底，我国全口径基本医疗保险参保人数13.6亿人，参保覆盖率达95%以上，建成世界上规模最大的社会保障体系；教育现代化取得积极进展，九年义务教育巩固率达95.2%；医疗卫生服务休系日益完善，居民平均预期寿命达77.3岁，比世界平均预期寿命高近5岁；能源普遍服务取得跨越式发展，2015年已全面解决无电人口用电问题，电力普及率达到100%。

2　发展展望

2020—2030年，我国人口增长逐步放缓。联合国、中国发展基金会、中

---

❶ 全球化与世界城市研究网络是全球最著名的智库和城市评级机构之一，自2000年起不定期发布《世界城市名册》，通过量化世界城市在金融（银行、保险）、广告、法律、会计、管理咨询五大行业的全球连通性，将城市划分成一线、二线、三线、四线四大类，以衡量城市在全球高端生产服务网络中的地位及其融入度。

❷ 按照现行统计口径，中等收入群体是指三口之家一年收入处在10万～50万元的人群。

国社会科学院等多家机构预测，我国总人口将于 2030 年前后达到峰值，同时劳动力老化程度加重，少儿比重呈下降趋势。根据 2019 年联合国发布的《世界人口展望》中的中方案预测，2025 年我国总人口约为 14.58 亿人，2031 年左右达到峰值 14.64 亿人。

城镇化率进一步提升，城市群、都市圈将成为促进大中小城市和小城镇协调联动和特色化发展的重要载体。《中华人民共和国国民经济和社会发展第十四个五年规划和 2035 年远景目标纲要（草案）》提出要完善新型城镇化战略，推进以人为核心的新型城镇化发展。随着未来农业转移人口进一步融入城市，城市群和都市圈将进一步发展壮大，形成疏密有致、分工协作、功能完善的城镇化空间格局。预计 2025 年我国城镇化率达到 65% 左右，2030 年提升至 68% 左右，城镇人口达到 10 亿人。

表 1.2　各机构对我国人口发展的预测情况

类型	联合国			中国发展基金会	中国社会科学院
	高方案	中方案	低方案		
峰值时间	2044 年	2031 年	2026 年	2030 年	2029 年
峰值人口	15.17 亿人	14.64 亿人	14.47 亿人	14.2 亿~ 14.4 亿人	14.42 亿人

2030—2050 年，人口教育和健康素质将继续提升。2019 年联合国《世界人口展望》中的中方案预测，2050 年我国人口将降至约 14 亿人，65 岁及以上老年人口将达 4 亿人左右，占比近 30%。同时，教育水平较当前将显著提升，弥补劳动力减少的影响，预计 2050 年，我国劳动年龄人口平均受教育年限将从 2020 年的 11 年提高至 14 年；平均预期寿命达 83 岁，中等收入群体超过 8.5 亿人。

城乡和区域实现高度协调发展。城市群将成为人口迁入和流动的重点区域，预计 2050 年将新增城镇人口约 2.5 亿人，城镇化率达到 80%，2000 万人口以上的都市圈将超过 15 个，城市空间结构进一步优化，形成多中心、多层级、多节点的网络型城市群格局。超大特大城市国际竞争力进一步提升，大中城市宜居宜业功能不断完善。农业农村完成现代化升级，全面实现农业强、农村美、农民富，乡村旅游、生态康养等乡村特色产业成为乡村可持续发展的重要支柱。

2050—2060 年，人口总量将缓慢下降，城镇化发展和乡村振兴迈上新台阶。预计 2060 年我国总人口约为 13.3 亿人，城镇化率进一步提高至 83% 左右。城乡区域发展差距和居民生活水平差距进一步缩小，中等收入群体进一步扩大到 9 亿人以上。

图 1.6　我国人口预测 ❶

---

❶ 联合国，世界人口展望 2019，2019。

1.2 实现碳中和的重大意义

实现碳达峰、碳中和是一场广泛而深刻的经济社会系统性绿色革命，涉及理念转型、经济转型、产业转型、生活方式转型等诸多方面，本质是推动经济社会全面高质量、可持续发展。实现碳达峰、碳中和是我国生态文明建设的历史性任务，是我国立足新发展阶段、贯彻新发展理念、构建新发展格局的重要内容和必然要求，与我国建成社会主义现代化强国的第二个百年奋斗目标呼应衔接，是事关中华民族永续发展和构建人类命运共同体的重大战略决策。

1.2.1 实现资源循环节约

建设资源节约型社会

我国是资源大国，资源总量排名世界第三，但人均资源十分有限，仅排名全球第 53 位。截至 2018 年年底，我国煤炭、石油和天然气已探明储量分别为 1400 亿、36 亿吨和 8.4 万亿立方米 ❶，分别占全球的 13.2%、1.5% 和 4.2%，人均储量为全球平均水平的 72%、8% 和 23%，储采比分别仅为 37、19 年和 47 年左右。我国 45 种主要矿产资源的人均储量不足世界平均水平的一半。其中，铜、铝、镍等重要矿产资源人均储量只有世界平均水平的 1/25 左右。人均耕地面积不足世界平均水平的 1/3，人均森林占有面积、人均森林蓄积量只有世界平均水平的 1/3、1/6，人均水资源占有量仅为世界平均水平的 25%。但我国发展方式粗放，资源利用效率低，消耗量巨大，是全球能源和资源第一消费大国。2019 年，我国能源强度约为世界平均水平的 1.5 倍，为发达国家的 2~3 倍；GDP 约占世界总量的 16%，但却消耗了全球 1/4 的能源（50% 的煤炭）、49% 的钢铁、56% 的水泥，53% 的铜、56% 的铝。实现碳中和目标，将强化资源环境等约束性指标管理，以减排为抓手，构建覆盖全社会的资源循环利用体系，促进生产、流通、消费过程的减量化、再利用；推动生产消费从低效、粗放、污染、高碳的方式转向高效、智能、清洁、低碳的方式，实现经济社会与资源协调发展。

---

❶ 煤炭、石油、天然气储量数据引自英国石油公司。

保障能源安全供应

能源安全是关系国家经济社会发展的全局性、战略性问题，对国家繁荣发展、人民生活改善、社会长治久安至关重要。我国是世界上最大的油气进口国，面临油气供给受制于人的突出问题，2019 年，原油、天然气进口量分别为 5 亿吨、1333 亿立方米，同比增长 9.5%、6.9%，对外依存度分别达到 72%、43%。如果延续当前的能源发展模式，预计 2050 年我国石油、天然气需求量将分别超过 8 亿吨、7000 亿立方米，新增油气需求将主要靠进口满足，石油、天然气进口量分别超过 6 亿吨、4500 亿立方米，对外依存度超过 75%、65%，能源安全面临严峻挑战。实现碳中和目标，将倒逼能源系统低碳转型，有力推动以自主开发的清洁电能替代进口石油、天然气，从根本上破解对进口化石能源的过度依赖，增强国家对能源供应体系和能源资源的宏观调控力，切实提高我国能源供应安全，为经济社会发展提供充足、经济、稳定、可靠的能源供应保障。

1.2.2 促进生态文明建设

推动清洁绿色可持续发展

习近平总书记指出，生态兴则文明兴、生态衰则文明衰，保护自然就是保护人类，建设生态文明就是造福人类。我国环境容量有限，生态系统脆弱，污染重、风险高、损失大的状况还没有根本扭转，生态环境问题已经成为经济社会可持续发展的制约瓶颈、全面建成小康社会的明显短板，生态文明建设仍处于压力叠加、负重前行的关键期。应对气候变化是生态文明建设的重要抓手，降碳是生态环境治理的"牛鼻子"。实现碳中和目标，将推动建立健全以生态价值观念为准则的生态文化体系、以产业生态化和生态产业化为主体的生态经济体系、以改善生态环境质量为核心的目标责任体系、以治理体系和治理能力现代化为保障的生态文明制度体系；将绿色低碳、节能减排、文明健康的理念渗透到全社会各生产消费领域，提高全民生态意识，构建尊崇自然、清洁绿色的发展模式。

促进人与自然和谐共生

我国正处于工业化中后期阶段，重化工业比重高，资源环境承载力难以支撑原有发展模式持续高速增长，面临资源约束趋紧、环境污染严重、生态系统退化等突出问题，无法满足人民日益增长的优美生态环境需要。2019 年上半年，我国 337 个地级及以上城市的平均 PM2.5 浓度为 40 微克 / 立方米，远超国家空气质量标准中 15 微克 / 立方米的一级空气限值和世界卫生组织 10 微克 / 立方米的限值；全国工业废水和生活污水每天的排放量约 1.6 亿立方米，七大江河流域三分之一以上的河段、90% 以上的城市水域受到污染。实现碳中和目标，将以降低碳排放为引领，加强大气、水、土壤污染防治，减少各类固态、气态、液态污染物排放，持续改善生态环境质量，走生态优先、绿色发展之路，推进美丽中国建设，形成人与自然和谐发展的现代化建设新格局。

引领应对气候变化

《巴黎协定》代表了全球绿色低碳转型的大方向，是应对气候变化、保护地球家园需要采取的国际共同行动。2019 年，我国能源活动碳排放占全球的 29% 左右。我国碳减排进程是全球应对气候变化的重要组成部分。应对气候变化是我国参与全球治理和坚持多边主义的重要领域，事关我国战略全局和长远发展。我国主动宣示采取更加有力的政策和措施，2060 年前实现碳中和目标，带动了日本、韩国等国家纷纷做出碳中和承诺，引领全球应对气候变化进程，为《巴黎协定》实施注入了强大的推动力，有力彰显了我国应对全球气候变化的大国担当，树立了绿色低碳发展旗帜。

1.2.3 加快现代化经济建设

实现经济高质量可持续发展

　　发展是当代中国的第一要务，是解决我国一切问题的基础和关键。实现经济社会可持续发展需要有充裕的资源作后盾和良好的环境作保证。当前我国仍然以高要素投入的粗放型经济发展方式为主，如果不转变发展方式，能源资源短缺和生态环境污染将进一步恶化，土地、水、能源等资源供应和生态环境承载能力不足与经济社会可持续发展要求的矛盾加剧，成为制约经济社会发展和人民生活水平提高的瓶颈。

　　实现碳中和目标将基于新发展理念，加快推进供给侧结构性改革，促进生产方式、消费方式、商业模式深刻变化，实现经济发展质量变革、效益变革、动力变革，开启以生态优先、绿色发展为导向的经济高质量发展新路子，推动我国经济朝着更高质量、更高效率、更加公平、更可持续的方向发展。

引导构建现代产业体系

　　当前，我国经济总量跃居世界第二，经济实力、科技实力、综合国力跃上新的台阶。但第二产业、特别是高耗能产业长期占比过高，经济增长过度依赖高耗能传统产业。

　　实现碳中和能够促进经济产业结构调整，引导资本、技术、人才等生产要素投向绿色低碳产业，推进重点行业和重要领域绿色低碳化改造，化解钢铁、煤炭等传统行业过剩产能，培育壮大节能环保、清洁能源等重点产业，打造新一代信息技术、新能源汽车、绿色低碳等战略性新兴产业集群，加快产业从低附加值转向高附加值、从粗放转向集约，推动我国经济发展焕发新活力。

把握国际贸易主动权

世界各国共同应对气候变化挑战的同时，基于碳排放权的博弈也在加剧。欧盟提出要从2023年开始建立"碳边境调节机制"，即碳关税机制，美国、日本等主要国家也在考虑引入碳关税机制。这将对全球贸易和经济格局产生广泛而深远的影响。2015年，我国对外出口产品含碳约6亿吨，其中对欧盟、美国、日本总计出口4亿吨以上。若按250元/吨征收碳税，将增加含碳成本约1600亿元；按600元/吨征收碳税增加成本约3840亿元。碳排放问题已成为悬在我国经济健康持续发展之上的"达摩克利斯之剑"。

实现碳中和将化危机为动力，通过积极主动推动经济转型，构建以国内大循环为主体、国内国际双循环相互促进的清洁新发展格局，有效应对国际贸易新形势。

1.2.4 推动创新驱动发展

抢占绿色低碳技术制高点

全球范围内，一场以清洁、高效、低碳为特点的新一轮能源技术革命正在酝酿之中，各种低碳技术、理论创新层出不穷，产业和技术快速更新换代，我国比以往任何时候都更加需要紧紧依靠绿色技术创新，加快发展低碳经济，在低碳技术领域树立竞争优势。与发达国家相比，我国基础科学研究短板依然突出，重大原创性成果缺乏，底层基础技术、基础工艺能力不足，工业母机、高端芯片、基础软硬件、基础元器件等的研究和生产瓶颈仍然存在，关键核心技术受制于人的局面没有得到根本性改变。

实现碳中和将引领技术、装备、标准、市场、机制创新，推动新能源发电、特高压输电、规模化储能、绿色氢能、燃料电池、碳捕集利用与封存（CCUS）等关键共性、前沿引领性技术的研发创新和应用推广，突破碳中和发展中关键材料、仪器设备、核心工艺、工业控制装置等领域的技术瓶颈，促进新一代信息技术和先进低碳技术的深度融合，建立世界领先的低碳科技创新体系。

推动新旧动能转换

　　长期以来，我国经济增长中资源（包括资本）投入的贡献比例占 60%，劳动力贡献比例为 10% 左右，科技创新贡献比例仅为 30% 左右。当前我国正处在转变发展方式、优化经济结构、转换增长动力的攻关期，随着要素成本上升、资源环境压力加大、产能过剩等问题在不断加剧，依靠要素驱动和依赖低成本竞争的增长模式越来越难以为继，亟须从过度依赖投资与出口的增长模式转向创新驱动的增长模式，从产业价值链中低端向中高端升级。

　　实现碳中和将把创新作为引领绿色发展的第一动力，打造绿色低碳发展的新动能，促进从"要素驱动"向"创新驱动"的新旧动能转换，实现增长潜力充分发挥、经济结构持续优化、经济质量效益和核心竞争力显著提升。在发展潜力大、带动性强的数字经济、清洁能源、智慧城市等高科技、高效益和低排放领域培育新增长动能，催生新业态、新模式，全面带动三次产业和基础设施绿色升级，打造新的经济增长点。

1.3 实现碳中和的挑战

1.3.1 碳排放总量大

碳排放总量大，减排时间短

二氧化碳排放是温室气体排放的主要部分，占比约为 85%。我国是全球最大的碳排放国，2014 年二氧化碳排放总量[1] 为 123 亿吨，较 2005 年增长 54%，能源活动二氧化碳排放量占全部二氧化碳排放量的 87%[2]。二氧化碳排放量约占全球的 27%[3]，人均二氧化碳排放量已达 7 吨，超过世界平均水平（约 4.8 吨）[4]。从历史累计排放数据来看，我国占全球比重较低，工业革命以来我国历史累积排放不到全球的 14%，人均历史累积排放远低于发达国家水平[5]。但是我国二氧化碳排放量占全球二氧化碳排放总量的比重从 1970 年的 6% 增加到 2017 年的 27%，翻了两番多[6]。我国作为全球最大的发展中国家同时也是最大的碳排放国，面临经济社会现代化和减排的双重挑战，从碳达峰到碳中和只有发达国家时间的一半，减排力度和速度空前，实现碳中和的任务艰巨。

---

[1] 二氧化碳排放总量不包括土地利用、土地利用变化和林业吸收的碳汇。

[2] 中华人民共和国气候变化第二次两年更新报告，2018 年 12 月。

[3]，[6] Gütschow J, Jeffery L, Gieseke R, The PRIMAP-hist national historical emissions time series (1850-2017) (Version 2.0), GFZ Data Services, 2019.

[4]，[5] Global Carbon Project (GCP), Global Carbon Budget 2019, 2019.

1.3.2 产业转型升级挑战多

产业结构重型化

当前，我国处在转变发展方式、优化经济结构、转换增长动力的攻关期，2019 年第二产业增加值占 GDP 的 39%，传统"三高一低"（高投入、高能耗、高污染、低效益）产业占比仍然较高；第三产业增加值占 GDP 的 54%，远低于 65% 的世界平均水平。国民经济中，第二产业是资源消耗和污染排放的主体，特别是钢铁、建材、化工、有色等高耗能产业。我国 60% 以上能源消费、70% 以上碳排放来自工业生产领域，其中钢铁、建材、化工等产业用能占工业总能耗的 75%。整体而言，我国经济发展模式还属于传统的经济发展模式，产业链整体呈现出以资源型企业为主体的趋势和特征，产业仍处于全球价值链中低端水平，产业结构仍然以劳动密集型产业、能源原材料等重工业为主，传统产业比重过高，技术密集、知识密集产业比例偏低。亟须加快提升低碳产业在国民经济发展中所占的比重，逐步降低传统产业特别是能源、钢铁、汽车等重工业对国民经济发展的影响，使产业结构逐步趋向低碳经济的标准。

产业转型升级制约因素多

依靠资源消耗和劳动力等要素驱动的传统增长模式具有巨大惯性。建立在化石能源基础上的工业体系，由于其产业链长、带动性广、吸纳就业和技术扩散作用强等特点，对我国当前及今后一个时期经济增长仍将发挥重要作用。同时，产业共性技术支撑体系尚未建立、自主研发能力不足、高素质人才短缺，难以满足新兴产业发展和传统产业转型的技术和人才需求。加快产业结构升级，促进产业链和价值链向高端跃升，面临着传统产业发展路径锁定、关键核心技术受制于人、体制机制障碍等一系列制约因素。

1.3.3 能源结构调整难度大

"一煤独大"能源结构特征突出

能源活动是碳排放的最主要来源，全球煤炭、石油、天然气等化石能源超过一次能源消费总量的 80%，化石能源燃烧排放的二氧化碳占全球总碳排放的 90% 左右。2019 年，我国化石能源占一次能源消费的比重高达 85%，碳排放强度最大的煤炭占能源消费的比重约 58%，煤炭使用导致的碳排放占总排放的比重约 80%；其中煤电消耗了约 54% 的煤炭，排放了近 40% 的二氧化碳，"一煤独大"特征突出。我国特有的能源资源禀赋和能源消费构成，使能源消费二氧化碳排放强度比世界平均水平高出 30% 以上。能源结构调整面临高碳能源资产累积规模总量大、关键技术和经济性制约及市场和政策机制不完善等问题和挑战。

清洁能源发展亟须提质增效

"十三五"期间，我国清洁能源持续快速发展，开发规模不断扩大、发展布局持续优化、利用水平不断提升，可再生能源装机容量和发电量稳居全球第一，但在市场、技术、产业政策等方面仍然存在突出问题和发展瓶颈。2019 年，我国清洁能源增速 11%，仅满足了 35% 的新增能源需求；清洁能源占一次能源消费的比重仅为 15%，低于全球平均水平。电力系统灵活调节能力、电网配置能力、市场机制等因素严重制约了清洁能源集中式开发和大范围优化配置，成为清洁能源快速发展的瓶颈。我国尚未建立全国性的电力市场，电力长期以省域平衡为主，跨省跨区配置能力不足，清洁能源消纳"壁垒"突出，亟须破除清洁能源发展的制约因素，加快提升清洁能源发展的速度和质量。

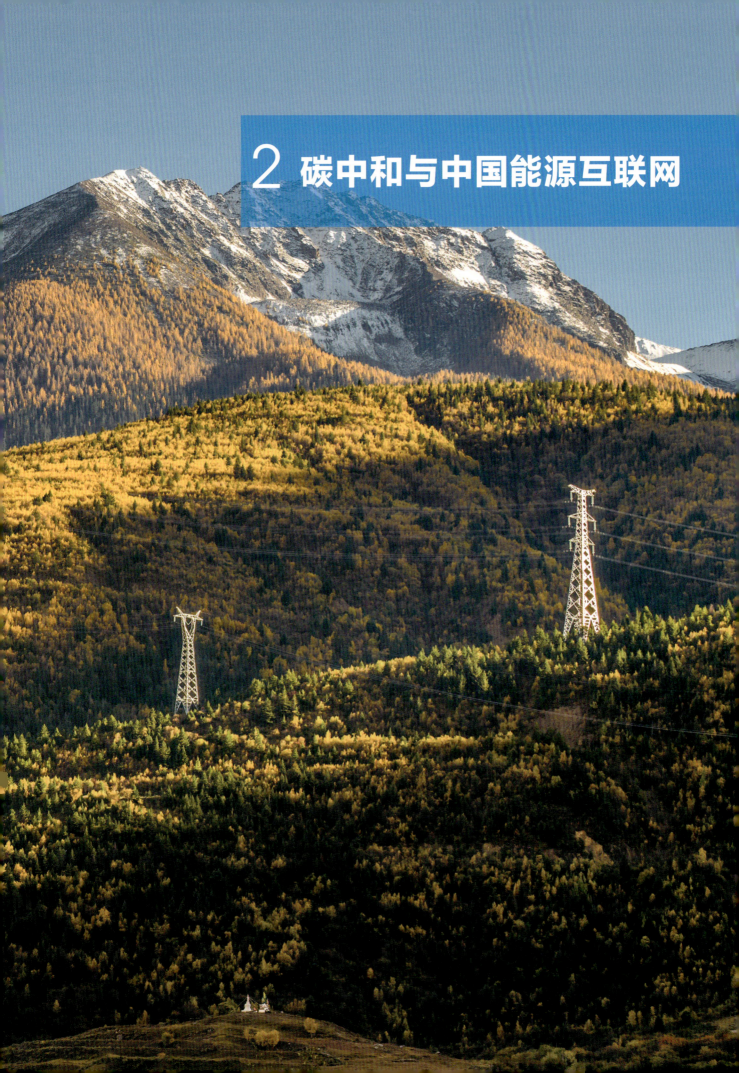

2 碳中和与中国能源互联网

碳中和是全球应对气候环境危机、实现可持续发展的历史潮流，将深刻改变全人类与自然环境的关系，掀起一场广泛的经济社会系统性变革。立足我国国情和发展阶段，实现碳中和受到能源结构、产业发展、零碳技术、政策市场等诸多因素影响，必须加快构建以新能源为主体的新型电力系统，建立健全绿色低碳循环发展经济体系。要牢牢抓住能源这个牛鼻子，以清洁发展为方向，在能源供应侧实施清洁替代、在能源消费侧实施电能替代，加快构建中国能源互联网，走出一条技术先进、经济高效、合作共赢的中国特色碳中和之路。

2.1 碳中和内涵

碳中和即二氧化碳净零排放，是指在特定时期内，人为二氧化碳排放量与人为二氧化碳去除量达到全球平衡 [1]。碳中和在生态文明、可持续发展、能源科学、全球合作治理等领域具有丰富内涵。

减少人类活动对地球系统的影响，实现人与自然和谐共生，是碳中和所蕴含的生态文明科学内涵。

地球上的自然环境是人类赖以生存发展的物质条件。由碳循环失衡引发的全球气候变化是当前全球面临的最致命"灰犀牛"。地球系统各圈层中的碳通过海—陆—气相互作用与生物、物理和化学过程不断交换，形成地球碳循环。过度的人类活动碳排放使得碳的释放量大大超出碳的吸收量，引起大气成分发生

---

[1] Intergovernmental Panel on Climate Change (IPCC), Global Warming of 1.5℃, an IPCC Special Report on the Impacts of Global Warming of 1.5℃ above Pre-industrial Levels and Related Global Greenhouse Gas Emission Pathways, in the Context of Strengthening the Global Response to the Threat of Climate Change, Sustainable Development, and Efforts to Eradicate Poverty, Cambridge, UK; New York, USA: Cambridge University Press, 2018.

变化，影响地球系统碳循环过程，打破地球系统稳定性，造成温室效应加剧。2019 年，全球碳排放量为 401 亿吨二氧化碳，其中 86% 源自化石燃料利用，14% 由土地利用变化产生。这些排放量最终被陆地碳汇吸收 31%，被海洋碳汇吸收 23%，剩余的 46% 滞留于大气中。科学研究指出，如果要将全球温升控制在 1.5℃以内，2030 年全球人为二氧化碳排放要较 2010 年下降 45%，并且要在 2050 年左右达到"净零排放"❶。

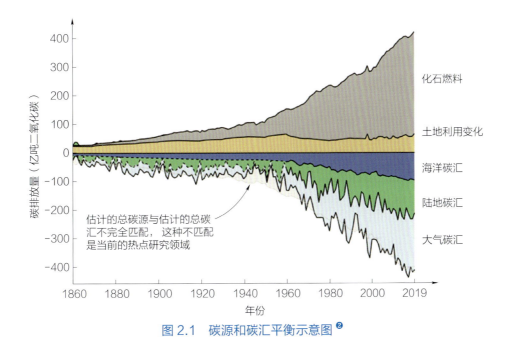

图 2.1　碳源和碳汇平衡示意图 ❷

---

❶ IPCC, Global Warming of 1.5℃, an IPCC Special Report on the Impacts of Global Warming of 1.5℃ above Pre-industrial Levels and Related Global Greenhouse Gas Emission Pathways, in the Context of Strengthening the Global Response to the Threat of Climate Change, Sustainable Development, and Efforts to Eradicate Poverty, Cambridge, UK; New York, USA: Cambridge University Press, 2018.

❷ Global Carbon Project (GCP). Supplemental data of Global Carbon Budget 2017 (Version 1.0) [Data set]. Global Carbon Project. https://doi.org/10.18160/gcp-2017.

可持续发展
思想内涵

构建绿色低碳循环发展经济体系，实现经济增长与碳排放增长脱钩，是碳中和所蕴含的可持续发展思想内涵。

碳中和的表象是气候环境问题，实质是发展问题。针对二氧化碳排放的"库兹涅茨曲线"❶实证研究表明，除少数发达国家实现温室气体达峰并下降之外，大多数国家尤其是广大发展中国家的排放仍在持续快速增加。发达国家的经验表明，只有人均年收入达到 1.5 万 ~3 万美元才会实现排放达峰。我国当前仍未达到"库兹涅茨曲线"的收入水平，碳达峰、碳中和目标的提出，意味着我国要用不到 10 年时间实现碳达峰、用不到 30 年时间完成从碳达峰向碳中和过渡，这就必然需要依靠经济社会发展的全面绿色转型，推动经济走上绿色低碳循环发展道路，避免重复发达国家先发展后减碳、先高碳再低碳的弯路。

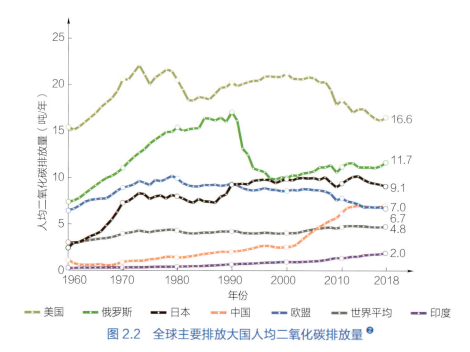

图 2.2　全球主要排放大国人均二氧化碳排放量 ❷

———————

❶ 库兹涅茨曲线是 20 世纪 50 年代诺贝尔经济学奖获得者库兹涅茨用来分析人均收入水平与分配公平程度之间关系的一种学说。研究表明，收入不均现象随着经济增长先升后降，呈现倒 U 形曲线关系。后常被用于研究环境与收入的关系，即随着收入的增加，各类污染物排放先增加，达峰之后再逐步下降。

❷ GCP, Global Carbon Budget 2019, 2019.

能源科学
发展内涵

建立零碳永续的能源系统，以清洁绿色充足的能源供应保障经济社会发展，是碳中和所蕴含的能源科学发展内涵。

化石能源燃烧和使用是我国温室气体排放的最主要来源，也是二氧化碳的排放主体。2014年，我国温室气体排放总量为123亿吨二氧化碳当量，能源活动产生的温室气体总量为95.59亿吨二氧化碳当量，占温室气体排放总量的77.7%；二氧化碳排放总量102.8亿吨（不包括土地利用吸收的碳汇），其中能源活动产生的二氧化碳排放量为89.3亿吨，占比87%[1],[2]。由此可见，抓住能源领域二氧化碳排放，尤其是化石能源燃烧排放，就抓住了碳中和的"命脉"。

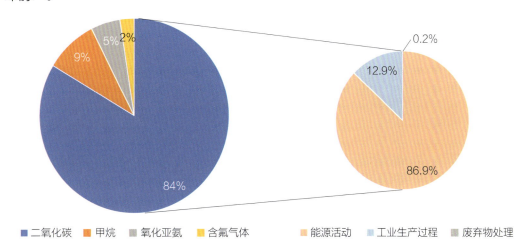

■ 二氧化碳　■ 甲烷　■ 氧化亚氮　■ 含氟气体　　■ 能源活动　■ 工业生产过程　■ 废弃物处理

图2.3　2014年我国温室气体结构和排放领域 [3]

[1], [3]　中华人民共和国气候变化第二次两年更新报告，2018年12月。
[2] 以上数据计算时均未考虑土地利用、土地利用变化和林业的温室气体吸收的碳汇。

全球合作治理内涵

推动构建人类命运共同体，建立公平公正、合作共赢的全球气候治理体系，是碳中和所蕴含的全球合作治理内涵。

气候变化是全球各国共同面临的挑战，没人可以独善其身。《巴黎协定》是《联合国气候变化框架公约》下全球气候治理的最新成果，全球 195 个缔约方签署，165 个国家及地区提交了自主减排贡献方案，并在减排、适应、资金、技术、能力建设、透明度等各领域积极行动、广泛合作[1]。《巴黎协定》实施细则谈判尚在进行，需要凝聚全球共识和智慧，提供足够的政策保障、市场机制和规划工具，持续创新机制、细化落实方案。实现碳中和需要各国共同探索创新发展的低碳路径，在全球范围内互相合作交流，提升高质量的绿色经济发展，共同推动构建合作共赢的全球气候治理体系。

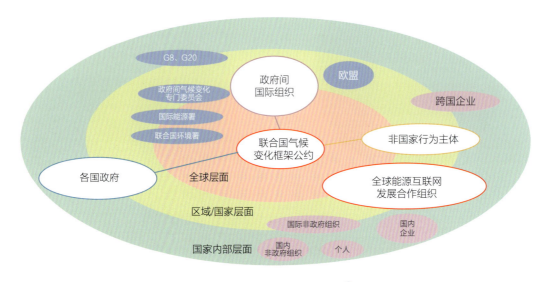

图 2.4　全球气候治理体系 [2]

---

[1] 全球能源互联网发展合作组织、国际应用系统分析研究所、世界气象组织，全球能源互联网应对气候变化研究报告，2019。

[2] Wang M, Kang W, Chen Z, et al., Global Energy Interconnection: an Innovative Solution for Implementing the Paris Agreement——the Significance and Pathway of Integrating GEI into Global Climate Governance, Global Energy Interconnection, 2018, 1(4): 467-476.

2.2　影响碳中和的主要因素

　　实现碳中和涉及人类经济社会活动的方方面面，受到人口增长、经济增长、产业结构、能源结构、技术进步、政策与市场等诸多因素影响。其中能源结构、产业结构是内在驱动因素，零碳与负碳技术、政策与市场是外在引导因素，共同影响全社会实现碳中和的规模、速度与力度。

2.2.1　能源利用效率与能源结构

能源强度的降低是控制碳排放的主要抓手

　　能源强度（即单位 GDP 的能源消费量）受能源消费总量和经济总量影响，与能源利用效率紧密相关，是反映全球能源系统转型效果的重要指标，也是改善能源消费引起的碳排放问题的关键抓手[1]。提高能源利用效率、控制能源消费总量增长是实现碳减排的重要手段。第三产业占比增长、工业和建筑业等高耗能产业的占比下降等，都将促进能源强度的降低，有效推动碳减排目标的实现。全球能源强度降低是近年来二氧化碳排放量下降的主要原因之一，也是未来的发展方向。1990—2018 年，全球能源强度下降约 1/4，主要归功于能源利用效率提升。未来，全球产业结构将朝着附加值更高、更集约的方向发展，经济增长动力来源于服务业和高端制造业，能源密集型产业占比将进一步降低，节能技术将得到广泛应用。

---

[1] 国际能源署 (IEA)，2019 年能源效率报告，2019。

我国能源强度快速大幅下降扭转了碳排放过快增长的趋势，但仍存在进一步下降的空间

1990—2018 年，我国能源强度下降 3/4，降幅远超全球平均水平。2018 年与 1978 年相比能源强度下降驱动减排二氧化碳 65 亿吨，对减排二氧化碳的贡献达到 79%，扭转了碳排放过快增长的趋势。我国能效水平正加快接近全球平均水平，但与发达国家还有较大差距，存在进一步下降的空间。同时我国与欧美发达国家所处发展阶段不同，经济和产业转型必须以充足、安全的能源供应保障为前提。未来需要在充分考虑能源消费总量控制对经济发展的全方位作用和影响的情况下，加快推动节能优先，提高能效。

能源碳排放强度是实现"更多能源、更低排放"的关键因素

降低能源碳排放强度（即每单位能源的碳排放量）能够在实现能源高效利用的同时，减少相应的碳排放量。能源碳排放强度主要受能源结构清洁化和电气化水平影响。煤炭和石油等排放因子高的化石能源占比下降、清洁能源占比上升，同时经济社会各领域电气化水平提升是能源碳排放强度下降的最直接手段。1990—2017 年，全球二氧化碳排放量由 205 亿吨增长到 328 亿吨，增长约 60%，能源碳排放强度基本没有变化，减排作用不明显，减排贡献不足 8%。主因是全球能源消费主要靠化石能源供应，清洁能源占比较低，2019 年全球清洁能源占一次能源消费的比重约 19%。随着风能、太阳能等逐步取代煤炭，成为全球主要排放国电力行业的首选能源，未来全球碳排放强度将加速下降[1]。

---

[1] 国际货币基金组织（IMF），世界经济展望，2019。

我国能源排放强度下降的空间尚未充分释放，潜力巨大

我国能源排放强度近年略有下降 ❶，2018 年与 1978 年相比能源排放强度驱动减排二氧化碳 11 亿吨，对减排二氧化碳的贡献为 13%。研究表明，如果一次能源消费中清洁能源占比达到 70%，能源碳排放强度相比当前将下降 60% 以上。2019 年，我国清洁能源占一次能源消费的比重仅为 15.3%，低于全球平均水平，仍有很大发展空间。

2.2.2 产业发展

人口和经济增长是导致碳排放增长的主要驱动因素。通过对碳排放情况进行卡雅（KAYA）驱动因素分解研究，可以揭示各个因素对碳排放变化的影响和作用，寻求符合我国实际的减排思路。过去 50 年全球人口增长和 GDP 增长分别驱动全球二氧化碳排放量增加约 148 亿吨和 200 亿吨，碳排放增长贡献率分别高达 80% 和 106%。人均 GDP 越高的国家，人均碳排放量也越大。1978—2018 年，我国二氧化碳排放量增长了 83 亿吨；总人口由 10 亿人增长到 14 亿人；城市化率从 18% 增长到 60%；经济总量从 0.37 万亿元增长到 92 万亿元，增长了近 248 倍 ❷；人口和经济增长分别推动碳排放量增长 13 亿吨和 146 亿吨；人口与人均 GDP 增长分别贡献了二氧化碳排放增量的 16% 和 176%。预计到 2060 年，我国总人口约 13.3 亿人 ❸，经济总量相比 2018 年翻两番，未来我国经济增长和社会发展仍将是碳排放增长的关键驱动因素。

❶ IEA, https://www.iea.org/data-and-statistics.
❷ 国家统计局，中国统计年鉴 2019，2019。
❸ United Nations, World Population Prospects 2019, 2019.

图 2.5 我国碳排放增长主要驱动因素 ❶

　　产业结构变化对碳排放和能源消费有重要影响。改革开放以来，我国三次产业结构持续优化。1978 年，第一、二、三产业占 GDP 比重分别为 27.7%、47.7%、24.6%。2012 年，第三产业比重首次超过第二产业，成为国民经济第一大产业。2015 年，第三产业比重超过 GDP 总量的一半。第二产业内部结构不断调整优化，重工业发展实现从粗放型增长到集约型增长的转变，钢铁、化工、水泥、玻璃等产量陆续达峰，中高端制造业产值比重持续提升。随着中国产业发展逐渐由高投入、高能耗、高污染的传统制造业，向低排放、低污染、投入产出比高的中高端产业转型，产业结构的优化升级有效减缓了我国碳排放快速增长趋势。总体来看，我国正努力实现产业链和价值链从中低端向中高端跨越发展，经济增长由主要靠要素驱动和投资驱动转向创新驱动。未来进一步加快高端制造业和战略性新兴产业发展，着力发展由清洁低碳环境友好技术主导的绿色低碳循环发展生产体系，将对减少化石能源消费需求和降低碳排放具有重要作用。

❶ Zheng X Q, Lu Y L, Yuan J J, et al., Drivers of change in China's energy-related CO₂ emissions, Proceedings of the National Academy of Sciences, 2020, 117(1): 29-36.

专栏 1

KAYA 恒等式碳排放分解及应用 [1]

KAYA 恒等式是政府间气候变化专门委员会（IPCC）排放情景分析的基础，为评估碳排放和减排策略提供支撑。二氧化碳排放分解的 KAYA 恒等式为：

$$C = \frac{C}{E} \times \frac{E}{G} \times \frac{G}{P} \times P$$

式中，C 是能源活动二氧化碳的总排放量，E 是能源消费总量，G 是经济总产值，P 是人口总量，$\frac{C}{E}$ 表示能源碳排放强度，$\frac{E}{G}$ 表示能源强度，$\frac{G}{P}$ 表示人均 GDP。

考虑能源使用全环节排放，可以将能源活动二氧化碳排放分解为能源消费侧的化石能源消费排放和能源生产侧的电力、热力排放的总和，等效计算式为：

$C=$ 能源消费侧二氧化碳排放 + 电力、热力行业二氧化碳排放
    $=$ 终端能源消费总量 × [（1- 电气化率）× 排放因子]
      $+$ 电热生产能源总量 × [（1- 清洁化率）× 排放因子]

清洁化率越高，等效排放因子越低，从而降低能源碳排放强度；电气化率越高，终端能源消费总量越低，低能源强度越低。能源结构清洁化和电气化是降低能源活动碳排放的主要途径。

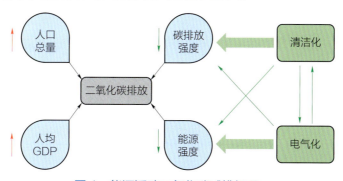

图 1　能源活动二氧化碳减排机理

---

[1] Zheng X Q, Lu Y L, Yuan J J, et al., Drivers of Change in China's Energy-Related CO_2 Emissions, Proceedings of the National Academy of Sciences, 2020, 117(1): 29-36.

2.2.3 零碳与负碳技术

创新技术为实现碳中和目标提供重要科技支撑

实现全社会碳中和，离不开相关脱碳、零碳和负排放技术。负碳电力系统的重构、零碳能源体系的建立，以及近零排放工业流程的重塑亟须科技支撑，需要加强相关技术发展的全局性部署、研发示范。我国正处于工业化发展阶段，产业结构仍以高能耗、低效率、重污染的重化工业为主，以煤炭为主的化石能源仍占主导地位。我国不能沿袭发达国家走过的高消耗、高排放的传统工业化道路，要依靠科技创新，推动负碳技术应用，在提升可再生能源比重、降低能耗和排放强度、提高能源利用效率、改善制造工艺、推进零碳原料替代等技术领域，加强技术创新和成果转化，推动全社会低碳转型。

全球各国均将科技创新作为碳中和目标实现的重要保障

当今世界已进入低碳为主的大调整、大变革时期[1]。全球已有100多个国家或地区以不同形式提出了碳中和目标，并针对低碳、零碳发展技术需求纷纷出台科技发展规划。欧盟为实现2050碳中和目标，于2019年颁布了《欧洲绿色新政》，明确能源、工业、建筑、交通、消费等重点领域的技术需求，围绕需重点突破与推广的核心技术，通过加大"地平线"项目投入等方式支持技术创新。美国2020年发布《清洁能源革命和环境正义计划》，将液体燃料、低碳交通、可再生能源发电、储能等列为重点方向，明确了技术发展目标，并提出要加大研究投入[2]。

---

[1] 陈波. 低碳大变革. 2012。

[2] 张贤，郭偲悦，孔慧，等. 碳中和愿景的科技需求与技术路径. 中国环境管理，2021，13(1): 65-70. DOI: 10.16868/j.cnki.1674-6252.2021.01.065。

发展零碳、负碳技术是实现碳中和目标的必然要求

实现碳中和，在技术层面就是通过零碳技术使得原来排放的行业不再排放，或者通过负碳技术使得不可避免的排放被"吸收"，从而实现正负抵消，达到相对"零排放"。因此，随着一系列零碳技术的发展应用，如太阳能发电、风电、水电、核电、生物质发电等清洁能源发电技术，工业领域电制热与电机械动力技术，交通领域电动汽车、氢燃料电池汽车技术，建筑领域电采暖、电炊事、热泵技术，电制氢、电制氨、电制甲烷、电制甲醇等电制燃料及原料技术等，全社会碳排放逐渐下降并趋近于零。由于无法在人类社会所有的必要生产消费环节都实现完全零排放，针对工业过程、农业生产、化石燃料泄漏等领域难以净零的碳排放，需要通过生物质碳捕集与封存、直接空气捕集、土地利用变化和林业碳汇等负排放技术，最终实现碳中和。

自然碳汇是实现碳中和的有益补充

提升自然生态系统的固碳能力，统筹自然资源管理和山水林田湖草系统治理，加强生态保护修复，培育森林草原资源，增强草原、绿地、湖泊、湿地等自然生态系统固碳能力，改善沙漠和沙化地区土地利用，多种途径提升土壤固碳能力。发挥海洋重要碳汇聚集地功能，利用海洋的固碳作用，发展海洋低碳技术，大力发展海洋物理固碳、深海封储固碳、海洋生物固碳、海滨湿地固碳，增加海洋的碳汇能力。

2.2.4 政策与市场

1 政策

建立健全政策体系是实现碳中和的重要支撑

　　气候变化是全球性问题，需要多边参与的气候治理模式。碳中和内涵的全面性决定了气候政策的复杂性。碳中和政策体系涉及经济社会多个领域，包括能源、电力、工业、交通、建筑、农林业和土地利用、工业过程、废弃物等不同领域，还包括产业、技术、财税、金融及法律、市场、价格、规划等多个部门。应对气候变化的国际国内政策将直接影响我国实现碳中和的总体思路、路径方向与技术组合。

《联合国气候变化框架公约》和《巴黎协定》为全球应对气候变化提供治理框架

　　《联合国气候变化框架公约》建立了各国共同应对气候变化问题的政治框架和以公约为主体的治理平台，但缺乏足够的法律约束力。《巴黎协定》以"自下而上"的模式集成最大公约数下的各国减排意愿[1]，但各国国情、发展阶段、资源禀赋、技术能力等不同，导致现有的框架与机制难以统筹各方的利益诉求，需要各种公约外机制加以补充。

---

❶ 罗伯特·基欧汉，戴维·维克托，刘昌义，气候变化的制度丛结，国外理论动态，2013（2）：100-112。

应对气候变化国家战略是推动经济高质量发展和生态文明建设的重要内容

党的十九届五中全会提出我国 2035 年"碳排放达峰后稳中有降"，对我国"十四五"和今后更长一段时期应对气候变化，实现绿色、低碳和循环发展作出了一系列战略部署。但同时，我国在应对气候变化的认知水平、政策工具、手段措施、基础能力等方面还存在欠缺和短板[1]，要将碳中和这一重大目标和愿景，转化为倒逼经济高质量发展和生态环境高水平保护的推动力，进一步提升气候政策的系统性、综合性、协同性，做好顶层设计与落地实施的衔接，统筹兼顾国内国际政策背景，完善气候立法与专项制度建设，大力推动经济结构、能源结构、产业结构转型升级，推进新技术、新业态创新和涌现，推动形成绿色低碳循环发展的经济体系。

2 市场

发挥市场机制的资源配置作用是降低碳中和社会成本的重要手段

碳排放具有公共物品属性，如果不明确市场边界和产权边界，容易造成"搭便车"[2]和"共有地悲剧"[3]问题，全社会减排成本居高不下。建立完善的市场机制和财政金融政策，能够充分利用价格信号，优化碳排放资源配置，引导参与方以高效率、低成本实现碳中和目标。

---

[1] 孙金龙、黄润秋，坚决贯彻落实习近平总书记重要宣示　以更大力度推进应对气候变化工作，光明日报，2020 年 9 月 30 日。

[2] 搭便车理论首先由美国经济学家曼柯·奥尔逊于 1965 年发表的《集体行动的逻辑：公共利益和团体理论》一书中提出。其基本含义是不付成本而坐享他人之利。

[3] 共有地悲剧最初由哈定提出。其基本含义是当一个人使用共有资源时，减少了其他人对这种资源的使用，因此这种负外部性导致共有资源往往被过度使用。

市场的覆盖范围、建设速度和运营效率直接影响减排成效

　　市场建设需要提速扩围、提高效率、加强电—碳融合。2011 年 10 月，国家发展改革委办公厅下发《关于开展碳排放权交易试点工作的通知》，此后陆续在北京、上海、天津、重庆、湖北、广东、深圳、福建等八省市建立碳排放权交易试点市场。2019 年全年八个试点市场的碳配额总成交量为 6962.8 万吨，配额总成交额 15.6 亿元。2017 年 12 月，国家发展改革委印发《全国碳排放权交易市场建设方案（发电行业）》，标志着正式启动全国碳市场建设。《全国碳排放权交易管理办法（试行）》于 2021 年 2 月 1 日起正式实施。未来在发电行业基础上，还将逐步纳入水泥、电解铝、钢铁、化工等其他重点排放行业。预计"十四五"期间，全国市场碳配额规模将达到 33 亿吨，覆盖我国二氧化碳排放总量的 30% 左右。电力市场和碳市场在减排二氧化碳目标上高度一致，加强电力市场和碳市场的融合，将有效调动各市场主体的减排积极性，发挥核心减排行业在资源配置中的巨大力量，以供给侧清洁化、需求侧电气化为有效途径，用尽可能低的成本实现全社会减排目标。

绿色财政、税收、价格等绿色经济金融政策，能够引导市场良性发展，撬动广泛社会投资参与减排进程

　　实现绿色低碳转型，需要以激励性的经济金融政策，引导市场主体积极主动参与。历史经验显示，投入 10% 的公共财政资金可以撬动 90% 的社会资金。绿色金融政策能够很好地引导社会整体投资向绿色、低碳、可持续方向转移。应加大中央及地方预算内资金对低碳发展的支持力度，出台综合配套政策，积极运用财政补贴、专项资金、税收减免、贷款贴息多种财税政策，促进能源结构调整、产业结构调整、低碳消费引导、技术研发应用投融资。发挥政府引导作用，大力发展节能、新能源、电动汽车等低碳产业，加大对深度减排技术创新的资金支持，引导企业绿色生产和社会低碳消费。

2.2.5　实现碳中和的主要方向

实现碳达峰、碳中和目标，是贯彻新发展理念、推动高质量发展的必然要求，需要从能源结构调整、产业结构转型、能源效率提升、低碳技术推广、体制机制健全、生态碳汇增加等多个方面形成合力。

主要方向是建设清洁低碳、安全高效的现代能源体系和绿色低碳循环发展的现代经济体系。以能源生产清洁化、能源消费电气化、能源配置网络化促进能源碳排放强度降低和化石能源消费量减少；以产业结构调整、节能和能效提升促进化石能源消费量减少和能源强度降低；以碳移除等技术手段促进电力行业和能源领域率先实现净零排放和负排放，统筹推进社会各领域、全国各区域碳减排，协同推动全社会实现碳中和目标。

构建清洁主导、电为中心、互联互通的中国能源互联网是实现碳中和的基础平台和根本依托，将开辟一条技术成熟、经济高效、合作共赢的中国特色碳中和之路。

2.3 中国能源互联网

2.3.1 发展思路

以中国能源互联网为基础平台和根本依托，将加快形成以"两个替代、一个提高、一个回归、一个转化"为发展方向的能源转型格局，确保我国实现 2030 年前碳达峰、2060 年前碳中和战略目标。

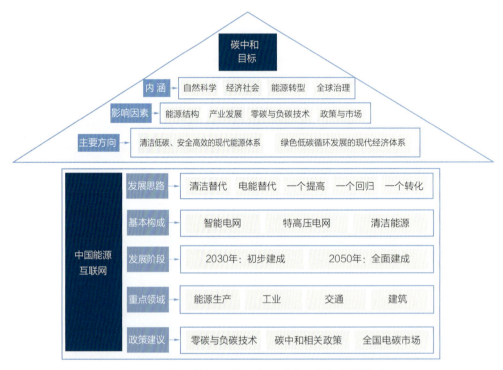

图 2.6　中国能源互联网实现碳中和目标总体框架

1　清洁替代

能源供应侧以太阳能、风能、水能等清洁能源替代化石能源，加快形成清洁能源为主导的能源供应结构。清洁能源的大发展，不但可以大幅减少因化石能源燃烧带来的温室气体和污染物排放，带来显著的环境和健康效益，发挥清洁能源资源蕴藏量的巨大潜力，而且可以发挥清洁能源边际成本低的优势，显著降低经济发展成本，加快形成以清洁能源为基础的产业体系，实现经济社会清洁可持续发展。

清洁替代是新一轮能源革命的重要方向，是清洁转型的核心举措。近年来我国清洁能源发展迅速，2018 年陆上风电及光伏发电度电成本较 2012 年已分别下降 25%、50%。随着清洁能源发电成本持续下降，将不断吸引投资，推动发展成为主导电源。

清洁替代是落实《巴黎协定》温控目标、应对气候环境危机的根本途径。能源清洁转型和经济社会清洁发展的核心是大力发展清洁能源，替代传统化石能源发电。研究表明，要实现《巴黎协定》2℃温控目标和 1.5℃温控目标，全球清洁能源占一次能源的比重需要大幅提升。2℃温控目标下，2050 年全球清洁能源占一次能源消费的比重需要达到44%~65%[1]。与实现2℃温控目标相比，1.5℃温控目标要求能源系统更高程度的清洁化 [2]。

2 电能替代

电能替代

能源消费侧以电代煤、以电代油、以电代气、以电代初级生物质能，摆脱化石能源依赖，实现现代能源普及。能源具有多元属性，随着电制氢、电制氨等电化学技术发展，电能可通过多种方式实现各类有机物合成和原材料生产，进一步实现清洁电力对化石能源终端利用的深度替代。

电气化是社会发展的必然趋势。从电力发展趋势看，电能在终端能源消费中的比重呈现明显的上升趋势，经济越发达，全社会的电气化水平越高。1978—2018 年，电能在我国终端能源消费中的比重从 3% 增长到 25.5%，超过世界平均水平。人均用电量从 1978 年的 261 千瓦时增长到 2019 年的 732 千瓦时，增长近 2 倍 [3]。

---

[1] IEA, World Energy Outlook 2019, 2019. International Renewable Energy Agency (IRENA), Global Renewables Outlook (2020 edition), 2020. DNV GL, Energy Transition Outlook 2019, 2019.

[2] IPCC, Global Warming of 1.5 ℃, 2018.

[3] 中电联电力发展研究院，中国电气化发展报告 2019，2019。

电能替代是实现能源消费高效化的重要举措。电能的终端利用效率最高，可以达到 90% 以上，且使用便捷，可以实现各种形式能源的相互转换。数据表明，电能经济效率是石油的 3.2 倍、煤炭的 17.3 倍，即 1 吨标准煤当量电能创造的经济价值与 3.2 吨标准煤当量的石油、17.3 吨标准煤当量的煤炭创造的经济价值相当 [1]。

实施电能替代是实现能源转型和清洁发展的必然要求，是解决气候环境危机的有效途径。电能是清洁、零污染的能源。未来，随着清洁能源的发展，电能替代的环保优势将进一步显现。高度电气化是实现 2℃ 和 1.5℃ 温控目标的基本前提。研究显示，要实现《巴黎协定》温控目标，2050 年电气化率需要达到 50% 以上 [2]。

3 **一个提高**

一个提高

提高能源利用效率，促进节约用能，降低能源强度。电能是高效、清洁的二次能源，提高能效最有效的途径就是大力推进电气化。

全社会节能节电潜力巨大，提高能源利用效率能够减少气候环境污染排放，有效解决气候环境危机。2019 年，我国单位 GDP 能耗为每万元 0.55 吨标准煤，与 2015 年相比累计下降 12.8%[3]，仍远高于欧美等发达国家。2019 年，全国工业、建筑、交通领域合计实现技术节能约 9095 万吨标准煤，占全社会总一次能源需求的 1.9%[4]，工业领域是最大的节能领域，建筑领域是最大的节电领域。未来进一步挖掘提高能效潜力，重点是围绕能源生产、配置、消费全环节，聚焦节能技术创新和应用，提高能效标准和管理水平，完善配套政策和资金等

---

[1] 刘振亚，全球能源互联网，2015。
[2] IPCC, Global Warming of 1.5 ℃, 2018.
[3] 按照 2015 年价格，根据《中国统计年鉴 2020》公布的 GDP 和能源消费数据计算。
[4] 国网能源研究院有限公司，2020 中国节能节电分析报告，2020。

保障机制，全面提高能源利用效率和清洁化水平，加快形成绿色低碳循环发展的经济体系。

高度电气化的能源系统必然带来能效提升，数字、信息、通信技术带来能效提升新模式。从能量转换效率角度看，化石燃料燃烧驱动内燃机转换为机械能，效率一般为 30%~40%，即大部分能量以热能形式损失，而电能通过电机转换为机械能，效率可达到 90% 以上，极大降低了能源损耗。电气化率每提高 1 个百分点，能源强度下降 3.7%。与此同时，数字技术、信息通信技术与用能设施的深度结合将更加依赖电力支撑，通过信息流、数字流与能源流深度融合，加深能源企业和用户的交互反馈，深度挖掘节能潜力，将进一步改变能效提升的方式和规模，推动能源系统朝着更加智能、绿色、低碳、高效方向发展。

4 一个回归

化石能源回归其基本属性，主要作为工业原料和材料使用，发挥更大作用。化石能源回归其基本属性的过程与清洁能源发展相辅相成，按照经济价值规律，以更加科学的方式循环、集约利用化石能源，将最大化实现资源价值，逐步形成生态和谐的循环经济发展模式，解决物质资源枯竭的问题。

化石能源回归原材料属性有助于增加化工原材料储备。实现能源生产体系全面转型，剩余化石能源消费加速向非能利用转型，从根本上解决高端石化产品短缺的问题，迎来新主体、新消费、新工艺的格局，充分发挥化石能源价值，推动石油作为化工原材料和战略储备资源。

化石能源回归原材料属性将产生巨大经济效益。据统计，70% 世界原油被作为燃料使用，仅 30% 用作原料，而单位原油作为原料创造的经济价值是用作燃料时的 1.6 倍。促进煤油气主要作为工业原料和材料使用，能更好地发挥化石能源的经济社会效益。

5 一个转化

通过电力将二氧化碳、水等物质转化为氢气、甲烷、甲醇等燃料和原材料，利用电化工、碳循环利用等产业和进步技术，将二氧化碳从减排负担变成高价值资源，从更深层次化解人类社会赖以生存的资源约束，开拓经济增长的广阔空间，满足人类永续发展需求。

电化工／绿色化工是化工行业实现技术革新、突破资源约束的重要发展方向。化工行业面临的生产排放要求越来越高，亟须发展绿色化工新技术、新业态，激发行业活力，提振行业经济，满足环保需求。碳基物料不仅符合碳减排目标下对碳汇的要求，还能通过多元化的方式实现能源生产、能源服务、化工生产、农业生产、环境保护等的协同发展，促进新模式、新业态的形成。未来随着用电成本的降低与技术进步，电化工／绿色化工产业不仅符合清洁发展的总体趋势，也较传统化工拥有经济性优势。

碳基材料是人类社会不可或缺的原材料，碳循环利用将二氧化碳从减排负担变成高价值资源，协同保障经济社会的能量与原材料需求。发展基于绿电和二氧化碳的新型绿色化工，将把二氧化碳从减排负担变成高价值资源，实现由化石能源为基础的原材料体系转变为新能源为基础的原材料体系，开创全新碳中和模式。当前国际社会已经将二氧化碳处置的重点从封存转移到利用，将捕获到的二氧化碳转换成有巨大市场需求的燃料、化工产品或建筑材料，并且可以减少封存成本和化石能源开采。用电化工替代石油、天然气化工，每年可消耗二氧化碳约20亿吨，约占全球二氧化碳总排放量的5%。按碳价300元／吨计算，固碳带来的收益约6000亿元。

2.3.2　基本构成

中国能源互联网是实施"两个替代"、实现碳中和的基础平台和根本依托，是以新能源为主体的新型电力系统，实质是"智能电网 + 特高压电网 + 清洁能源"。

基础

智能电网是基础

集成了先进输电、智能控制、新能源接入、新型储能等现代智能技术，能够适应各类清洁能源并网和消纳，满足各类智能用电设备接入和互动服务等需求，实现源—网—荷—储协同发展、多能互补和高效利用。

关键

特高压电网是关键

由 1000 千伏交流和 ±800、±1100 千伏直流系统构成，具有输电距离远、容量大、效率高、损耗低、占地省、安全性高等显著优势，能够实现数千千米、千万千瓦级电力输送和跨国、跨洲电网互联。

根本

清洁能源是根本

随着水能、风能、太阳能等转化技术的进步和成本的快速降低，清洁能源竞争力将全面超过化石能源。清洁能源将加速替代化石能源，成为主导能源。

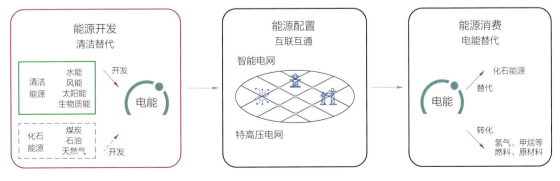

图 2.7　中国能源互联网系统构成

中国能源互联网是覆盖全国、清洁低碳、智能友好的现代能源网络，是清洁能源在全国范围大规模开发、配置和使用的平台，由清洁主导的能源生产系统、互联互通的能源配置系统、电为中心的能源使用系统构成。

能源开发环节：清洁主导的能源生产系统

将各类清洁能源，通过集中式、分布式等多种方式开发转化为电能，融入汇集到电网。通过实施"清洁替代"，以水能、太阳能、风能等清洁能源替代化石能源，尽早实现清洁能源全面超越化石能源，成为主导能源。

能源配置环节：互联互通的全国传输网络

利用特高压等先进输电技术构建全国骨干网架，发挥输电距离远、容量大、效率高、损耗低、占地省、安全性高等显著优势，实现清洁能源跨区跨国大范围优化配置，保障电力系统安全稳定运行，为清洁能源大规模开发利用提供坚强保障。

能源消费环节：电为中心的能源使用系统

智能电网为各类用户、设备和系统提供灵活可靠、经济便捷的清洁电力，促进形成以电力为核心，电、冷、热、气、动力等多种用能形式高效互补、集成转化的新型能源使用系统。随着电制氢、电制氨等电化学技术的发展，电能还能通过多种方式实现有机物合成和原材料生产，氢、氨等将作为深度电能替代的重要形式。未来，电能将基本满足人类对能源的各种需求，化石能源将回归其基本属性，主要作为工业原料和材料使用，为经济社会发展创造更大价值。

2.3.3 现实需要

碳中和目标的实现必须依靠以新能源为主体的新型电力系统。我国清洁能源资源分布不均，资源与负荷呈逆向分布，风、光等新能源发电具有很强的随机性和波动性，这些特征都决定了只有建设互联大电网，才能实现清洁能源大规模高效开发、输送和利用；只有建设以特高压电网为骨干网架的输电网络，才能发挥多能互补优势，有效调配灵活性资源，大幅度降低清洁能源消纳成本。特高压输电的历史性突破使得以清洁能源优化配置和高质量发展为核心的能源转型成为可能。

清洁能源资源分布不均、远离负荷中心，需要通过互联电网搭建清洁能源优化配置的大平台。我国清洁能源资源丰富，但资源与负荷中心呈逆向分布。水电资源主要集中在西南地区，云、贵、川、渝、藏 5 省（区、市）水能资源占全国总量的 67%；风能资源主要集中在"三北"地区，风能经济可开发量占全国总量的 90% 以上；西部、北部地区太阳能资源占比超过 80%。而我国 70% 左右的电力消费集中在东部沿海省份和中部省份，与清洁能源资源富集地相距 1000~4000 千米。特高压输电技术具备输电容量大、距离远、损耗低、安全性高等显著优势。±1100 千伏特高压输送容量达到千万千瓦级、输电距离达 6000 千米以上，能够实现清洁能源基地与负荷中心全国"通"，保障清洁能源大范围优化配置，为清洁能源规模化开发利用提供更广阔的消纳市场，大幅提高清洁能源开发利用效率和经济性。

清洁能源发电具有波动性、随机性和间歇性，只有依靠电网的灵活调节能力才能充分利用。以风、光等为主的清洁能源装机容量占比大幅增加，风、光等新能源发电逐步成为主力电源，作为市场主体参与电量平衡。清洁能源资源的波动性、随机性和不确定性给高比例清洁能源系统充裕性带来巨大挑战。一天内风电出力波动很大，极端情况下，可能在 0~100% 范围内变化。光伏发电出力主要受阳光强度、角度影响，光照强的时候出力大，光照弱的时候出力小甚至为零。实现清洁发电与用户用电的实时平衡和匹配，电网的调节作用至关重要。电网灵活性成为决定清洁能源发展的关键因素之一。只有接入坚强互联大电网，才能利用清洁能源的互补特性，扩大各类电源的灵活调节范围，并实现灵活性资源的广域共享，促进清洁能源大规模高质量发展。

2.3.4 发展展望

中国能源互联网发展具备良好基础

我国率先提出全球能源互联网理念和方案，率先建设中国能源互联网，率先突破和应用特高压、智能电网等先进技术，清洁能源发电装机规模和装备制造产业全球领先，引领能源互联网全球发展。

特高压技术全球推广

截至 2019 年年底，我国已建成和在建 32 个特高压工程，已投运和正在建设的特高压线路长度达到 3.8 万千米，为构建中国能源互联网骨干网架奠定坚实基础。特高压技术还在印度和巴西等国成功应用。其在全球范围的加快应用，验证了特高压输电的先进性、安全性、经济性和环境友好性，为加快世界能源转型提供了成熟技术和系统方案。

智能电网技术广泛应用

我国已建成投运了国家风光储输示范工程等一批世界领先的创新项目，智能电能表安装数量超过 5 亿只，接入充电桩累计达到 80 万个，形成全球覆盖范围最广、技术水平最高的智慧车联网平台。

清洁能源加速发展

　　我国清洁能源发电并网装机容量世界第一，在风、光等清洁能源发电技术和装备制造等方面均处于世界领先地位。截至 2020 年年底，我国清洁能源发电并网装机容量达 9.6 亿千瓦，占总发电装机容量的 43%[1]，是全球清洁能源并网装机规模最大的国家。其中水电装机容量为 3.7 亿千瓦，风电装机容量达 2.8 亿千瓦，太阳能发电装机容量为 2.5 亿千瓦，均为全球第一[2]。在规模经济和技术进步推动下，清洁能源成本大幅下降，具备了平价上网条件，未来成本还将进一步降低，为实现碳中和奠定重要基础。

　　根据当前中国能源互联网发展实际，结合能源生产清洁化、能源配置网络化、能源消费电气化的发展趋势和要求，加快构建中国能源互联网骨干网架，实现清洁能源跨国跨区优化配置。中国能源互联网建设总体分为以下两阶段：

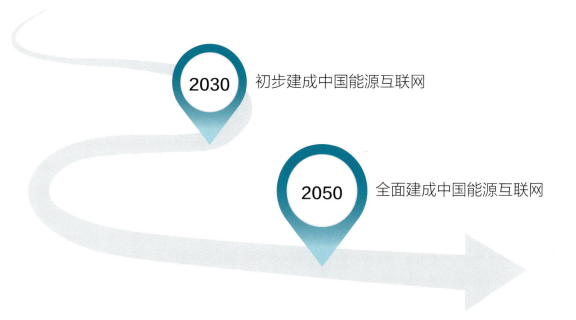

2030 初步建成中国能源互联网

2050 全面建成中国能源互联网

---

❶ 国家能源局。

❷ 中国能源经济研究院，中国清洁能源发展报告，2019。

到 2030 年，初步建成中国能源互联网，形成东部"九横五纵"、西部"三横两纵"格局，以中国能源互联网为核心加快清洁能源大规模开发和高效消纳，促进化石能源总量控制，实现 2028 年左右全社会碳达峰。2030 年，碳排放控制在 115 亿吨，清洁能源占一次能源消费比重达到 31%，电气化率（含制氢用电）达到 33%，清洁能源发电占比达到 53%，跨区跨省电力流将达到 4.6 亿千瓦，跨国电力流约 4250 万千瓦。

到 2050 年，全面建成中国能源互联网，形成坚强可靠的东部、西部同步电网，以加快清洁替代和电能替代带动电力系统率先实现近零排放，全社会碳排放降至 13.8 亿吨，相比峰值下降约 90%，我国碳中和取得决定性胜利。清洁能源占一次能源消费比重达到 77%，清洁能源发电占总发电量的比重达到 92%，电气化率达到 58%，跨区跨省电力流将达到 8.1 亿千瓦，跨国电力流 1.79 亿千瓦。

中国能源互联网是全球能源互联网的重要组成部分。全球能源互联网是清洁能源在全球范围内大规模开发、输送和使用的平台，总体可按国内互联、洲内互联和全球互联三个阶段推进，到 2050 年基本建成。全球能源互联网为实现《巴黎协定》温控目标提供现实可行、技术先进、经济高效、全球共赢的中国方案 [1]，将推动 2030 年各国的国家自主贡献目标提升 3 倍，实现全球二氧化碳总排放下降约一半，加快实现全社会碳中和目标，是全球携手通往碳中和目标的科学之路和共赢之路。

---

[1] 全球能源互联网发展合作组织、国际应用系统分析研究所、世界气象组织，全球能源互联网应对气候变化研究报告，2019。

3 实现碳中和的目标与路径

实现碳达峰和碳中和是党中央统筹国际国内两个大局作出的重大战略决策，需要贯彻新发展理念，系统制定碳中和总体目标和分阶段目标，科学把握减排与发展、近期与长远、全局与重点、市场与政府、技术与产业五个方面的辩证关系。以中国能源互联网为基础平台和根本依托，统筹规划电力系统、能源系统和全社会的碳达峰、碳中和路径，推动以"尽早达峰、快速减排、全面中和"三个阶段实现全社会碳中和目标。

3.1 碳中和目标与基本原则

3.1.1 总体目标

实现
"两个一百年"
奋斗目标

中共十五大报告首次提出"两个一百年"奋斗目标。我国的长期发展愿景是到 2035 年基本实现社会主义现代化，从 2035 年到本世纪中叶，把我国建成富强民主文明和谐美丽的社会主义现代化强国。2030 年前碳排放达峰，与 2035 年我国现代化建设第一阶段目标和美丽中国建设第一阶段目标相吻合，是我国 2035 年基本实现现代化的一个重要标志。2060 年前实现碳中和目标，与《巴黎协定》提出的全球平均温升控制在工业革命前的 2℃以内并努力控制在 1.5℃以内的目标相一致，与我国在 21 世纪中叶建成社会主义现代化强国和美丽中国的目标相契合。

近中期通过控制化石能源消费总量和控制能源强度尽早实现碳达峰，远期通过建设中国能源互联网推动能源领域快速减排，实现全社会碳中和及我国第二个百年奋斗目标。

**实现
经济和能源
高质量发展**

党的十九大报告提出，我国经济已由高速增长阶段转向高质量发展阶段。2014 年 6 月 13 日，习近平总书记在中央财经领导小组第六次会议上首次提出了"四个革命、一个合作"的重大能源战略思想。

实现碳达峰与碳中和是我国构建清洁低碳、安全高效现代能源体系的重要体现，是落实能源安全新战略的重要抓手，是促进经济社会可持续发展的必然要求。近中期实现"双控"任务，即经济高质量发展的同时控制能源消费强度和能源消费总量，本世纪中叶前实现"双脱钩"，即经济发展与能源消费脱钩、能源发展与碳排放脱钩。

**实现
生态文明
建设目标**

党的十八大将生态文明建设纳入"五位一体"中国特色社会主义总体布局，要求把生态文明建设放在突出地位，融入经济建设、政治建设、文化建设、社会建设各方面和全过程。人与自然是命运共同体，坚持人与自然和谐共生，坚定走生产发展、生活富裕、生态良好的新发展道路是新时代坚持和发展中国特色社会主义的基本方略。

碳达峰和碳中和是反映和体现生态文明建设成效的"牛鼻子"、试金石，是生态文明建设的主要矛盾，是生态文明建设的历史性任务。把降碳作为源头治理的"牛鼻子"，协同控制温室气体与污染物排放，协同推进气候变化治理与生态保护修复等工作，支撑打好污染防治攻坚战和深入推进二氧化碳排放达峰行动，助力实现美丽中国奋斗目标。

3.1.2 分阶段目标

实现碳中和，需要根据我国实际国情和不同发展阶段，统筹协调近期行动与远期目标，分阶段分步骤地采取重点措施。

1 碳达峰阶段（2030 年前）

二氧化碳排放力争于 2030 年前达到峰值

2020 年 9 月 22 日，习近平总书记在第 75 届联合国大会一般性辩论上宣布：我国将提高国家自主贡献力度，采取更加有力的政策和措施，二氧化碳排放力争于 2030 年前达到峰值，努力争取 2060 年前实现碳中和。2020 年 12 月 12 日，习近平总书记在气候雄心峰会上进一步宣布：到 2030 年，我国单位 GDP 二氧化碳排放将比 2005 年下降 65% 以上，非化石能源占一次能源消费的比重将达到 25% 左右，森林蓄积量将比 2005 年增加 60 亿立方米，风电、太阳能发电总装机容量将达到 12 亿千瓦以上。2021 年 3 月 13 日《中华人民共和国国民经济和社会发展第十四个五年规划和 2035 年远景目标纲要》指出"十四五"期间单位 GDP 碳排放降低 18%。截至 2019 年年底，我国碳排放强度较 2005 年降低约 48.1%，提前完成我国对外承诺的到 2020 年碳排放强度下降目标。

研究显示，碳排放达峰时间和峰值将在很大程度上影响我国远期实现碳中和的难度和成本，按照 2030 年前我国经济增速 5% 考虑，全社会碳排放峰值应控制在 109 亿吨二氧化碳以内。

经济产业结构优化

2020—2035 年，我国经济发展将进入增长动力转换的关键期。供给方面，进一步由要素驱动转向创新驱动；需求方面，由依赖外需拉动向内需和外需协调互促、共同拉动的格局转变。研究显示，预计"十四五"时期我国平均经济增速将达到 5.3%。2025—2035 年期间，经济增速将逐步过渡到中速（4% 以上）增长阶段。第三产业在国民经济中的比重和对经济增长的贡献率将持续增加，生产性服务业向专业化和价值链高端延伸，与先进制造业、农业深度融合。预计 2030 年第一、第二、第三产业比重由 2019 年的 7：39：54 调整至 6：37：57。

能源体系转型升级

2012 年以来，我国单位 GDP 能耗累计降低 24.4%，相当于减少能源消费 12.7 亿吨标准煤。2012—2019 年，以能源消费年均 2.8% 的增长支撑了国民经济年均 7% 的增长，能源利用效率显著提高。2016 年 12 月，我国发布《能源生产和消费革命战略（2016—2030）》，明确能源革命总体目标：2021—2030 年，可再生能源、天然气和核能利用持续增长，高碳化石能源利用大幅减少；能源消费总量控制在 60 亿吨标准煤以内，非化石能源占能源消费总量的比重达到 20% 左右，天然气占比达到 15% 左右，新增能源需求主要依靠清洁能源满足。我国"十四五"规划明确提出单位 GDP 能源消耗将降低 13.5%[1]。根据本报告研究，通过控制能源消费总量与调整能源结构，2030 年能源消费总量能够控制在 60 亿吨标准煤以内，非化石能源消费占比超过 25%。

---

[1] 中华人民共和国国民经济和社会发展第十四个五年规划和 2035 年远景目标纲要。

2 碳中和阶段（2030—2060 年）

努力争取 2060 年前实现碳中和

自 2020 年 9 月 22 日，习近平总书记在第 75 届联合国大会一般性辩论上的讲话中首次宣布我国努力争取 2060 年前实现碳中和，之后在联合国生物多样性峰会、金砖国家领导人第十二次会晤、领导人气候峰会等重大国际场合上重申我国实现碳中和的庄重承诺。我国是全球主要排放大国中率先提出碳中和的发展中国家，起到了良好的垂范效应和引领作用。研究表明，我国碳排放仍在增长，实现碳中和是一个倒逼的目标。与欧美国家相比，我国实现碳中和面临最大减排规模、最短过渡时间和最快减排速度的挑战，需要各地区、各行业共同努力实现碳中和目标。能源领域是二氧化碳排放的主要来源，是全社会减排的主战场，能源领域通过建设中国能源互联网实现碳中和是我国实现 2060 年前碳中和的关键。电力行业将在能源领域减排中发挥至关重要的作用，一方面通过自身减排助力全社会减排；另一方面在工业、交通和建筑领域发挥替代其他行业化石能源的作用，助力其他行业减排。电力行业率先实现碳达峰和碳中和将为我国全社会实现"双碳"目标发挥决定性作用。

经济增长与碳排放脱钩

我国实现碳排放达峰以后将进入快速脱碳并实现碳中和的进程，而这一进程会推动我国经济高质量发展。研究表明，2050 年和 2060 年 GDP 预计分别达到 338 万亿元和 435 万亿元。我国将步入后工业化时期，整体转向服务经济和知识经济时代。预计 2050、2060 年，我国第一、第二、第三产业比重分别为 4：33：63 和 4：30：66，有望形成一批具有全球影响力的高端服务业中心城市，"中国服务"品牌将主导和引领全球价值链，届时碳排放强度降至零，从而经济社会环境实现协调发展。

形成清洁低碳能源体系

　　2021 年 3 月 15 日，习近平总书记在中央财经委员会第九次会议强调：要构建清洁低碳安全高效的能源体系，控制化石能源总量，着力提高利用效能，实施可再生能源替代行动，深化电力体制改革，构建以新能源为主体的新型电力系统。《能源生产和消费革命战略（2016—2030）》远景展望中指出 2050 年我国能源消费总量基本稳定，非化石能源占比超过一半。研究显示，**能源消费方面，**按照一次能源消费总量在 60 亿吨标准煤左右考虑，我国 2050、2060 年非化石能源占比将分别达到 75%、90%。2060 年，我国人均能源消费水平达到 4.4 吨标准煤。2035 年以后，能源消费弹性系数变为负值，能源消费与经济增长逐渐脱钩，能源消费量进入平台期后稳中有降。**电力消费方面，**电力消费有效促进我国经济发展和产业结构转型，全社会用电量将持续增加。2050、2060 年，全社会用电量将分别增至 16 万亿、17 万亿千瓦时左右。2060 年，我国人均用电量达到 1.27 万千瓦时。2031—2035 年，电力弹性系数降至 0.66；本世纪中叶以后降至 0.2 左右。

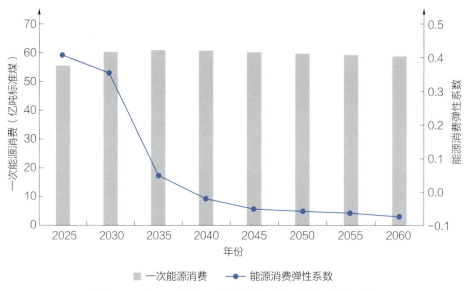

图 3.1　我国一次能源消费总量及能源消费弹性系数

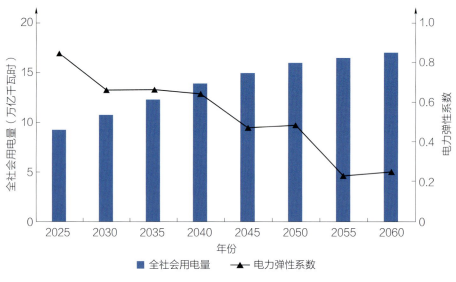

图 3.2　我国全社会用电量及电力消费弹性系数

3.1.3　基本原则

　　我国碳中和实现路径需要辩证把握并统筹协调减排与发展、近期与长远、全局与重点、市场与政策、技术与产业五个方面的关系，坚持创新、协调、绿色、开放、共享的新发展理念，实现碳达峰和碳中和目标的同时促进经济社会高质量发展。

统筹碳减排与安全发展

坚持新发展理念，树立全局视野、战略眼光，既要加快促进碳减排、控制化石能源消费，又要保障经济发展的能源需求；既要加快绿色低碳转型发展，又要保证能源安全、稳定、经济供应，加快实现能源发展、经济增长与碳排放脱钩，落实碳中和战略目标。

统筹近期目标与长远目标

坚持远近结合谋划碳达峰、碳中和目标和方向，基于当前发展实际，紧密结合碳达峰目标，统筹谋划碳中和战略路径，推动各阶段碳减排相互衔接、相互促进。

统筹抓好全局与突出重点

加强经济社会发展和能源变革转型的整体规划设计，以成本更低、效益更大方式确定碳中和方案，突出重点行业和重点区域碳减排带动力，整体推进产业发展和能源变革，推动经济社会全面绿色低碳转型。

统筹市场驱动与政策引导

发挥市场在资源配置中的决定性作用，建立促进碳减排的市场平台和高效机制，高度重视战略规划的引导作用和政策措施的保障作用，促进技术、标准、机制、模式创新，加快形成我国绿色低碳发展新格局。

统筹技术创新与产业升级

推动绿色低碳技术创新，抢占技术和标准制高点，推进各类低碳前沿技术研究开发、评估交易体系和服务平台建设。加强技术引领与产业化发展协同，重点发展我国具有比较优势的低碳技术和产业，带动经济社会实现全方位、系统性变革。

3.2 碳中和路径

　　基于中国能源互联网的碳中和实现路径（简称碳中和实现路径），以我国2030年前碳达峰方案为基础，以中长期经济社会发展（如宏观经济、产业结构、人口与城镇化等）、能源电力需求和累积碳排放的预测为边界条件，由全社会碳中和路径、能源系统转型路径、电力系统脱碳路径三方面构成。从投资分析、减排成本、综合效益等方面对实现路径进行分析，并根据我国现有能源发展方式和已有政策设计现有模式延续情景，用于评估构建中国能源互联网实现碳中和对我国绿色低碳发展的重要作用和影响。

图 3.3　碳中和实现路径总体研究框架

3.2.1　全社会碳中和路径

　　全社会碳中和需要统筹考虑不同行业领域，主要包括能源活动、工业生产过程、土地利用变化和林业（LULUCF）、废弃物处理等。根据《中华人民共和国气候变化第二次两年更新报告》，2014年我国二氧化碳排放总量为91.24亿吨（包括土地利用变化和林业），其中能源活动排放89.25亿吨，工业生产过程排放13.30亿吨，土地利用变化和林业排放−11.51亿吨，废弃物处理排放0.20亿吨。

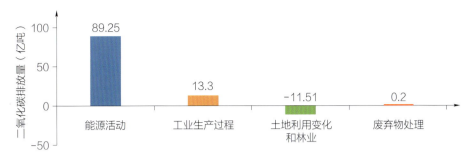

图 3.4　2014 年我国分领域二氧化碳排放量

我国实现全社会碳中和总体按照**尽早达峰、快速减排、全面中和**三个阶段统筹实施。

第一阶段：尽早达峰阶段（2030 年前）。以化石能源总量控制为重点，实现 2028 年左右全社会碳达峰，峰值控制在 109 亿吨左右，2030 年碳排放量降为 102 亿吨。能源活动碳排放 2028 年同步达峰，峰值为 102 亿吨左右，2030 年碳排放量降至 96.8 亿吨。2030 年碳排放强度相比 2005 年下降超过 70%，提前兑现我国《巴黎协定》自主减排承诺 ❶。全社会及能源活动碳排放达峰的核心是煤炭消费达峰，关键是实现煤电规模达峰和布局优化，新增能源需求主要由清洁能源满足。2030 年前我国实现碳达峰，将进一步强化自主减排贡献目标，尽早达峰、控制峰值将为实现碳中和目标、引领低碳转型占据更大主动。

第二阶段：快速减排阶段（2030—2050 年）。以全面建成中国能源互联网为关键，2050 年电力系统实现近零排放，全社会碳排放下降 90%，标志着我国碳中和取得决定性成效。2050 年全社会碳排放量降至 13.8 亿吨，相比碳排放峰值下降约 90%，人均碳排放量降至 1.0 吨，2030—2050 年能源强度下降约 50%。全社会快速减排核心在于清洁能源增长速度和发展规模，关键是建设中国能源互联网，实现清洁能源优化配置，加速能源系统脱碳。2050 年全面建成中国能源互联网是全社会实现近零排放的前提基础，对于实现全社会碳中和具有基础性、关键性作用。

---

❶ 中国政府，中国国家自主贡献，2016。

第三阶段：全面中和阶段（2050—2060 年）。以深度脱碳和碳捕集、增加林业碳汇为重点，能源和电力生产进入负碳阶段，2055 年左右实现全社会碳中和。 2060 年，能源活动排放量 9.6 亿吨、工业生产过程排放量 4.3 亿吨、土地利用变化和林业碳汇 10.5 亿吨、碳移除约 9.5 亿吨，全社会净排放量为 -5.8 亿吨。通过保持适度规模负排放，控制和减少我国累积碳排放量。

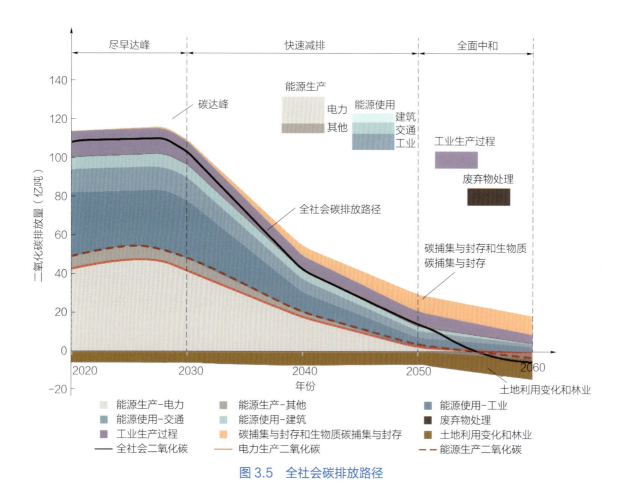

图 3.5　全社会碳排放路径

3.2.2 能源系统碳中和路径

能源活动碳排放主要包括能源生产和能源使用过程中的碳排放。在能源生产中，利用碳捕集及封存技术能够实现部分碳排放移除。能源活动的脱碳关键是依靠能源供应转向清洁主导、能源使用转向电为中心减少化石能源消费。

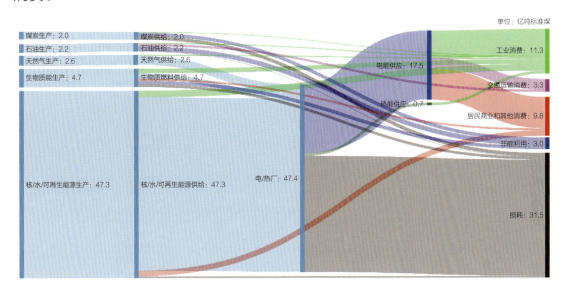

图 3.6　2060 年我国能源系统能流图

建设中国能源互联网实现碳中和目标，将加快推动能源系统绿色低碳转型，在未来 20~30 年构建高度清洁化、高度电气化、广域互联化和能源充足供应的现代能源体系。

- **能源总量充足供应，**一次能源消费总量稳定在 60 亿吨标准煤左右，全社会用电量增至 17 万亿千瓦时，电力消费总量持续增加。

- **能源生产清洁化，**生产侧清洁能源占比提升三倍，清洁能源占一次能源消费比重从 2030 年的 31% 增至 2060 年的 90%。

- **能源消费电气化，**消费侧电气化水平翻一番，电气化率（含制氢用电）从 2030 年的 33% 增至 2060 年的 66%。

　　尽早达峰阶段（2030 年前），能源活动碳排放 2028 年达到峰值约 102 亿吨，2030 年降至 96.8 亿吨。 实施清洁替代，严控煤电总量，大力发展清洁能源，积极发展电制燃料，优化电源结构，实现**电力行业**碳排放率先于 2025 年达峰，峰值约 45 亿吨二氧化碳，2030 年下降至 41 亿吨。在工业、交通、建筑等领域实施电能替代和能效提升，降低散烧煤、工业用煤，控制交通用油，实现**终端用能领域**碳排放 2028 年达峰，峰值约 50 亿吨二氧化碳，2030 年下降至 48 亿吨。

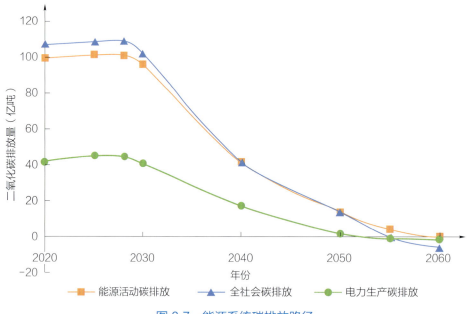

图 3.7　能源系统碳排放路径

　　快速减排阶段（2030—2050 年），能源活动碳排放下降 76%。 2050 年能源活动碳排放降至 23 亿吨，相比峰值下降约 76%。中国能源互联网加速清洁能源开发和消纳，能源生产环节清洁替代推动电力生产快速脱碳。2050 年前电力生产实现近零排放，净零时间早于全社会碳中和时间。能源生产减排量约 36 亿吨，占比 44%；能源使用减排量约 37 亿吨，占比 46%；碳捕集利用与封存（CCUS）和生物质碳捕集与封存（BECCS）等碳移除量约占 10%。

　　全面中和阶段（2050—2060 年），能源活动实现碳中和。 碳移除技术进一步成熟，是能源活动实现碳中和的重要手段。2060 年将提供约 9.5 亿吨碳移除量，较 2030 年增加 8.7 亿吨。其中，碳捕集利用与封存主要应用于电力生产化石能源燃烧和化石能源制氢领域；生物质碳捕集与封存主要应用于生物质发电和液体生物质燃料生产领域。

1　能源生产转向清洁主导

实现碳中和目标，能源生产需要由化石能源主导向清洁能源主导转变，重点是通过清洁能源大规模开发、大范围配置和高效率使用，摆脱化石能源依赖，加快化石能源退出和零碳能源供应，建立清洁主导的能源体系。

化石能源消费总量于 2028 年达峰，其中**煤炭**消费总量 2013 年后稳定在 28 亿吨左右，2025 年达峰后开始下降；**石油**消费总量 2030 年前达峰后逐渐下降，峰值约 7.4 亿吨。**清洁发电**规模逐年扩大，电力生产新增清洁能源发电装机容量 17.3 亿千瓦，年均增长 1.6 亿千瓦；其中风电、太阳能发电（含光伏和光热发电）装机容量分别年均增长 5440 万、7500 万千瓦。2030 年清洁电源装机容量占比超过 67%，**清洁能源**占一次能源消费比重从 2019 年的 15.3% 提高到 31%，每年提高 1.4 个百分点。

图 3.8　一次能源消费总量及结构

2050 年化石能源消费总量下降至 13.9 亿吨标准煤，其中**天然气**消费总量 2035 年前后达到峰值 6.5 亿吨标准煤（约 5000 亿立方米），**煤炭**和**石油**消费大幅度下降。**清洁发电**规模加速扩大，2030—2050 年电力生产新增清洁能源发电装机容量 43.05 亿千瓦，年均增长 2.2 亿千瓦，其中风电、太阳能发电（含光伏和光热发电）装机容量分别年均增长达到约 7000 万、1.2 亿千瓦，分别是达峰前增速的 1.3、1.5 倍。能源消费加速转向清洁能源，2040 年前**清洁能源**占一次能源消费比重全面超过化石能源。2030—2050 年是清洁发展增速最快阶段，清洁能源比重需每年提高 2.3 个百分点，到 2050 年达到 77%。

2060 年**化石能源消费**总量下降至 6.5 亿吨标准煤。**清洁发电**规模进一步扩大，2050—2060 年电力生产新增清洁能源发电装机容量 8.1 亿千瓦，年均增长 8100 万千瓦，其中风电、太阳能发电（含光伏和光热发电）装机容量分别年均增长 3000 万、3500 万千瓦，2060 年清洁电源装机容量占比达到 96%。2060 年**清洁能源**占一次能源消费比重 90%，实现能源生产体系全面转型，剩余化石能源消费加速向非能利用转型，充分发挥化石能源价值。

2　能源使用转向电为中心

实现碳中和目标，能源消费需要由煤、油、气等向电为中心转变，电力成为终端能源消费的核心载体。加速推动工业、建筑、交通等主要领域电能替代，终端电气化水平提升，能源使用效率提高，终端各领域化石能源排放大幅降低。

电能消费总量逐年上升，2030 年全社会用电量达到 10.7 万亿千瓦时，年均增长 3.6%，电气化率达 33%，超过煤炭、石油、天然气成为终端能源消费主导能源。**工业领域**加速电能替代，新增用电量 2.3 万亿千瓦时，电气化率由 24% 增至 34%。**交通领域**电气化快速发展，新增用电量 0.6 万亿千瓦时，电气化率由 3.6% 增至 11%。**建筑领域**智能家电普及，新增用电量 1.5 万亿千瓦时，电气化率由 38% 增至 49%。

2050 年全社会用电量达到 16 万亿千瓦时，终端能源消费一半以上由电能提供。相比 2030 年，2050 年新增用电 5.3 万亿千瓦时，年均增长 2.0%。**工业领域**深度电能替代，新增用电量 0.8 万亿千瓦时，电气化率由 34% 增至41%。**交通领域**电动汽车与氢燃料电池车加速发展，新增用电量 1.8 万亿千瓦时，电气化率由 11% 增至 42%。**建筑领域**用能规模和占比增加，新增用电量2.6 万亿千瓦时，电气化率由 49% 增至 71%。

2060 年全社会用电量达到 17 万亿千瓦时，相比 2050 年新增用电量 1 万亿千瓦时，年均增长 0.6%。全社会 2/3 的能源使用均为电能，实现能源使用转型。**工业领域**新增用电量 0.1 万亿千瓦时，电气化率超过 41%。**交通领域**新增用电量 0.5 万亿千瓦时，电气化率由 42% 增至 51%。**建筑领域**新增用电量 0.35万亿千瓦时，电气化率由 71% 增至 80%。

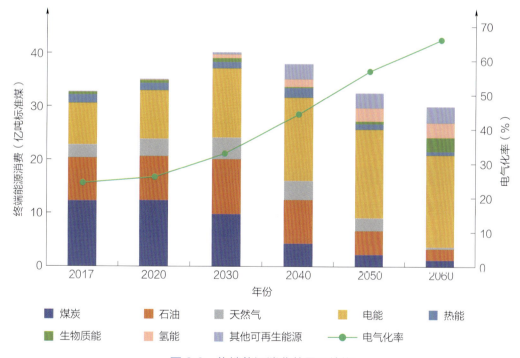

图 3.9 终端能源消费总量及结构

3.2.3 电力系统碳中和路径

建设中国能源互联网实质是建设以新能源为主体的新型电力系统，能够在2050年前实现电力生产近零排放，之后为实现碳中和提供负排放。电力将是减排力度最大、脱碳速度最快的领域，减排量占能源活动40%以上。

尽早达峰阶段（2030年前），2030年，电力生产碳排放强度降至2017年的一半以下。推动构建中国能源互联网，严控煤电总量，加快新能源发电建设，电力生产碳排放与碳排放强度明显下降。2030年，电力生产碳排放量降至41亿吨，电力生产碳排放强度由2017年的822克二氧化碳／千瓦时[1]降至380克二氧化碳／千瓦时，降幅超过50%。

快速减排阶段（2030—2050年），2050年前，电力生产实现近零排放。推动煤电有序退出，优化气电功能布局。到2050年，全面建成中国能源互联网，电力生产碳排放强度降至12克二氧化碳／千瓦时，通过碳捕集利用与封存、生物质碳捕集与封存碳捕集量约5亿吨二氧化碳。2050年前电力生产实现近零排放，电力生产碳排放每年下降4.8个百分点。

全面中和阶段（2050—2060年），电力生产为全社会2060年前碳中和提供负排放空间。2060年前煤电全部退出，电力生产96%以上由清洁电源供应。2060年电力生产由生物质碳捕集与封存提供碳捕集量约1.5亿吨二氧化碳，进入电力供应负排放时代。

1 **电源装机结构清洁低碳**

新增电源主要为清洁发电。预计2030、2050、2060年我国电源总装机容量将分别达到38亿、75亿、80亿千瓦。清洁能源发电比重持续上升。2020—2030年，清洁能源装机容量每年需增长1.6亿千瓦，达到25.7亿千瓦。2030—2050年，清洁能源装机容量每年需增长2.2亿千瓦，达到68.7亿千瓦。

---

[1] 中国电力企业联合会，中国煤电清洁发展报告，2017。

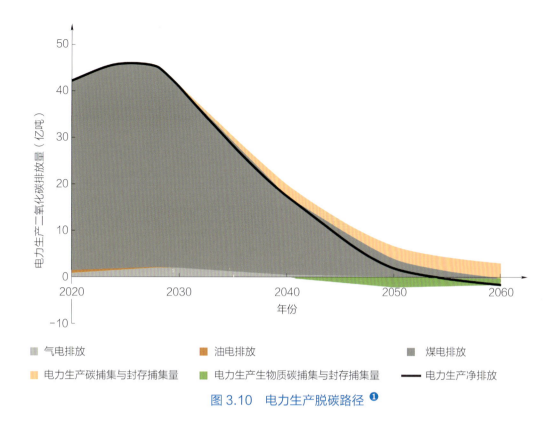

图 3.10 电力生产脱碳路径 ❶

2050—2060 年，清洁能源装机容量每年需增长 0.81 亿千瓦，达到 76.8 亿千瓦，实现超过 96% 的电源装机容量和发电量均由清洁能源承担。

化石能源发电加快转型。煤电总量控制在 2025 年达峰，从峰值 11 亿千瓦逐步减少至 2030 年 10.5 亿千瓦。2030—2050 年，煤电转型进程进一步加快，到 2050 年下降至 3 亿千瓦左右，2060 年全部退出。**气电**主要作为调峰电源，装机容量的 80% 以上位于东中部地区。2030、2050、2060 年气电装机容量分别为 1.9 亿、3.3 亿、3.2 亿千瓦。气电发挥化石能源发电的灵活调节和备用保障作用。

表 3.1 我国电源装机容量   单位：亿千瓦

水平年	光伏发电	光热发电	风电	常规水电	抽水蓄能发电	核电	生物质及其他发电	煤电	气电	燃氢发电	合计
2030 年	10.00	0.25	8.00	4.40	1.13	1.10	0.80	10.50	1.85	0.00	38
2050 年	32.70	1.80	22.00	5.70	1.70	2.00	1.70	3.00	3.30	1.00	75
2060 年	35.50	2.50	25.00	5.80	1.80	2.50	1.80	0.00	3.20	2.00	80

---

❶ 气电、油电、煤电排放量的计算均考虑碳捕集与封存。

表 3.2　我国发电量及占比

分类	2030 年		2050 年		2060 年	
	发电量（亿千瓦时）	占比（%）	发电量（亿千瓦时）	占比（%）	发电量（亿千瓦时）	占比（%）
煤电	46001	41.89	6510	4.03	0	0.00
气电	6105	5.56	6996	4.33	5760	3.36
光伏发电	13500	12.29	48750	30.15	54000	31.54
光热发电	800	0.73	5760	3.56	8000	4.67
风电	16400	14.94	51920	32.11	59000	34.46
常规水电	17195	15.66	22497	13.91	22852	13.35
核电	7344	6.69	14000	8.66	17500	10.22
生物质及其他	2460	2.24	5270	3.26	4086	2.39
合计	109804	100	161703	100	171198	100
清洁发电量占比	52.5		91.6		96.6	

2　电网配置能力大幅提升

扩大电网配置规模和范围。转变过度依赖煤碳的能源发展方式和局部平衡的电力发展方式，加强我国与周边国家互联互通，形成"西电东送、北电南供、跨国互联"的能源发展格局。2030 年，我国跨区跨省电力流将达到 4.6 亿千瓦，跨国电力流约 4250 万千瓦；2060 年，跨区跨省电力流进一步提升至 8.3 亿千瓦，跨国电力流约 1.87 亿千瓦。

建成东部、西部特高压同步电网。综合考虑清洁能源资源和电力需求分布，按照安全可靠、结构清晰、交直流协调发展的原则，加快建设以特高压为骨干网架的东部、西部两个同步电网。**西部电网**包括西南电网、西北电网和南方送端（云南、贵州）电网，统筹西南大型水电基地和西北大型风电、太阳能发电基地开发和送出。**东部电网**包括华北电网、华东电网、华中电网、东北电网和南方受端电网，实现清洁能源大规模安全受入与高效消纳。

3.3 综合优势分析

中国能源互联网碳中和实现路径具有能源系统投资少、边际减排成本低、运行成本小、清洁发展带动力强的优势，能源互联网技术成熟、经济性好、减排贡献大，是符合我国国情、切实可行的碳中和方案。

3.3.1 投资成本

1 系统投资

能源系统投资带动力强，运行成本低。按照中国能源互联网碳中和方案，2020—2060 年将在能源系统累计投资约 122 万亿元，在 GDP 中占比为 1.2%；相比其他碳中和方案的投资更低。能源电力系统投资和全社会用能成本呈"先增后降"趋势。2030 年前能源电力系统投资有所增加，主要是由于清洁能源开发和用于减排的能源基础设施投资及存量改造投资增加；2030 年后能源电力系统投资下降，主要是由于清洁能源大规模开发和电力供应成本大幅下降，以及化石能源需求下降带来燃料节省、先进工艺应用及能效提升等方面共同促进投资和成本下降。

加速绿色零碳基础设施建设，近一半能源投资流向清洁能源，清洁发展带动力强。2020—2060 年累计能源系统投资 ❶ 中，清洁能源投资占比为 39%，能源传输投资占 21%，化石能源投资占 4%，终端能源投资占 36%，清洁能源投资是化石能源投资的 9 倍多。电力系统累计投资为 64 万亿元，约占能源系统投资的一半。

---

❶ 能源系统总投资包括清洁能源投资、能源传输投资、化石能源投资和终端能源投资四项。清洁能源投资包括可再生能源（太阳能、风能、水能、生物质能等）投资和核能投资。能源传输投资是各类能源品种传输的相关投资，包括石油管道、天然气管道、常规输配电网、特高压电网、生物质传输、氢能传输等投资成本。化石能源投资包括化石能源开采、化石能源的终端直接使用、化石能源发电、化石能源碳捕捉与封存技术的投资成本。终端能源投资包括终端能源活动为减排和提高能效而产生的投资。能源系统总投资计算均采用基年价格，累计投资未贴现。

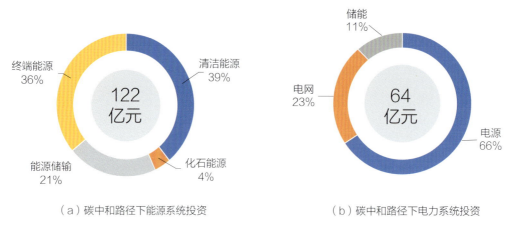

（a）碳中和路径下能源系统投资　　　　　（b）碳中和路径下电力系统投资

图 3.11　碳中和路径下能源电力系统投资

2　减排成本

中国能源互联网碳中和方案是减排成本低的碳中和方案，全社会边际减排成本[1]为258元/吨二氧化碳。与全球实现2℃及1.5℃情景边际减排成本对比，实现碳中和路径贴现后的平均边际减排成本约258元/吨二氧化碳，远低于其他1.5℃情景边际减排成本，位于全球2℃情景边际减排成本的中间水平[2]。

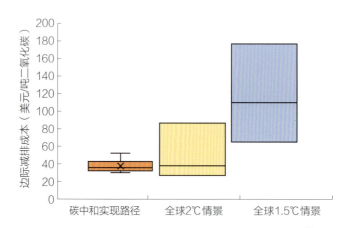

图 3.12　碳中和路径下边际减排成本与全球比较[3]

---

[1] 边际减排成本是指每多减排一单位的二氧化碳全社会所要付出的成本，用来反映碳减排对整个经济社会产生的资金需求，可直观反映出不同经济体减排的潜在空间和实施成本。

[2] Rogelj J, Shindell D, Jiang K, et al., Mitigation Pathways Compatible with 1.5℃ in the Context of Sustainable Development, 2018.

[3] 全球2℃情景和1.5℃情景箱图包括 IAMC 数据所有情景。箱体为25%和75%百分位范围，箱内横线为中位值，箱外横线为最大值和最小值，"✕"号为平均值。边际减排成本以2010年美元不变价衡量，以5%的贴现率贴现到2015年。

3.3.2　技术优势

中国能源互联网碳中和路径主要依托六大类技术，其中清洁替代和电能替代累积减排贡献 ❶ 约 80%。

清洁替代指能源生产侧和消费侧实施清洁替代，包括发电行业以清洁能源替代传统化石能源发电及清洁能源在终端领域的直接利用❷，累积减排贡献 40%。

电能替代指能源消费侧实施电能替代，以电代煤、以电代油、以电代气、以电代初级生物质，包括工业领域能源消费密集型行业电能替代、电制氢、电制合成燃料，交通领域电动汽车、氢燃料电池汽车、电气化铁路，建筑梁宇电炊事、热泵等技术应用，终端能源消费结构逐渐形成电为中心的消费结构，累积减排贡献 36%。

互联互通指全国及周边国家输电骨干网架，包括特高压技术、柔性直流输电技术、海底电缆技术，通过先进输电技术实现清洁能源多能互补和优化配置，实现每年在全国配置 22 亿吨减排量 ❸。

能效提升指能源生产、加工转换运输、能源利用各环节能源效率提升，包括发电行业发电效率提高、工业领域工业设备改进、交通领域燃油标准提升、建筑领域节能改造等方面促进能源利用效率提升。

碳捕集利用与封存指将燃料燃烧产生的二氧化碳收集起来并储存，以避免其排放到大气中的一种技术。包括传统化石能源燃烧过程碳捕集及生物质能燃烧过程碳捕集两大类。碳捕集利用与封存技术是化石能源发电和以化石能源燃料为主的工业行业主要的减排手段之一。

---

❶ 累积减排贡献为减排途径提供的累积减排量占总累积减排量的比例。

❷ 终端清洁能源的直接利用即为清洁利用，包括太阳能、地热能、生物质等。

❸ 谭新，刘昌义，陈星，等 . 跨国电网互联情景下的碳流及碳减排效益研究——以非洲能源互联网为例，全球能源互联网，2019，2(3)：291-198。

3.3　综合优势分析

生物质能源燃烧后碳捕集与封存指通过大规模发展生物质能源吸收大气中的二氧化碳，然后将生物质发电并捕获和封存燃烧排放的二氧化碳，以此减少大气中的二氧化碳。生物质碳捕集利用与封存技术是能源电力系统主要的负排放技术。

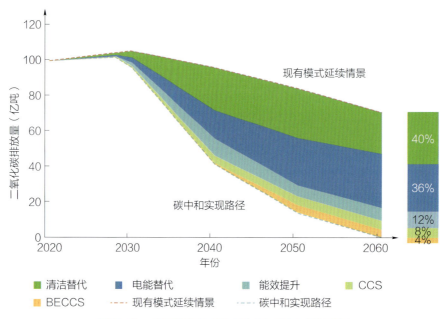

图 3.13　中国能源互联网碳中和路径减排贡献

能源互联网技术成熟、经济性好，相比以碳捕集为主导的其他技术方案更符合我国实际国情。能源互联网技术体系以能源互联、清洁替代和电能替代技术为主导，并以能效提升、碳捕集利用与封存技术和负排放技术为辅助。我国清洁能源资源丰富，清洁能源成本快速下降，特高压交直流技术、柔性交直流技术及大规模储能技术等能源互联技术日趋成熟，构建中国能源互联网条件具备、时机成熟。能源互联网技术符合世界能源清洁化、电气化、网络化的发展规律，具备技术可行、经济性好、资源丰富、互联基础好、联网共识强等特点与优势，我国清洁能源发电、能源互联网技术和标准及相关装备制造业的发展都取得了举世瞩目的成就，能源互联网技术将对我国乃至世界实现碳达峰和碳中和目标发挥重要作用。

4 能源生产领域脱碳

我国能源生产碳排放占能源活动碳排放的 47%，其中电力是最主要的排放行业，火力发电❶碳排放占能源活动碳排放的 41%，近 10 年仍以年均 5% 的速度增长，热力生产、其他转换加工环节碳排放占比分别为 4%、2%。电力行业是能源生产减排关键，必须加快以清洁能源替代化石能源，重点是严控煤电总量、尽快实现达峰，水风光并进、集中式与分布式并举发展清洁能源发电，从源头上减少化石能源用量。

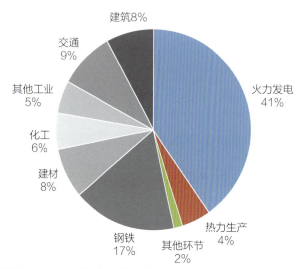

图 4.1　2017 年我国能源生产占能源活动碳排放比重

4.1　化石能源

4.1.1　煤电

1　发展现状

煤电是我国碳排放的主要来源之一。我国电源结构以煤电为主，截至 2020 年年底，煤电装机容量、发电量分别达 10.8 亿千瓦、4.6 万亿千瓦时，占全国电源总装机容量、总发电量的 49%、61%。我国煤电消费的煤炭约占全社会煤炭消费总量的 50%，排放二氧化碳约占能源活动碳排放总量的 40%，同时还排放了约占全社会总量 15% 的二氧化硫、10% 的氮氧化物及大量烟尘、粉尘、炉渣、粉煤灰等污染物。

---

❶ 火力发电指煤电、气电等以燃烧化石能源产生热能做功发电的电力生产方式。

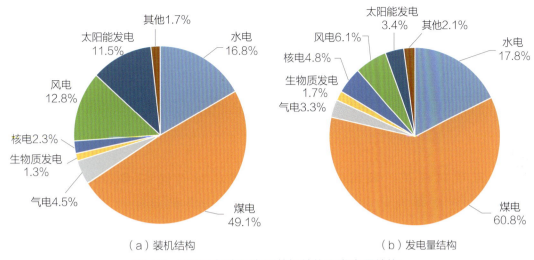

图 4.2　2020 年我国电源装机结构和发电量结构

我国是全球煤电装机容量第一大国，煤电装机容量和发电量均占全球总量的一半以上。当前，我国煤电装机容量仍继续增长，过去 10 年年均净新增装机容量超过 4000 万千瓦，占全球净新增煤电装机容量的 80% 以上。

图 4.3　我国与全球其他国家净新增煤电装机情况

> **专栏 2　　我国煤电转型面临的主要挑战**
>
> 　　**机组容量大**。随着"上大压小"政策持续推进，我国大量小型落后煤电机组已被淘汰。截至 2018 年年底，30 万千瓦以上级煤电机组已占总装机容量的 90% 以上，60 万千瓦以上级先进机组占比已超过一半。
>
> 　　**服役时间短**。我国煤电机组平均服役时间仅 12 年，超过 48% 的机组是近 11 年内建成投产的，服役超过 20 年的机组仅占 11%，特别是百万千瓦级机组平均服役时间仅 5 年。按 30 年运行寿命估算，未来 5、10 年内到期退役机组仅 2500 万、5700 万千瓦，分别占煤电总装机容量的 2.4%、5.5%。而美国、德国煤电机组平均服役时间达 35、30 年，2030 年前 80%、67% 的机组已达运行寿命自然退役。
>
> 　　**提前退役资产损失大**。如果煤电装机容量峰值达到 13 亿千瓦，预计在 2050 年前，强制提前退役导致的资产搁浅损失累计达 1.7 万亿元。

2　转型基础

　　实现煤电尽早达峰、尽快下降是 2030 年前碳达峰的关键。未来一段时间内，我国油气消费量还将持续上升，在航空航天、化工制造等领域，短时间内缺乏有效替代方案，预计油、气消费分别到 2030、2035 年左右才能实现达峰。与工业、交通、建筑等终端能源消费领域减排相比，以清洁能源发电替代煤电技术成熟、经济性好，易于实施，是最高效、最经济的碳减排措施。据统计，过去 30 年，英国煤电退出贡献了整体碳减排量的 40% 以上。

　　煤电退出电量缺口可由清洁能源补充。预计到 2025、2030 年我国将新增用电需求 1.8 万亿、3.3 万亿千瓦时。如果在 2025 年前不再新增煤电，并在 2030 年前逐步退出煤电装机容量 0.5 亿千瓦，新增需求和煤电退出缺口全部由清洁能源满足，相应的清洁能源发电量年均增速仅需 8.5%，低于 2015 年来 10% 的年均增速。风光发电装机容量逐步成为电源装机容量增量的主体。2050 年，风电、太阳能装机容量占比超过 75%，发电量占比超过 65%。2060 年，风电、太阳能装机容量占比超过 80%，发电量占比超过 70%。

多措并举保障煤电平稳退出、清洁能源为主导的电力系统安全稳定运行。

供应环节。积极实施煤电机组灵活性改造 ❶，为大规模开发利用清洁能源提供支撑；加快储能电站建设，采用风光储输联合开发模式，平滑新能源出力波动。**需求环节。**实施需求响应，将部分可调节的电力需求转移到清洁能源丰富时段，降低峰值负荷、平缓净负荷曲线。**配置环节。**通过大电网互联，利用不同品种、不同地域清洁能源资源的时空互补特性 ❷，使并网的水风光整体出力更加平稳。

到 2025、2030 年末，如果煤电装机容量分别控制在 11 亿、10.5 亿千瓦以内，清洁能源装机容量占比可达 58%、68%；2050 年煤电装机容量进一步控制在 3 亿千瓦以内、2060 年实现完全退出，清洁能源装机占比将进一步提升至 92%、96%。

通过近期对煤电机组进行灵活性改造，远期改造为燃氢、燃气和生物质等灵活调节性发电机组，大力发展抽水蓄能电站和电化学储能，并综合采用需求响应、电网互联等措施，完全能够保障碳达峰、碳中和进程中电力系统安全稳定运行。

---

❶ 灵活性改造指提升燃煤电厂的运行灵活性，包括增强机组调峰能力、提升机组爬坡速度、缩短机组启停时间、实现热电解耦运行等方面。

❷ 我国清洁能源资源时间差和季节差明显，存在品种间、地域间互补特性。如陕西、四川风电最大出力时间为 1 月，宁夏、甘肃、新疆分别为 4、7 月和 12 月；新疆、甘肃、青海、西藏等地区光伏基地日内出力峰值有 2 小时以上的差异。

专栏 3 　　　　　　　　　**青海省高比例清洁能源供电**

　　青海通过水风光互补、与周边省份互济，综合大电网调度控制、智能用电等技术，实现高比例清洁替代，清洁能源装机容量占比达 86.7%。煤电装机容量连续 5 年零增长，占比降至 12.5%，2020 年，青海实现连续 31 日清洁能源供电全覆盖。

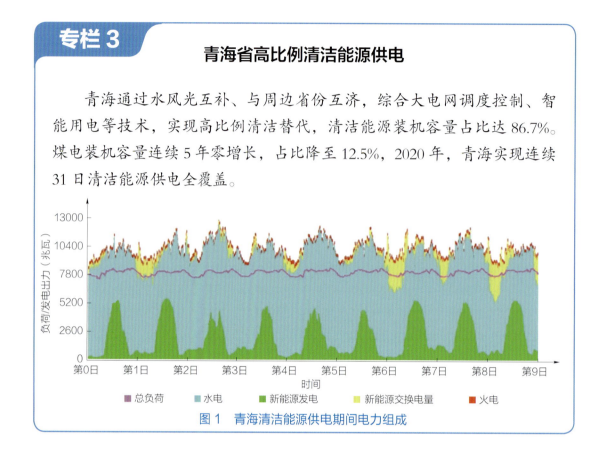

图 1　青海清洁能源供电期间电力组成

3　思路举措

　　我国煤电加快转型、退出迫在眉睫，越晚越被动。如果当前煤电装机容量继续增加 2 亿千瓦，峰值达到 13 亿千瓦，煤电碳排放量还将增长 10 亿吨，2030 年前很难实现碳达峰，更严重影响碳中和目标的实现。因此，必须下定决心，加快煤电装机容量达峰并尽快下降。

　　关键是坚持市场引导与政府调控并重，**控制总量、转变定位、优化布局**。同时，加快对现有燃煤电厂加装碳捕集与封存设备，实现现有煤电机组低碳化。在尽早达峰阶段（2030 年前），严控东中部煤电新增规模并淘汰落后产能、开展煤电灵活性改造，推动煤电从基荷电源向调节电源转变，为清洁能源发展腾出空间。在快速减排阶段（2030—2050 年）和全面中和阶段（2050—2060 年），煤电加快转型，逐步有序退出，循序推进燃氢发电、燃气发电、生物质掺烧等形式替代煤电，并通过加装碳捕集与封存设备，实现碳净零排放，2060 年煤电全部退出。

严控煤电总量

下决心坚决停建东中部已核准而未开工项目，合理安排在建煤电机组的建设进度。"十四五"期间，逐步淘汰关停煤电装机容量4000万千瓦，新建煤电装机容量2400万千瓦，新建特高压工程送端配套装机容量3100万千瓦，全国净增煤电装机容量1500万千瓦。对"十四五"后各地区煤电退出方案进行系统规划，明确中长期退煤时间表与路线图，加快煤电退出进程。实现煤电装机容量2025年左右达峰，峰值控制在11亿千瓦以内，2030年降至10.5亿千瓦左右，2050年进一步降至3亿千瓦左右。2050年后，逐步用燃气、燃氢和生物质发电等形式替代煤电，2060年煤电装机全部退出。

优化煤电布局

严控东中部煤电装机规模，不再新建煤电机组，新增电力需求主要由区外受电和本地清洁能源满足。2025、2030年前东中部地区分别退役煤电装机容量3500万、5000万千瓦。有序推进西部、北部煤电基地集约高效开发，配合清洁能源大规模开发与外送，发挥特高压电网大范围配置资源作用，与风电、太阳能发电、水电打捆输送至东中部负荷中心，促进清洁能源大规模开发与外送。2025、2030年，东部和中部煤电装机容量占全国的比例从2020年的56%下降至52%和50%以下。

转变煤电定位

在加快落后产能退役的同时，着力优化调整煤电功能定位，对煤电机组进行灵活性改造，挖掘其调峰价值，逐步推动煤电功能定位由基荷电源转变为调节电源，为清洁能源电源提供支撑。完善电力市场辅助服务补偿与交易机制，引导煤电充分发挥容量效应和灵活性优势。近中期，大容量、高参数、低能耗的超临界、超超临界机组仍主要提供系统基荷，对部分60万千瓦及以下机组进行灵活性改造，主要提供系统调峰；远期，绝大部分煤电转变为调节电源与应急备用电源。

有序实施改建

减少煤炭消费总量，推动煤电有序转型改建，循序推进燃氢发电、气电、生物质能掺烧等措施逐步替代煤电，最大程度利用现有电力资产，降低煤电资产搁浅风险。2050年煤电装机容量占比进一步下降至约4%，燃氢发电装机容量1亿千瓦；2060年煤电全部退出，燃氢发电装机容量增长至2亿千瓦。

表 4.1　我国煤电装机容量及分布　　单位：万千瓦

地区	2020 年	2025 年	2030 年	2050 年	2060 年
华北地区	30800	32541	31055	7200	0
华东地区	22246	21085	18725	1876	0
华中地区	13579	12848	12153	2300	0
东北地区	9645	9382	9196	2798	0
西北地区	16274	18373	18346	11216	0
西南地区	2833	3045	3029	1800	0
南方地区	13364	12864	12497	2810	0
全国	108741	110138	105001	30000	0

4.1.2　气电

1 发展现状

截至 2020 年年底，我国气电装机容量 9802 万千瓦、年发电量 2485 亿千瓦时、碳排放量约 4800 万吨，分别占全国总装机容量、总发电量、能源活动总排放量的约 4.5%、3.3%、0.5%。我国气电近年来发展较快，2010—2020 年间，装机容量、发电量年均增速分别达到 14%、13%，在火电装机容量中的占比由 3.8% 提升至 7.9%。受天然气资源条件、管线建设及地方经济发展水平的限制，我国气电机组分布不均衡，主要集中在珠三角、长三角和京津冀地区。其中，广东省是气电装机容量最大的省份，华东地区是气电最集中的地区。

相比煤电，气电碳排放和污染物排放水平较低。每吨标准煤当量天然气燃烧排放约 1.6 吨二氧化碳，约为煤炭的 60%[1]；排放的二氧化硫、氮氧化物分别为煤炭的 35%、50%。同时，气电运行稳定灵活，对电力系统动态调整需求的响应更加快速，单循环燃气轮机机组调峰能力可以达到 100%，联合循环机组

---

[1] 根据联合国政府间气候变化专门委员会研究，化石能源发电全寿命周期度电二氧化碳排放量为：气电 490 克，煤电 820 克。

调峰能力可以达到 70%～100%。随着波动性强的风光发电并网比例不断增加，建设一定比例的气电有利于提高电网灵活性，加强电力系统运行稳定性。

表 4.2　我国气电与煤电污染物排放比较

指标	单位	气电	煤电
全寿命周期二氧化碳排放量	克 / 千瓦时	490	820
二氧化硫排放量限值	毫克 / 立方米	35	100
氮氧化物排放量限值		50	100
烟尘排放量限值		5	30

2　转型基础

我国大规模发展气电面临挑战。

天然气资源不足　截至 2019 年年底，我国天然气剩余探明储量为 8.4 万亿立方米，仅占世界天然气总储量的 4%，储采比约 47 年。

资源日趋劣质化　新增探明天然气储量中，低品位资源占比达 70% 以上；常规资源中，深层、深水、低渗等低品位资源约占 80%。

化石能源 4.1

| 对外依存度高 | 随着国内消费持续增长，我国天然气对外依存度逐年升高，2019年已超过43%。大规模发展气电，气源难以保障，势必导致进口量加大，影响国家能源安全。2017年冬，由于中亚产气国家违约减供、我国储备不足等原因，十余个省份出现严重"气荒"，导致大面积电厂停产、工厂停工、居民停暖，损失巨大。 |

| 气电经济性差 | 气电用气量巨大，用气时段通常集中在制冷与供热高峰，燃料成本占总成本的比例高达60%～70%，价格高企，影响气电经济性。我国进口液化天然气成本是美国发电用天然气价格的2.5倍，气电度电燃料成本约为0.55元，上网电价约0.75元/千瓦时，远高于新能源发电和煤电。同时，现有气电中70%以上是热电联产❶，以热定电，使机组不能有效参与系统调节。 |

3　思路举措

立足国情和资源禀赋，应科学适度发展气电。重点在部分调节资源不足地区适度发展气电作为调峰电源，充分利用燃气机组启停快、运行灵活等优势，平抑清洁能源与负荷波动。同时，通过加装碳捕集与封存设备，降低燃气机组的碳排放强度。"十四五"期间，规划新增气电装机容量5400万千瓦，主要分布在气源有保证、电价承受力较高的东中部地区，到2025年气电总装机容量达到1.5亿千瓦。

---

❶ 热电联产指发电厂既生产电能，又利用汽轮机做过功的蒸汽对用户供热的生产方式。

尽早达峰阶段

到 2030 年气电装机容量达 1.85 亿千瓦，占总装机容量比例约 5%，主要用作调峰电源。

快速减排阶段

气电装机容量到 2050 年进一步提升至 3.3 亿千瓦，其中 1 亿千瓦来自煤电改建。

全面中和阶段

气电装机容量到 2060 年稳定在 3.2 亿千瓦左右，其中 80% 以上气电在东中部地区。

表 4.3 我国气电装机容量及分布

单位：万千瓦

地区	2020 年	2030 年	2050 年	2060 年
华北地区	1953	3805	6996	6700
华东地区	4536	6507	9050	8396
华中地区	417	774	6086	6086
东北地区	19	265	1223	1220
西北地区	155	536	536	500
西南地区	295	1258	1258	1258
南方地区	2427	5374	7851	7840
全国	9802	18519	33000	32000

4.2　清洁能源

　　水、风、光等清洁能源分布广泛，实现碳达峰和碳中和目标必须加快清洁能源开发，使其成为能源供应主体，以清洁、绿色方式满足经济社会发展用能需求。习近平总书记指出**发展清洁能源是改善能源结构、保障能源安全、推进生态文明建设的重要任务**。

4.2.1　太阳能发电

1　现状与基础

　　我国太阳能资源丰富，技术可开发装机容量超过 1172 亿千瓦，目前开发率仅为 0.2%，大规模开发完全能够满足我国能源需求。我国太阳能资源主要集中在西藏、青海、新疆中南部、内蒙古中西部、甘肃、宁夏等西部和北部地区，年平均辐照强度超过 1800 千瓦时 / 平方米，是东中部地区的 1.5 倍。

　　2020 年，我国太阳能发电总装机容量 2.5 亿千瓦、发电量 2611 亿千瓦时，占全国总装机容量和总发电量的 11.5% 和 3.4%，其中西部、北部地区装机容量占比 56.7%。自 2010 年来，我国光伏装机容量增长超过 560 倍，年均增速 88%；"十三五"期间共新增装机容量 2.1 亿千瓦，平均每年新增装机容量 4225 万千瓦。

　　太阳能发电成本快速下降。2018 年我国光伏发电度电成本较 2012 年已下降超过 50%，青海光伏"领跑者"项目最低中标价格已低至 0.31 元 / 千瓦时。未来，随着太阳能发电规模化发展和技术进步，发电成本将显著下降。预计到 2030 年，光伏发电规模化开发的平均度电成本预计将降至 0.15 元 / 千瓦时，光热发电平均度电成本有望降至 0.56 元 / 千瓦时；到 2050、2060 年，光伏发电规模化开发的平均度电成本有望降至 0.1、0.07 元 / 千瓦时，光热发电平均度电成本有望降至 0.33、0.3 元 / 千瓦时。

2 目标与路径

类型	2030年	2050年	2060年
集中式光伏装机容量	7亿千瓦	22.7亿千瓦	24.5亿千瓦
分布式光伏装机容量	3亿千瓦	10亿千瓦	11亿千瓦

图 4.4 光伏发电发展目标

　　坚持集中式和分布式开发并举，电源布局与市场需求相协调，持续扩大太阳能发电规模，不断提高太阳能发电在电源结构中的比重。加快开发西部、北部大型太阳能基地，充分利用太阳能资源和沙漠、戈壁土地资源优势，重点集中开发新疆、青海、内蒙古、西藏等西、北部大型太阳能基地。同时，在东中部地区合理利用厂房屋顶、园林牧草和水塘滩涂，因地制宜发展分布式光伏。

尽早达峰阶段

　　到 2030 年我国太阳能发电装机容量达到 10.3 亿千瓦，其中集中式光伏 7 亿千瓦、分布式光伏 3 亿千瓦，光热发电 2500 万千瓦。太阳能发电量达到 1.4 万亿千瓦时，相当于替代 4.5 亿吨标准煤，占一次能源消费总量的 7%。

快速减排阶段和全面中和阶段

　　2050、2060 年，我国光伏装机容量分别达到 32.7 亿、35.5 亿千瓦，其中分布式光伏装机容量分别达到 10 亿、11 亿千瓦，光热装机容量分别达到 1.8 亿、2.5 亿千瓦；太阳能发电量分别达到 5.5 万亿、6.2 万亿千瓦时，相当于替代 6.7 亿、7.6 亿吨标准煤，占一次能源消费总量的 11%、13%。

表 4.4　我国太阳能发电装机容量及分布 　　　　　　　　单位：万千瓦

地区	2020 年	2030 年	2050 年	2060 年
华北地区	6872	24350	107851	120732
华东地区	4909	13900	44218	46400
华中地区	3039	9300	29267	36100
东北地区	1416	5810	10454	12600
西北地区	6135	40792	126300	128982
西南地区	395	2000	6999	8209
南方地区	2576	6348	20112	27027
全国	25343	102500	345200	380050

| 专栏 **4** | 因地制宜选择集中式或分布式开发 |

我国清洁能源资源丰富，但分布很不均衡。西南地区云、贵、川、渝、藏 5 省（区、市）水能资源占全国总量的 67%，西部、北部地区风能和太阳能资源占比超过 80%，年平均风功率密度超过 200 瓦 / 平方米，太阳能年平均辐照强度超过 1800 千瓦时 / 平方米，分别是东中部地区的 4 倍和 1.5 倍。这些地区资源条件好，地广人稀，开发成本低，适宜集中式、规模化开发，是保障我国清洁能源供应的重要基础。

分布式开发就地取能、分散灵活、靠近用电地区，建设周期短、投资见效快，是能源供应的重要补充，但东中部分布式电源大规模发展存在两方面问题。

一是资源总量有限。东中部地区分布式光伏技术可开发量仅约 10 亿千瓦，而且东中部地区土地资源稀缺，林地利用条件严格，耕地红线要求等进一步限制分布式能源开发。

二是开发成本高。东中部地区年平均风功率密度大多在 50 瓦 / 平方米以下，太阳能年平均辐照强度大多在 1200 千瓦时 / 平方米以下，分别相当于西部、北部地区的 25% 和 67%，利用小时数低。2019 年，东中部 IV 类资源区 ❶ 风电、III 类资源区光伏发电上网电价分别为 0.52、0.55 元 / 千瓦时，远高于西部、北部地区 I 类资源区风电、光伏发电上网电价 0.34、0.40 元 / 千瓦时。

---

❶ 国家根据各地风能、太阳能资源条件和建设成本，将全国分为 I~III 类太阳能资源区和 I~IV 类风能资源区，I 类资源区条件好，年利用小时数较高，III、IV 类资源区条件差，年利用小时数低。

3　重点基地

与我国"西电东送、北电南供"特高压直流工程相匹配，重点开发新疆、青海、内蒙古、西藏等地区太阳能发电基地 18 个，2050、2060 年总装机容量分别达到 5.5 亿、5.9 亿千瓦。

新疆太阳能发电基地

北疆的昌吉、哈密及吐鲁番盆地和南疆环塔里木盆地周边的喀什、和田、巴州、阿克苏等地区，地势平坦开阔，具备建设大规模太阳能发电基地的条件。规划布局昌吉、哈密、吐鲁番、库尔勒、阿克苏、喀克、和田、民丰、且末、若羌共 10 个太阳能发电基地。

青海太阳能发电基地

海西、海南、玉树和果洛地区，适宜大规模发展光伏发电和光热发电。规划布局海南州、德令哈、格尔木共 3 个太阳能发电基地。

内蒙古太阳能发电基地

阿拉善盟、鄂尔多斯市和巴彦淖尔市等太阳能资源较为丰富的地区，尤其是阿拉善盟额济纳旗太阳能资源最为丰富，具备集中开发大型太阳能发电基地的条件。规划布局阿拉善盟额济纳旗、阿拉善盟阿拉善右旗、巴彦淖尔盟共 3 个太阳能发电基地。

西藏太阳能发电基地

藏中、藏东等人口相对集中、资源条件好，且靠近规划变电站、换流站的地区，规划布局昌都、拉萨共 2 个太阳能发电基地。

表 4.5　我国太阳能发电基地装机容量　　　　　　　　　　　单位：万千瓦

基地	2030 年	2050 年	2060 年
新疆昌吉	500	1300	2000
新疆哈密	1700	2200	2500
新疆吐鲁番	300	2200	2500
新疆库尔勒	0	3000	3000
新疆阿克苏	600	1500	2000
新疆喀克	0	3400	3400
新疆和田	500	2000	2000
新疆民丰	0	1600	2000
新疆且末	800	1600	2000
新疆若羌	500	1500	2000
青海海南州	2300	3000	3500
青海德令哈	1200	3000	3500
青海格尔木	0	4900	4900
内蒙古阿拉善盟额济纳旗	3500	7380	7380
内蒙古阿拉善盟阿拉善右旗	3900	8500	8500
内蒙古巴彦淖尔盟	1000	4000	4000
西藏昌都	1000	2500	2500
西藏拉萨	200	1000	1500
合计	18000	54580	59180

4.2.2　风电

1　现状与基础

　　我国风能资源丰富，陆上风电的技术可开发装机容量超过 56 亿千瓦，开发率仅为 5%。风能资源主要集中在"三北"地区和东部沿海地区，年平均风功率密度超过 200 瓦 / 平方米，是东中部地区的 4 倍。

　　2020 年，我国风电装机容量、发电量分别达到 2.8 亿千瓦、4665 亿千瓦时，近十年年均增速分别高达 24.6%、25.2%，装机容量、发电量占比分别达到 12.8%、6.1%，已成为我国继煤电、水电之后的第三大电源。

　　风电成本快速下降，全球陆上风电平均度电成本已降至 0.33 元 / 千瓦时，海上风电降至 0.55 元 / 千瓦时 ❶，我国陆上风电度电成本 2018 年较 2012 年已下降 25%。从 2021 年 1 月 1 日开始，我国新核准陆上风电项目已全面实现平价上网。未来，随着风电规模化发展和技术革新，发电成本将显著下降。

　　我国陆上风电平均度电成本有望降至 0.25 元 / 千瓦时，海上风电有望降至 0.6 元 / 千瓦时。

　　我国陆上风电平均度电成本有望降至 0.17 元 / 千瓦时，海上风电有望降至 0.37 元 / 千瓦时。

　　我国陆上风电平均度电成本有望降至 0.15 元 / 千瓦时，海上风电有望降至 0.3 元 / 千瓦时。

---

❶ 彭博新能源财经（BNEF），1H2020 WIND LCOE UPDATE, 2019.

2 目标与路径

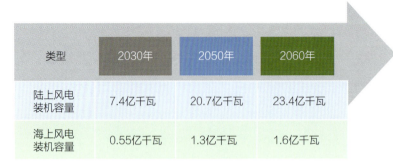

类型	2030年	2050年	2060年
陆上风电装机容量	7.4亿千瓦	20.7亿千瓦	23.4亿千瓦
海上风电装机容量	0.55亿千瓦	1.3亿千瓦	1.6亿千瓦

图 4.5　风电发展目标

立足我国风能资源禀赋，应着力集约高效开发"三北"大型风电基地、东南沿海海上风电基地，因地制宜发展东中部分散式风电。

尽早达峰阶段

到 2030 年我国风电装机容量将达到 8 亿千瓦，其中陆上风电装机容量 7.4 亿千瓦，海上风电装机容量 5500 万千瓦。新增陆上风电装机容量 5.14 亿千瓦，其中约 2 亿千瓦布局在东中部地区，占新增装机容量的 39%；新增海上风电装机容量 4900 万千瓦，主要分布在江苏、浙江、福建、广东等省。

快速减排阶段和全面中和阶段

到 2050 年和 2060 年，我国风电装机容量分别达到 22 亿千瓦和 25 亿千瓦，其中海上风电分别为 1.3 亿千瓦和 1.6 亿千瓦。"三北"地区装机容量占比达到 56% 左右，其中新疆、甘肃、蒙东、蒙西、吉林、河北是风电开发的主要地区。

表 4.6　我国风电装机容量及分布　　　　　　　　　单位：万千瓦

地区	2020 年	2030 年	2050 年	2060 年
华北地区	8685	20732	59083	62811
华东地区	2713	10260	39671	44133
华中地区	3200	7300	15200	17467
东北地区	3491	8111	28846	30000
西北地区	6845	22717	44256	58789
西南地区	523	2080	5941	6911
南方地区	2696	8800	27003	29889
全国	28153	80000	220000	250000

3 重点基地

（1）陆上风电。

配套我国"西电东送、北电南供"特高压直流工程，重点开发新疆、甘肃、内蒙古、吉林、河北等地区陆上风电基地 21 个，2050、2060 年总装机容量分别达到 4 亿、4.5 亿千瓦。

新疆风电基地

北疆地区，风能质量较优，建设施工便利，具备建设大型风电场的条件，规划布局阿勒泰、塔城、昌吉、博州、哈密、吐鲁番、若羌共 7 个风电基地。

甘肃嘉酒风电基地

覆盖嘉峪关、玉门、瓜州等地区，地势平坦，有利于建设大型风电场。

内蒙古风电基地

　　阿拉善盟阿左、阿右旗北部，巴彦淖尔市乌拉特中、后旗，包头市达茂旗，乌兰察布市四子王旗等地区风能资源丰富，规划布局阿拉善、巴彦淖尔、鄂尔多斯、乌兰察布、锡林郭勒、呼伦贝尔、通辽、赤峰共 8 个风电基地。

吉林风电基地

　　位于东部的珲春、图们和汪清，西部的白城、通榆和乾安地区，规划布局白城、松原、四平和长春等 4 个风电基地。

河北坝上风电基地

　　我国第一个风电示范基地，位于张家口市的坝上地区，地处燕山山脉与太行山山脉交汇处、华北平原与内蒙古高原连接带，为低山丘陵、高原台地、波状平原，地形条件好，交通便利，非常适宜建设大型风电场。

表 4.7 我国陆上风电基地装机容量 单位：万千瓦

基地	2030 年	2050 年	2060 年
新疆阿勒泰	800	1000	1500
新疆塔城	800	1500	2000
新疆昌吉	1500	3520	3800
新疆博州	200	1000	1900
新疆哈密	3000	4900	5000
新疆吐鲁番	1000	1500	2000
新疆若羌	800	1500	2000
甘肃嘉酒	1500	2000	2000
内蒙古阿拉善	1500	2400	2800
内蒙古巴彦淖尔	1200	2000	2000
内蒙古鄂尔多斯	750	1800	2000
内蒙古乌兰察布	1000	2400	2600
内蒙古锡林郭勒	600	2000	2000
内蒙古呼伦贝尔	1000	2000	2000
内蒙古通辽	1000	2000	2000
内蒙古赤峰	1000	2000	2000
吉林白城	200	800	1000
吉林松原	200	800	1000
吉林四平	80	500	500
吉林长春	160	600	600
河北坝上	1500	3600	4000
合计	19790	39820	44700

（2）海上风电。

稳步有序在广东、江苏、福建、浙江、山东、辽宁和广西沿海等地区开发 7 个大型海上风电基地。2050、2060 年总装机容量分别达到 1.32 亿、1.59 亿千瓦。

广东沿海风电基地

位于珠海、深圳、湛江、汕头、汕尾等地区，2050、2060 年装机容量分别为 6500 万、7500 万千瓦。

江苏沿海风电基地

位于近海的东西连岛地区和其他沿海一带，2050、2060 年装机容量分别为 2000 万、2500 万千瓦。

福建沿海风电基地

位于福州、漳州、莆田、宁德和平潭等地区，2050、2060 年装机容量分别为 1000 万、1200 万千瓦。

浙江沿海风电基地

位于杭州湾海域、舟山东部海域、宁波象山海域、台州海域和温州海域等，2050、2060 年装机容量分别为 1000 万、1200 万千瓦。

山东沿海风电基地

位于烟台、滨州、日照、莱州湾、长岛等地区，2050、2060 年装机容量分别为 1400 万、2000 万千瓦。

辽宁沿海风电基地

位于大连等环渤海湾地区，2050、2060 年装机容量分别为 500 万、600 万千瓦。

广西沿海风电基地

位于钦州、北海等地区，2050、2060 年装机容量分别为 800 万、900 万千瓦。

表 4.8　我国海上风电基地装机容量　　　单位：万千瓦

基地	2030 年	2050 年	2060 年
广东沿海基地	2200	6500	7500
江苏沿海基地	1300	2000	2500
福建沿海基地	260	1000	1200
浙江沿海基地	450	1000	1200
山东沿海基地	750	1400	2000
辽宁沿海基地	230	500	600
广西沿海基地	350	800	900
合计	5540	13200	15900

专栏 5　　　　　**青海省清洁能源高效开发案例**

　　水风光资源丰富，开发条件优越。青海是西北地区水能资源最丰富的省区，水能资源富集区主要包括海西州、海南州等，资源技术可开发量超过 30 亿千瓦，相当于 134 个三峡电站；风能资源富集区主要包括柴达木盆地西北部、中部，青海湖南部、唐古拉山区及海西州的哈拉湖周边地区，资源技术可开发量约 7500 万千瓦，且有近 10 万平方千米荒漠戈壁可供装机，综合开发条件居全国首位。2019 年，青海清洁能源发电量 779 亿千瓦时，占总发电量 88.2%。其中，水电发电量 554 亿千瓦时，占比 71%；风电发电量 66.5 亿千瓦时，占比 8.5%；太阳能发电量 158 亿千瓦时，占比 20.3%。

　　互联电网搭建清洁能源优化配置平台。青海电网连接新疆、西藏、甘肃电网，在省内覆盖西宁市、海东市及海南、海北、黄南、海西四个州和果洛、玉树州大部。西宁市及海东州是青海电网的核心地区，主网最高电压等级为 750 千伏。青海共建设了 18 项清洁能源汇集送出工程，包括全球第一条 100% 清洁电力外送通道——青海—河南 ±800 千伏特高压直流输电工程，年输送电量 400 亿千瓦时，能够将我国西部可再生能源发电直供东中部负荷中心。

　　清洁能源快速发展，经济社会环保效益显著。青海通过建设大型清洁能源基地，利用特高压输电通道将本地清洁能源发电送至东中部负荷中心，能够创造巨大售电收益。未来青海将建成格尔木、海南、德令哈等大型清洁能源基地集群，预计到 2060 年，清洁能源发电量将达到 6100 亿千瓦时，可有效替代煤电等化石能源发电，每年减少二氧化碳排放 4.5 亿吨，减少二氧化硫、氮氧化物、可吸入颗粒物排放 180 万、70 万、35 万吨。每年按净外送电量约 4600 亿千瓦时计算，按照清洁能源发电平均度电成本约 0.14 元 / 千瓦时，每年可创造售电收入约 640 亿元。

4.2.3　水电

1　**现状与基础**

我国水力资源的技术可开发装机容量为 6.6 亿千瓦，年发电量达 3 万亿千瓦时，到 2020 年已开发率约 50%。待开发水能资源中，82% 集中分布在西南地区的云、贵、川、渝、藏 5 省（区、市），适宜规模化集中开发。

2020 年，我国常规水电装机容量达到 3.4 亿千瓦，抽水蓄能装机容量达到 0.31 亿千瓦，占总电源装机容量的 16.8%；水电发电量达到 1.36 万亿千瓦时，占总发电量的 17.8%。水电是仅次于火电的第二大电源。水电是现阶段经济性最好的电源，全球水电平均度电成本在 0.25~0.5 元 / 千瓦时，低于火电、风电和光伏发电的平均水平。考虑到技术进步装备成本下降、水电资源开发条件日趋复杂等多重因素的作用，预计水电度电成本将稳定在 0.3~0.5 元 / 千瓦时范围或小幅上涨。

2　**目标与路径**

尽早达峰阶段

重点加快开发投运乌东德、白鹤滩、金沙江上游、雅砻江、澜沧江、怒江水电基地，优化开发西北黄河上游水电基地。2030 年，常规水电装机容量达到 4.4 亿千瓦，新增装机容量主要分布在西南地区；抽水蓄能装机容量达到 1.1 亿千瓦，新增装机容量主要分布在东中部地区，包括华北地区的河北、山东，华东地区的浙江、福建和安徽，华中地区的河南、湖南，和南方地区的广东、广西。

> **快速减排阶段和全面中和阶段**
>
> 深入推进三江流域 ❶ 大型水电基地建设，稳步推动藏东南水电开发。2050 年和 2060 年，水电装机容量分别达到 5.7 亿千瓦和 5.8 亿千瓦；抽水蓄能装机容量分别达到 1.7 亿千瓦和 1.8 亿千瓦，且 73% 以上分布在东中部地区。

表 4.9　我国常规水电装机容量及分布　　　单位：万千瓦

地区	2020 年	2030 年	2050 年	2060 年
华北地区	272	443	684	684
华东地区	2054	2100	2100	2100
华中地区	5939	6133	6940	6940
东北地区	808	823	1242	1242
西北地区	3385	4411	4966	4966
西南地区	8873	15639	24816	25815
南方地区	12536	14594	16390	16390
全国	33867	44143	57138	58137

表 4.10　我国抽水蓄能装机容量及分布　　　单位：万千瓦

地区	2020 年	2030 年	2050 年	2060 年
华北地区	550	2440	5130	5130
华东地区	1186	3677	4641	4841
华中地区	466	1539	2240	2240
东北地区	150	910	1330	1410
西北地区	0	800	1360	1360
西南地区	9	249	249	249
南方地区	788	1688	2450	2780
全国	3149	11303	17400	18010

---

❶ 三江流域指金沙江、澜沧江和怒江流域。

3 重点基地

根据我国水能资源禀赋与发展技术路线，深入推进三江流域大型水电基地建设，稳步推动藏东南水电开发，重点开发西南地区的金沙江、雅砻江、大渡河、澜沧江、怒江、雅鲁藏布江等流域水电基地。

金沙江流域水电基地

金沙江干流流经青、藏、川、滇 4 省（区），规划电站 25 座、装机容量8061 万千瓦。金沙江干流已建成水电约 3400 万千瓦，主要集中在中、下游河段，预计 2040 年前后干流水电开发完毕。

雅砻江流域水电基地

雅砻江系金沙江的最大支流，位于四川省境内，规划电站 22 个，装机容量2895 万千瓦。2020 年已建成水电约 1470 万千瓦，主要集中在下游河段，开发建设重心全面转向中、上游，预计 2040 年前后干流水电开发完毕。

大渡河流域水电基地

大渡河干流位于四川省境内，规划电站 27 个，装机容量 2681 万千瓦。2020 年已建成水电约 1720 万千瓦，主要集中在上、中游河段，预计 2040 年前后干流水电开发完毕。

澜沧江流域水电基地

澜沧江干流流经青、藏、滇 3 省（区），规划电站 23 个，装机容量 3157万千瓦。2020 年已建成水电约 2000 万千瓦，主要集中在中、下游河段，预计2040 年前后干流水电开发完毕。

怒江流域水电基地

怒江干流流经藏、滇2省（区），规划电站25个，总装机容量3687万千瓦，截至2020年年底基本未开发。考虑加快水电开发进度，规划2035年前后干流水电开发完毕。

雅鲁藏布江干流水电基地

雅鲁藏布江发源于西藏，流入印度境内，干流水力资源主要集中在下游河段，技术可开发量约8500万千瓦，占整个干流技术可开发量的90%以上。规划电站9个，装机容量5815万千瓦，截至2020年年底仍处于前期论证阶段。初步考虑雅鲁藏布江下游水电2030年后逐步投产，2050年前后投产完毕。

帕隆藏布江流域水电基地

帕隆藏布江是雅鲁藏布江左岸一级支流，位于西藏自治区东南部。帕隆藏布规划电站9个，装机容量约1190万千瓦；其支流易贡藏布规划电站13个，装机容量620万千瓦。截至2020年年底仍处于前期论证阶段，初步考虑帕隆藏布（含易贡藏布）水电2040年后逐步投产，2050年装机容量1347万千瓦。

表 4.11　我国西南地区水电基地装机容量　　　　单位：万千瓦

流域	2030 年	2050 年
金沙江	7200	8061
雅砻江	2400	2895
大渡河	2600	2681
澜沧江	3100	3157
怒江	1800	3687
雅鲁藏布江	0	5815
帕隆藏布江（含易贡藏布）	0	1347
合计	17100	27643

4.2.4 核电

1 现状与基础

2020 年，我国核电装机容量达到 4989 万千瓦，占总装机容量的 2.3%，平均利用小时数高达 7453 小时，设备平均利用率约 85%。我国已储备一定规模的沿海核电厂址资源，主要分布在浙江、江苏、广东、山东、辽宁、福建、广西。

核电是高效稳定的清洁电源。与化石能源发电相比，核电生产不排放二氧化硫、氮氧化物等大气污染物和二氧化碳等温室气体。与风电、光伏发电相比，核电单机容量大、运行稳定、利用小时数高，可以实现大功率稳定发电，更适合作为基荷电源。核电还具备一定调峰能力，近年来美国、德国、法国等国家的核电机组已适度参与日调峰。

多因素制约核电发展。我国核电已形成"三代为主、四代为辅"的发展格局。三代核电部署了较完备的预防和缓解严重事故后果的措施，设计安全性能有明显提高，但由于三代核电技术安全投入大、装备研发成本高，较二代核电技术成本显著上升，我国三代核电造价约 1.5 万 ~ 1.8 万元 / 千瓦，度电成本 0.47 ~ 0.57 元 / 千瓦时 ❶。我国核电乏燃料处理体系仍不完善，一般储存在核电站废料池中，且储存能力接近饱和、乏燃料运输和离堆储存能力有限。公众对安全性的担忧持续存在，影响了核电站乏燃料处理项目的建设。

---

❶ 彭博新能源财经。

专栏6   全球核电发展现状

　　截至 2019 年年底，全球共有 30 个国家拥有 441 座核电站，装机容量 3.97 亿千瓦。20 世纪 70 年代石油危机期间，核电进入建设高潮，直至 90 年代，共投产 401 台机组、装机容量 3.26 亿千瓦。受 1986 年切尔诺贝利核事故影响，核电发展放缓。1991—2010 年，核电净投产机组 25 台、装机容量 0.57 亿千瓦，同比分别下降 92.5%、81%；2011 年福岛核事故后，共净投产机组 9 台。全球核电发电量在 2006 年达到峰值 2.8 万亿千瓦时，2018 年为 2.7 万亿千瓦时；核电占总发电量比重于 1996 年达到峰值，约为 17.5%，2018 年下降为 10.2%。

图 1　在运反应堆数量及容量

图 2　全球核电发电情况

2 目标与思路

总体来看，核电作为稳定的清洁能源，是替代化石能源、构建低碳能源体系的有益补充，受到经济性、社会环境等因素制约难以大规模发展。未来随着高比例可再生能源接入电力系统，核电机组可为促进清洁能源消纳、保障电力系统安全稳定运行发挥一定作用。

在确保安全前提下适度发展核电。在提高效率作为基荷电源的同时，注重发挥其参与调峰的潜力。重点攻关方向包括快堆配套的燃料循环技术研发、解决核燃料增殖与高水平放射性废物嬗变问题，并积极发展模块化小堆，如小型模块化压水堆、高温气冷堆、铅冷快堆等堆型。

> **尽早达峰阶段**
>
> 到 2030 年，我国核电装机容量预计将达到 1.08 亿千瓦。

> **快速减排阶段和全面中和阶段**
>
> 统筹考虑设备制造和核燃料供应等条件，2050、2060 年我国核电装机容量预计分别达到 2 亿、2.5 亿千瓦。

4.2.5 生物质燃料

1 现状与基础

生物质燃料是可再生能源，植物通过光合作用将二氧化碳和水合成生物质，生物质燃烧生成二氧化碳和水，形成二氧化碳的循环。因此，生物质燃料是全生命周期零碳排放能源。现代生物质燃料是通过先进生物质转换技术生产出固体、液体、气体等高品位的燃料，利用方式多样。生物质可直接燃烧应用于炊事、室内取暖、工业过程、发电、热电联产等，也可通过热化学转换形成生物质可燃气、木炭、化工产品、液体燃料（汽油、柴油等）等，分别用于替换天然气、煤炭及交通燃油。生物质可通过生物转换，依靠微生物、酶的作用，生产出燃料乙醇、沼气等，燃料乙醇可与汽柴油混合使用，沼气广泛用于居民生活、发电以及农业供能。生物质的其他转换包括固体压缩成型，提高能源密度，可以高效直接利用，或进一步加工成生物炭替代煤炭。生物质燃料与碳捕集与封存技术（CCS）联合应用，将使生物质碳捕集与封存（BECCS）具备二氧化碳负排放能力，成为加速碳减排的重要技术方案。

2018年，全球生物质产量达到18.9亿吨标准煤，占总能源生产量的9.2%，其中居民生活、发电供热、工业生产、交通运输、商业服务、农业林业领域用生物质分别达9.6亿、3.0亿、2.9亿、1.3亿、0.4亿、0.2亿吨标准煤。现代生物质利用高速增长，如交通领域生物质2010—2018年年均增速超过6%，全球已有超过15万次航班全部或部分采用生物质燃料，斯德哥尔摩阿兰达机场等5个大型机场 ❶ 配备了生物质燃料配给系统。

截至2020年年底，我国生物质装机、年发电量已分别达到2952万、1326亿千瓦时，超额完成"十三五"规划目标。发改委《关于促进生物天然气产业化发展的指导意见》进一步提出到2025、2030年，我国要形成绿色低碳清洁可再生燃气新兴产业，生物天然气年产量分别超过100亿、200亿立方米。

---

❶ 除斯德哥尔摩阿兰达机场外，还有奥斯特松德机场、马尔默机场、哥德堡兰德维特机场和于默机场。

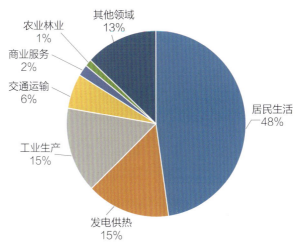

图 4.6　2018 年全球生物质能消费结构

我国生物质资源总量有限。 适于能源利用的生物质主要包括林业资源、农业资源、生活污水和工业有机废水、城市固体废物和畜禽粪便等五大类。我国年产各类有机废弃物保守估计有 45 亿~50 亿吨，其中，农业废弃物 9.8 亿吨、林业废弃物 1.6 亿吨、有机生活垃圾 1.5 亿吨、畜禽粪污 19 亿吨、污水污泥 4000 万吨、工业有机废渣废液 8 亿吨，每年可作为能源利用的生物质资源总量约 4.6 亿吨标准煤 ❶。

生物质经济竞争力不强。 生物质固体成型燃料经济性已经近煤炭，单位热值固态燃料成本为煤炭的 1.0~1.4 倍。生物质液体燃料竞争力仍低于化石燃油，生物乙醇和生物柴油成本分别约为 420 元 / 桶和 660 元 / 桶（以原油热值进行换算）❷，高于原油价格。生物质气体燃料已在欧美发达地区的热电联产机组中广泛采用，度电成本约为 0.33 元，预计近中期经济性弱于水电，中长期弱于风光电源。生物甲烷已在欧洲等地区初步商业应用，可以在各类交通利用场景下替代化石能源，未来生物甲烷将具备一定经济性，成为替代天然气的重要手段之一。

---

❶ 中国产业发展促进会生物质能产业分会，中国生物质发电产业发展报告。
❷ Ethanol and biodiesel: dropping below the production cost of fossil fuels？, www.biofuelsdigest.com.

| 专栏 7 | 生物质能利用案例 |

1. 燃煤电厂生物质改造

燃煤发电与生物质发电的核心不同在于燃烧系统（投料、锅炉），由于生物质在燃烧过程中的特殊性，例如熔点低、钾钠含量高等，对燃料供给系统（循化流化床）及燃烧锅炉具有较高的技术要求。燃煤电厂改燃生物质的关键技术包括原料的预处理技术、蒸汽锅炉的多种原料适用性技术、高效燃烧技术、低氮燃烧及烟囱防腐技术等。2016—2017年，美国波特兰通用电气公司在其博德曼电厂（Boardman）先后四次对其 58.5 万千瓦粉煤机组换燃生物质进行测试。测试结果表明，除了需要对生物质燃料焙烧和研磨过程进行不断测试，以找到最适合锅炉燃烧的生物质粉末，同时还需要优化燃烧炉的空燃比（air-fuel ratio）以适应生物质燃料不同季节的湿度变化。

欧洲正掀起燃煤电厂改造为生物质电厂的潮流，中欧和东欧多采用生物质—煤炭共燃方案，西欧多采用生物质发电技术路线。英国、丹麦、芬兰和波兰的生物质改造燃煤机组发电量占总发电量比例最大，分别达到 13%、8%、6% 和 5%。英国 Drax 电厂走在世界燃煤电厂生物质改造的前沿，2013 年开始逐步将其 6 台 66 万千瓦机组中的 4 台转为生物质机组，并配备相应的生物质给料系统。同年，英国煤电发电量达峰，占比由 40% 逐年下降，生物质发电量占比提升至 13%，Drax 年生物质发电量达 137 亿千瓦时，年使用木质颗粒燃料约 1300 万立方米。

2. 德国生物气产业

2011 年德国已建成 7200 余所沼气厂，大部分沼气送入热电联产厂，年发电量高达 175 亿千瓦时。另外，沼气经过进一步处理成为生物甲烷，可通入天然气管网，也可用作天然气汽车的燃料。

这些应用仍处于起步阶段，开发潜力颇大。位于德国梅尔齐格的生物气工厂，于 2011 年投入运营，生物气年产量为 924 万立方米，输入天然气管道年总量为 462 万立方米，能够满足约 2400 户家庭的供暖需求。其生物质的来源是该地区农业生产提供的草、玉米和整株青贮饲料，最终通过发酵反应产生沼气（甲烷纯度 55%）并经过提炼生成生物甲烷天然气（纯度 96%）。

2 目标与路径

生物质经济性近期弱于化石能源、远期弱于风光发电，即便可开发资源全部利用，也仅能满足 2060 年我国一次能源需求的约 20%，不具备成为主体能源的条件。但可以在不改变现有能源基础设施的情况下，用生物质实现对部分化石能源的替代，并应用于航空航海、钢铁冶炼等难以直接电能替代的领域，作为实现"碳中和"的重要手段。

从近中期看，生物质热电联产替代煤炭，生物气替代天然气，生物燃油、燃料乙醇替代石油均是我国能源系统脱碳的重要选择。预计到 2025、2030 年，我国生物质消费总量分别达到 1.6 亿、1.9 亿吨标准煤，其中用于发电的装机容量分别达 3000 万千瓦和 4000 万千瓦。

从长远看，生物质将是我国零碳能源系统的有益补充，是丰富能源供应多样性的重要手段。生物质发电与碳捕捉封存技术联合利用（BECCS）可以实现二氧化碳的负排放，是实现碳中和"最后一公里"的技术保证；生物燃油也将作为未来长距离交通的清洁备用。预计到 2060 年，生物质利用总量约为 4.7 亿吨标准煤，其中约 45% 用于工业制热需求、30% 用于生物质发电，其余用于交通运输和建筑领域分散式制热、制气等。

3 重点举措

我国应立足国情和资源禀赋，科学发展生物质燃料。建立系统合理的收集利用体系，按照能源、农业、环保"三位一体"格局，走规模化、产业化、集约化发展道路，积极发展生物质发电与热电联产，以及气化、液化等现代生物质燃料。

科学规划生物质燃料应用，优先应用于经济性有优势或其他减排困难的领域，如航空、航海等领域。

加强生物质资源生产与收集，建立生物质资源收集、储存、运输管理政策和机制，理顺生物质资源及其产品价格形成机制，保护和调动农民生产积极性。

加强生物质燃料开发利用技术研究，建立国家级生物质燃料技术开发应用中心和实验研究中心，重点加强生物质能源化利用技术攻关，加快成套设备国产化，提高生物质燃料经济性。

加大生物燃料示范与推广力度，推动生物质成型燃料在乡村居民采暖中的应用，稳步发展生物质、垃圾焚烧发电，推广生物柴油在长途货运中的应用。

4.2.6 电制燃料

电制燃料能够在无法直接电能替代的领域[1]广泛应用，是连接清洁电力与部分终端能源消费领域的"纽带"，是实现终端领域低碳转型的重要解决方案。氢等电制燃料可为许多难以直接电能替代的终端用能领域提供碳中和解决方案，使其摆脱对化石能源的依赖。例如，钢铁作为工业中最大的二氧化碳排放行业，可通过使用废铁和氢直接还原铁技术（DRI）实现低成本脱碳。在交通领域，电制燃料的应用更值得关注，燃料电池汽车正成为除电动汽车外的另一种高效可行的低碳出行方案，例如在功率和运行时间要求很高的领域，包括重型矿车、重型卡车和远程汽车等。航空业则可以通过液氢和其他氢基燃料实现短程至中程航空脱碳，使用合成燃料实现远程航空脱碳。

电制燃料技术还能够利用清洁电将化石燃料燃烧后产生的二氧化碳重新生成碳氢有机物，与原有化石能源利用体系共同构成零碳排放的循环系统。

---

[1] 如航空航海、长途货运等需要高储量、高密度能源支撑的交通领域，以及冶金、化工等需要化石能源作为还原剂并提供高温过程热的工业领域等。

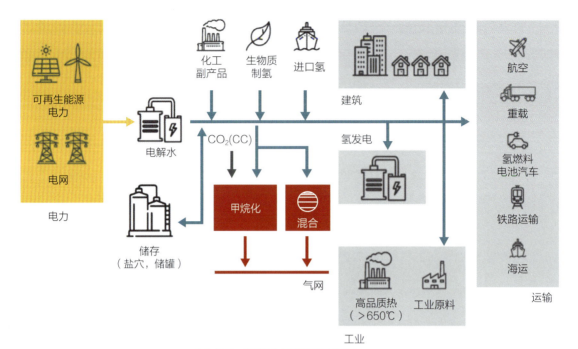

图 4.7　氢能应用领域示意图

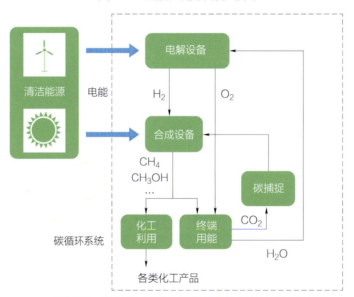

图 4.8　清洁电力驱动的零碳排放循环系统示意图

1 现状与基础

（1）电制氢。

氢主要用作化工原料。 2020 年全球氢消费量约 7000 万吨，其中 95% 作为化工原料使用，包括石油精炼、制氨、制甲醇、冶金、食品加工等，能源用氢占比很小。氢制取 96% 来源于化石燃料制氢或工业副产氢，仅有 4% 左右来源于电解水。全球已宣布的氢能项目数量已超过 200 个，其中 55% 位于欧洲。

电解水制氢仍不具备经济性。 电制氢技术路线较多，较为成熟的碱性电解槽制氢成本为 22~25 元 / 千克。煤制氢成本为 6~10 元 / 千克（煤价按 300~600 元 / 吨计），天然气制氢成本为 13~15 元 / 千克，电制氢成本明显高于化石能源制氢。

电制氢及氢能利用成为能源技术热点。 截至 2021 年年初，已有 30 多个国家发布了氢能源路线图，宣布了 200 多个氢能项目和雄心勃勃的投资计划，承诺了超过 4200 亿元的公共资金。德国发布了《国家氢能战略》，明确将可再生能源发电制氢作为国家战略，提出 2023 年前重点构建国内氢能市场，2030 年前重点推动构建欧洲和全球市场的两步走计划，预计到 2030 年德国氢能生产需求电量为 900 亿~1100 亿千瓦时。日本在营加氢站 152 座，氢燃料电池汽车 3500 辆，预计 2025 年燃料电池汽车成本下降至 13 万元，年产量达 20 万辆。我国《2020 年国民经济和社会发展计划》中明确将制定国家氢能产业发展战略规划。

（2）电制甲烷。

基于电制氢的电制甲烷技术路线较为成熟。 甲烷是广泛使用的燃料，电制甲烷较为成熟的技术路线为电解水制氢后与二氧化碳反应合成甲烷，选择性和物质转换效率可达 90% 以上。氢还原二氧化碳生成甲烷的过程称为萨巴捷反应：在较高的温度（200℃左右）和压强（2 兆帕）下，以镍、钌等金属作为催化剂，二氧化碳和氢气反应生成甲烷和水，并放出大量热量（165 千焦 / 摩尔）。德国、西班牙等欧洲国家已建立多个试验示范工程[1]。萨巴捷反应的化学反应方程式为：

$$CO_2 + 4H_2 \xrightarrow{\text{催化剂}} CH_4 + 2H_2O$$

---

[1] 资料来源：格拉夫 . 格策 . 亨内尔等 . 电制气的技术经济性研究 . 波恩 2014[J].

经济性是制约电制甲烷发展的主要因素。在 2020 年技术水平和电价水平下，电制甲烷的综合能效在 50% 左右，成本为 10~11 元 / 立方米，远高于我国进口管道气或进口液化天然气在用户终端的平均价格（4~5 元 / 立方米）[1]，应用经济性较差。

2 目标与路径

随着清洁能源发电成本快速下降，2025 年后新增的氢产能将主要以电解水方式制取。

到 2030 年 ▶ 电解水制氢成本将低于 13 元 / 千克，成为具有竞争力的制氢方式，电制氢产业能够实现规模化发展，电解水制氢产量达到 400 万吨。

到 2060 年 ▶ 廉价、高效电催化剂及长寿命、高稳定性高温固体氧化物电堆等关键技术取得突破，高温固体氧化物电解槽等技术趋于成熟，清洁能源发电成本进一步下降，电解水制氢成本将降至 6~7 元 / 千克；电解水制氢成为主流制氢方式。届时，我国电制氢产量将达到 7500 万吨。

---

❶ 中国石油和化学工业联合会化工数据中心，中国石油和化工大宗产品年度报告。

专栏 8	电解水制氢及氢能利用经济性分析

　　电解水制氢的主要成本是电费，氢制备成本对电价极为敏感。以建于欧洲的碱性电解槽制氢系统为例进行测算，在电费为 0.28 元 / 千瓦时的情况下，单电极电解槽制氢成本约为 21.6 元 / 千克。其中，电费占总成本的 64%。增加电解槽规模，单位容量投资降低，制氢成本随之下降，而电费占比继续增高。与天然气制氢和煤制氢成本相比（约 9 元 / 千克），电解水制氢仍需进一步提高经济竞争力。

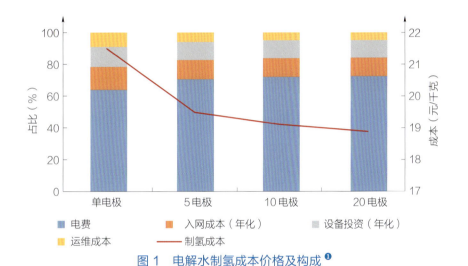

图 1　电解水制氢成本价格及构成 [1]

　　随着清洁能源发电成本下降，电解水制氢将逐步具备经济性优势，成为主流的制氢方式。近几年，清洁能源发电成本不断下降，部分太阳能资源较好的地区如墨西哥、沙特，光伏竞标价已降至 0.11 元 / 千瓦时以下（预计 2020 年后投产）。按照这一电价水平，采用同时期电解水设备价格测算，**电解水制氢成本将下降 50%，达到 7.2~10.8 元 / 千克，**与 2020 年化石能源制氢成本相比已经具备经济性。在碳减排要求、清洁能源发电价格持续下降和电解水制氢技术进步的三重作用下，电解水制氢有望逐步成为未来制氢的主流技术。

---

❶ Jeffrey Jacobs，Economic Modeling of Cost Effective Hydrogen Production From Water Electrolysis by Utilizing Iceland's Regulating Power Market，2016.

从单位热值成本角度分析，氢气使用成本是天然气的 1.5~3.3 倍，随着可再生能源电力价格的下降，未来有望低于石油和天然气。氢气热值是 143 兆焦 / 千克，是天然气（50 兆焦 / 千克）的 2.9 倍。按照电解水制氢价格，氢的单位热值成本为 108~162 元 / 吉焦。同时期欧洲煤、石油和天然气的单位热值成本分别为 126~168 元 / 吉焦、66~78 元 / 吉焦[1]和 48~108 元 / 吉焦[2]。按照前述分析，采用 0.11 元 / 千瓦时的光伏电价，氢的单位热值成本将降至 48~72 元 / 吉焦，将低于石油和天然气，但仍高于煤炭。

随着电价降低，电制甲烷将具备一定经济性。电制甲烷的价格对电价十分敏感，用电费用在总成本中占比超过 70%。

到 2030 年 通过优化电解水和甲烷化两套系统的集成和配合，加强甲烷化工序的热量管理，增加反应余热回收。电制甲烷综合能效可提高到 60%，成本将降至 5 元 / 立方米左右，开始在部分终端用户实现示范应用。电制甲烷产量达到 100 万立方米。

到 2050、2060 年 电解水和甲烷化系统趋于成熟，同时二氧化碳直接电还原制甲烷技术取得突破，在分布式应用场景得到推广。电制甲烷综合能效提高到 70%，成本将降至 2.9、2.4 元 / 立方米，在远离天然气产地的用能终端得到广泛应用。

---

[1] 煤炭与石油价格按照 630 元 / 吨、440 元 / 桶价格计算。
[2] 欧盟统计局 Eurostat，约合 1.58~3.78 元 / 立方米。

专栏 9   电制甲烷经济性分析

1. 成本及构成

在不考虑二氧化碳获取成本的情况下，电制有机物成本主要来自电费、设备折旧费用、运维费用等，其中电费占比超过70%。

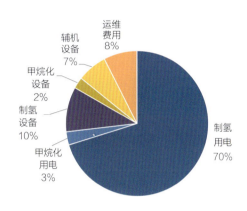

甲烷化用电 3%

制氢设备 10%

甲烷化设备 2%

辅机设备 7%

运维费用 8%

制氢用电 70%

图1 电制甲烷成本构成

按照当前的设备造价、技术水平和电价水平（0.3元/千瓦时）进行计算（设备利用率100%），电制甲烷的成本约为9元/立方米，远超天然气的开采成本（约0.6元/立方米）或终端用户价格（2.4~4.2元/立方米）。

2. 敏感性分析

设备利用率。电制甲烷成本与设备利用率呈负相关，特别是利用率低于40%（全年3500小时）后，成本随利用率的下降增长明显。以电价为0.3元/千瓦时进行测算，设备利用率由100%降至40%，电制甲烷的成本上升约40%。

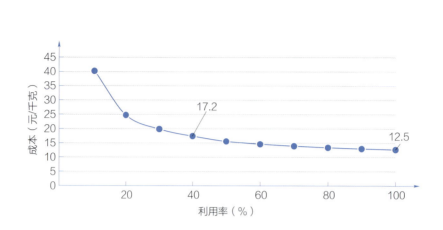

图2　电制甲烷成本与设备利用率关系

用电价格。在设备利用率100%情况下，电费占总成本的70%~80%。因此，合成甲烷的成本对电价非常敏感，如果用电价格由0.3元／千瓦时降至0.12元／千瓦时，电制甲烷的成本将降低45%左右。在当前技术水平下，用电价需要降0.03元／千瓦时，电制甲烷的成本才能与天然气用户侧价格（4.2元／千克）相当。

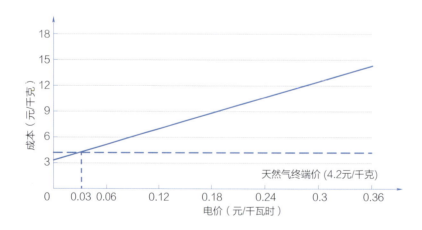

图3　电制甲烷成本与用电价关系（利用率100%）

3 重点举措

现阶段，我国已经明确将氢能作为能源体系的重要组成部分，但电制氢与清洁能源开发布局尚未统筹规划，用氢领域也多聚焦于氢燃料电池汽车，应用场景严重不足；对于电制甲烷等燃料还缺乏发展规划。

应着眼长远，积极推动电制燃料产业发展，将电制燃料发展与清洁能源开发相结合，打造上游以清洁能源为源头，下游电、氢、电制气多能互补的低碳用能格局。

统筹制定发展规划。制定国家层面的电制燃料、电化工产业发展规划，与清洁能源开发和利用相结合，合理谋划发展路径；"十四五"期间推动电制燃料项目示范，创新清洁能源开发利用模式。

加大基础科研投入，有效提升电制燃料经济性。突破非贵金属催化剂等电制燃料核心材料和电制装置关键部件的技术瓶颈；建立装备价值链，扩大制造规模，加快产品和解决方案的开发，促进产品国产化，降低设备成本。实现到2030年，电解水制氢初步具备经济性，电制甲烷可在部分终端用户示范应用，到2050年，电解水制氢成为主流制氢方式，电制甲烷具备在远离天然气产地的用能终端应用的经济性。

完善配套基础设施。建设氢运输、分销和零售基础设施，并扩大碳运输和储存规模，为大规模制氢提供原材料保障。

4.3　能源配置

　　随着"两个替代"加速推进，未来能源供应主要是清洁发电，终端能源消费以电能为主，电能以及电制氢等燃料将成为能源生产和消费的核心，电网、氢能输送网络将成为能源配置的主要手段。

4.3.1　电能配置

1　电网互联

　　电网是能源传输、资源配置、市场交易、公共服务的基本载体。近二十年来，我国输配电网快速发展，有力支撑了国民经济快速发展的用电需要。为加快我国清洁能源开发，解决能源资源与负荷需求逆向分布的问题，实现我国安全、清洁、高效的能源发展目标，需要充分发挥电网大范围大规模优化配置资源的平台作用。在全国范围搭建能源互联平台，综合考虑清洁能源资源和电力需求分布，按照安全可靠、结构清晰、交直流协调发展的原则，以构建东、西部同步电网为重点，以特高压骨干网架促进清洁能源大规模开发和高效消纳，加强与周边国家互联互通，形成**"西电东送、北电南供、多能互补、跨国互联"**的电网总体格局。

（1）尽早达峰阶段。

东中部地区仍然是我国电力需求中心，而大型清洁能源基地普遍分布于西部和北部地区。我国电力需求和资源禀赋的逆向分布决定了**"西电东送"**和**"北电南供"**电力流格局。

2030 年，我国跨区跨省电力流将达到 4.6 亿千瓦。其中，跨区电力流 3.4 亿千瓦，包括西北外送 1.33 亿千瓦，西南（含云南）外送 1.13 亿千瓦，华北蒙西、山西外送 6400 万千瓦，东北外送 1500 万千瓦等。跨省电力流 1.2 亿千瓦，包括华北蒙西、山西外送 7000 万千瓦，西南四川送重庆 600 万千瓦等。跨国电力流将达到 4250 万千瓦。其中，受入蒙古、俄罗斯电力分别为 800 万、875 万千瓦；送电朝鲜、韩国 575 万千瓦，送电越南、老挝、缅甸 700 万千瓦，送电孟加拉国、尼泊尔、巴基斯坦 1300 万千瓦。

适应能源资源开发和电力消费格局，我国电网发展将以安全为基础、以用户为中心、以市场为导向，统筹主网和配网、城乡及东西部发展需求，加快构建以特高压电网为骨干网架，各级电网协调发展的坚强智能电网，着力提高电网安全水平和运行效率，实现更大范围资源优化配置，促进清洁能源大规模开发和高效利用，以互联互通支撑能源生产、使用各环节碳减排，为经济社会发展和人民美好生活提供安全、优质、可持续的电力供应。

重点加快特高压骨干通道建设，统筹推进能源基地外送特高压直流通道和特高压交流主网架建设，提升通道利用效率和跨区跨省电力交换能力，提高电网安全运行水平和抵御严重故障的能力，初步形成**东部"九横五纵"、西部"三横两纵"**的东、西部两大同步电网格局。

东部电网

"三华"建成"七横五纵"特高压交流主网架。

华北优化完善特高压交流主网架，内蒙古增加乌兰察布—张北、蒙西—上海庙—横榆特高压通道，提升电源基地汇集和外送能力，华北基本全部形成双环网结构。华中特高压交流电网进一步向西向南延伸，围绕宜昌南、长沙、怀化、湘南、赣州、吉安等地区形成双环网结构。华东沿海特高压交流通道向南延伸至厦门。"三华"内部跨区联网工程继续加强，华北华中互联的晋东南—南阳扩成三回通道，华中华东新建吉安—泉州、赣州—厦门特高压交流通道。南方建成"两横三纵"特高压交流主网架，两广负荷中心地区形成双环网结构，通过湘南—桂林、赣州—韶关、厦门—潮州与"三华"特高压交流电网相连。东部电网与西部电网通过多回直流异步联网。

西部电网

初步形成西北、西南（含云南、贵州）坚强网络平台。西北形成连接甘肃南部、青海和新疆东部的特高压交流网架，与西北 750 千伏地区供电主网架相连。西南建设以川渝"日"字形特高压交流环网为中心，连接四川西南部、云南东北部、贵州西部的特高压交流主网架。西南、西北通过果洛—阿坝的纵向特高压交流通道联网，构成西部交流同步电网。建设西南地区怒江上游、澜沧江上游等水电基地和西北地区新疆、青海、甘肃等风光基地送电东中部受端地区的特高压直流输电线路。

到 2030 年，我国预计建成特高压直流工程 30 回、输电容量 2.4 亿千瓦，跨国直流工程 15 回（含背靠背工程 9 回）、输电容量约 4250 万千瓦。

（2）快速减排阶段和全面中和阶段。

东中部地区电力需求基数大，仍将长期是我国电力需求中心，而该地区分布式资源总量有限、品质差、开发成本高。"西电东送"工程具有较强的电价竞争力，"西电东送、北电南供"格局进一步凸显，跨省跨区电力流规模将持续扩大。

2050 年，我国跨区跨省电力流将达到约 8.1 亿千瓦。跨区电力流 6.1 亿千瓦。其中，西北地区外送 2.88 亿千瓦，包括新疆哈密、昌吉、喀克、库尔勒和青海格尔木、德令哈、海南州等大型风电和太阳能基地外送的清洁能源电力；西南（含云南）送 1.57 亿千瓦，包括金沙江、雅砻江、大渡河、澜沧江、怒江等流域水电基地的外送电力；华北外送 9200 万千瓦，包括内蒙古乌兰察布、阿拉善、巴彦淖尔等大型风电和太阳能基地外送的清洁能源电力；东北外送 2700 万千瓦，包括吉林白城、松原和四平等大型风电基地的外送电力。跨省电力流 2 亿千瓦，包括华北蒙西、山西、河北坝上外送 9000 万千瓦，满足京津冀鲁等华北负荷中心地区的用电需求；西南四川送重庆 3000 万千瓦等。跨国电力流将达到 1.79 亿千瓦，包括俄罗斯远东、蒙古和哈萨克斯坦等清洁能源基地送电我国，以及我国送电老挝、印度、越南、韩国、日本、巴基斯坦等。

2060 年，我国跨区跨省电力流将进一步扩大，达到 8.3 亿千瓦。跨区电力流 6.2 亿千瓦。其中，西北、西南（含云南）和东北外送电力规模与 2050 年一致，分别为 2.88 亿、1.57 亿和 2700 万千瓦。华北外送 1 亿千瓦，内蒙古阿拉善、乌兰察布和鄂尔多斯等大型风电基地进一步增加外送规模，总规模比 2050 年增加 900 万千瓦。跨省电力流 2.1 亿千瓦，华北蒙西、山西、河北坝上外送电力规模与 2050 年保持一致，仍为 9000 万千瓦，西南四川送重庆 3800 万千瓦，比 2050 年增加 800 万千瓦。跨国电力流将达到 1.87 亿千瓦，进一步增加蒙古向我国送电，比 2050 年增加 800 万千瓦。

大电网继续发挥骨干网架功能，承担能源传输和安全保障作用，自愈能力和抵御严重故障能力全面升级，并与微电网、分布式电源、各类储能、电动汽车等进一步融合发展，智慧配电网将在终端能源利用中扮演更加重要的角色，源网荷储协同、多能融合互补、多元聚合互动的能源互联网成熟运转，电网由电力枢纽向能源枢纽转变，电网智能化、自动化、数字化水平显著提升，充分实现终端能源消费的全面感知、智能互动、灵活可控和可靠供应。

2050 年，我国全面建成坚强可靠的东部、西部同步电网。

东部电网

"三华"建成"八横五纵"特高压交流主网架。三华新增濮阳、郑州、无锡、黄石、荆州等负荷站，增强电网安全稳定性，内蒙古增加"一横两纵"特高压通道，进一步提升电源基地汇集和外送能力。东北建成"四横三纵"特高压交流主网架，加强电源基地的汇集外送能力，加强与"三华"的互联通道。南方建成"两横四纵"特高压交流主网架，新增"一纵"河池—百色交流通道，并向北延伸与怀化相连，与"三华"形成 4 个互联通道。进一步加强东部、西部电网之间直流联网通道，加大西电东送规模，满足东部负荷中心用电需要。

西部电网

整体建成"四横五纵"特高压交流主网架。特高压交流网架向西向北延伸至雅鲁藏布江水电基地，拉萨、新疆且末和哈密新能源基地，满足西北风光基地外送和西南地区电力接续外送需要。加强川渝、云南和贵州地区特高压交流主网架，云南建成"日"字形特高压交流主网架，并与贵州相连，增强川渝和云南负荷中心地区的受电能力。重点加强西北地区准东、哈密等清洁能源基地和西南地区藏东南水电基地外送特高压直流网架。

跨国电网

进一步提高电力交换规模。加强哈萨克斯坦、俄罗斯、蒙古清洁能源基地送电我国特高压直流输电通道，建设我国送电老挝、印度、越南、韩国、日本、巴基斯坦特高压直流输电通道。

到 2050 年，我国将建成特高压直流工程 61 回、输电容量达到 4.9 亿千瓦，跨国直流工程 36 回（含背靠背工程 11 回）、输电容量 1.79 亿千瓦。

2060 年，进一步加强提升东部、西部同步电网，资源配置能力大幅增强。增强特高压电网的负荷潮流控制能力，在东中部负荷中心新增石家庄西、开封南、浙西等特高压负荷站，保证负荷中心的用电需求，同时进一步增强电网安全稳定性；加强西部电网的互联互通能力，增加卓尼—松潘—绵阳的特高压交流通道，增强西北和西南电网间的水风光互补互济能力；进一步增强跨国互联能力，增加蒙古塔班陶勒盖—江苏连云港的特高压直流输电通道，用蒙古的清洁电满足华东负荷中心的用电需求。

到 2060 年，我国将建成特高压直流工程 64 回、输电容量达到 5.1 亿千瓦，跨国直流工程 37 回（含背靠背工程 11 回）、输电容量 1.87 亿千瓦。

专栏 10	电力互联推动东中部地区煤电退出案例

　　东中部地区清洁替代空间大，电网互联基础好、调节能力强。以山东省为例，2019 年装机容量 1.5 亿千瓦，其中煤电装机容量超 1 亿千瓦，占比 68.5%，清洁替代潜力大。"十三五"以来，山东省不断加强电网建设，提高电力系统调峰和新能源消纳能力，已建成 5 个特高压交流落点为重要支撑、2 条直流深入负荷中心的"五交两直"网架结构，特高压交流形成环网结构。其中，通过扎鲁特—青州、上海庙—临沂 2 回 ±800 千伏直流及银川东—青岛 1 回 ±660 千伏直流，跨省受电 2000 万千瓦，贯彻落实"外电入鲁"。

　　大力发展清洁能源，扩大省外清洁电力受入。未来东中部地区清洁能源发电快速发展，推进陆上、沿海风电和太阳能基地规模化发展，集中式与分散式并举，辅助性开发分布式新能源。以山东省为例，预计 2030、2050、2060 年全省总装机容量分别为 2.3 亿、4.3 亿、4.6 亿千瓦，清洁能源装机占比从 2030 年的 56% 增长到 2060 年的 83%。加强 1000 千伏特高压交流骨干网架，进一步加强区域 500 千伏主网架，预计 2030、2050、2060 年全省跨省受入电力规模分别为 2800 万、7900 万、8200 万千瓦。其中，2050 年，通过内蒙古—山东 ±800 千伏特高压直流，跨国受入清洁电力 1600 万千瓦。

　　电力互联互通促进替代煤电。通过电力互联互通扩大省外清洁电力输入规模，迅速替代本地燃煤发电。以山东省为例，到 2030 年，煤电装机规模降至 9000 万千瓦。2030 年后，通过加快扩大省外受电规模，以清洁电力替代煤电让出的容量空间，2035 年煤电装机降至 7000 万千瓦，2050 年在东中部地区内提前实现"零煤电"，2030—2050 年年均退出煤电 450 万千瓦，2030、2050、2060 年省外受电实现清洁替代电量分别达到 1540 亿、4200 亿、4400 亿千瓦时。通过省外受电和清洁替代，2060 年减少二氧化碳排放 3 亿吨，分别减少二氧化硫、氮氧化物、可吸入颗粒物排放 130 万、50 万、26 万吨。

2 智能电网

随着能源变革转型，以及电力电子技术、信息网络技术、自动控制技术的进步，智能化、信息化是中国能源互联网发展的大势所趋。

能源行业变革要求电网智能化水平持续提升

以清洁能源大规模开发应用和电动汽车等新型用电设施广泛开展为标志的新一轮能源革命蓬勃兴起。清洁能源装机占比、电气化率持续提升。高比例清洁能源跨区跨省全局消纳、系统预防抵御事故风险能力和自愈能力的增强需要全面提高清洁能源、终端信息感知水平，提升分布式能源、微网自适应并网和柔性负荷互动水平，提高清洁能源调度水平，持续加强智能化水平。

数字革命推动电网智能化水平不断升级

"大云物移智链"等新技术日益成熟，具备规模应用的条件。"互联网+"行动正推动传统产业升级。数据成为生产运行管理效率提升、价值创造不可或缺的基础，成为与劳动、资本等并列的七大生产要素之一。加强电网运行状态大数据的采集、归集、智能分析处理，加强设备状态感知、故障精准定位、人工智能技术应用，将促进传统电网升级、电网资源配置能力提升，以数字化推动电网向智慧化发展，全面提升智能调度、智慧运检、智慧客户服务水平。

能源互联网建设推动电网智能化水平升级

加快推进技术进步与能源生产、转换、传输、储存和消费的结合，打造电、气、冷、热多能融合互补的能源网架体系，提升能源使用效率，推动传统网架向中国能源互联网网架转型升级。为提升资源配置能力和服务支撑能力，实现"多能融合互补""多元聚合互动"，要求电网全面加强源网荷储运行态势全景感知、协调调控和互动能力，提升智能化、互动化水平。

智能化贯穿能源转换、存储、传输、消费各环节，以数字智能技术为手段，实现信息化全面覆盖、自动化全面升级、互动化全面提升，提高电网资源配置、安全保障、智能互动水平。中国能源互联网融合先进输电、智能控制、新能源接入、新型储能等现代智能技术，灵活性和适应性强，能够满足清洁能源和分布式电源接入、智能互动服务和多种用能需求，形成全国零碳能源优化配置平台，以充足、可靠的清洁电力保证碳中和目标的实现。

4.3.2 氢能配置

为实现非电用能领域完全脱碳，随着技术进步和经济性提升，氢能在终端能源消费中的占比将不断提高，逐步成为能源系统的重要组成部分，氢能的配置变得越来越重要。氢能的优化配置高度依赖氢储运技术进步和基础设施建设，是氢能产业快速发展的关键。

> 氢能配置不存在通用的解决方案，最佳运输方式因距离、储存形式和最终用途不同而不同。

主要运输方式按照距离分为中短途的公路运输，远距离氢气专用管道输送或天然气管网混输，以及超远距离的航运输送。储氢技术的发展是输氢的基础，输氢技术依托于储氢的发展而进步。截至 2020 年年底，高压气态储氢与低温液化储氢技术成熟，长管拖车短距离气氢运输、槽罐车液氢运输已实现商业化应用。氢化合物（如液氨）载氢在海运中比液氢更具有优势，但要实现商业化需要氢载体的化合、存储、脱氢技术进一步成熟。

> **长管拖车和槽罐车是中短距离公路氢气运输的主要方式，适合用于氢能就近配送。**

长管拖车主要用于运输高压气态氢，比较适用于运输距离较近（200 千米以内）、输送量较低、氢气日用量为吨级的用户，国内加氢站的配送均以长管拖车运输氢气为主。槽罐车主要用于运输低温液氢。液氢的体积约是气态氢的 1/700，单台液氢槽罐车满载可运输 4 吨氢，运输距离一般在 500 千米左右，是日本、美国加氢站运氢的重要方式之一。但氢液化过程耗能较高，液氢运输还需要保持超低温环境，并解决运输过程中液氢气化和压力升高等问题。

> **纯氢管道输氢运量规模大，运营成本低，能耗小，是实现氢气大规模长距离运输的重要方式。**

输氢管道投资建设成本高昂，需要有大容量氢需求的支撑，相同输送体积情况下造价约为天然气管道的 1.3~2 倍。截至 2019 年年底，全球氢气专用管道总长 4572 千米，其中美国 2608 千米，欧洲 1598 千米。我国最长的输氢管道为"巴陵—长岭"工程，全长约 42 千米、压力为 4 兆帕。

> **利用天然气管网进行掺氢混输是短期内实现氢气大规模远距离输送较为可行的方案。**

利用天然气管网进行掺氢混输的优点是输送量大，供应可靠性高，利用现有天然气管网可以大大降低设备投资。但混输气体的安全比例较难确定，不同天然气管网对掺氢比例的接受能力不同，一般在 20% 以内；同时，混合气体对终端用能设备也提出了较高的要求，难以用于燃料电池等对氢纯度要求较高的场景。

> **航运输氢一般用于超远运输距离，且制氢和用氢地点均距离港口较近的情况，高度依赖于港口附近配套的氢转换、气化工厂等基础设施。**

航运输氢的优点是对于距离不敏感，超远距离可以有效降低平均运输成本。由于航运对运输体积要求较高，多采用液氢或氢化合物（如氨）等形式运输。日本、澳大利亚等国家已经对航运输氢进行较为深入的研究，2020 年，日本和文莱首次实现跨国航运输氢的示范应用。

> **除直接输氢外，利用电网送电并在用氢中心就地制氢，也是实现氢能配置的重要方式。**

各种输氢方式普遍存在输送能量密度低、成本高、能耗大等缺点。相比而言，输电是较为经济、成熟的能源输送技术，以 2000 千米的特高压直流输电为例，输送成本约 0.07 元 / 千瓦时；而采用管道输氢，输送同等能量的成本为 0.13~0.15 元 / 千瓦时（氢按热值 1.4×10^8 焦耳 / 千克折算约 40 千瓦时）。利用电网，特别是特高压电网将远方的清洁电力输送至用能中心就地制氢，在距离远、规模大的场景下具有较强经济优势。

综合能源资源及消费分布和储运氢技术的发展趋势，未来我国西部宜集中大规模开发清洁能源基地，在满足当地用电需求基础上，富余电力依托"西电东送"通道输送至东中部用能中心，主要氢需求由受入的西部绿电就地制备；同时，部分电力在西部制氢满足当地用氢需求，并利用输氢（输气）管网实现外送。总体来看，未来氢能配置将与大规模互联电网相结合，共同构建电氢高度耦合的清洁能源大范围联合优化配置平台，形成**"输电为主、输氢为辅"**的配置格局，实现氢能的就地制备和就近分销。

工业是我国第一大终端能源消费与碳排放领域。2017年，工业领域能源消费21.6亿吨标准煤，占终端总能源消费的66%，能源活动碳排放约34亿吨，**占全社会能源活动碳排放的36%，其中钢铁、建材、化工三大高耗能行业排放占比分别达17%、8%、6%**。实现碳达峰、碳中和目标，必须加快推动高耗能、高排放领域用能结构调整、能效提升，推动以电代煤、以电代油、以电代气，从用能源头减少能源消费和碳排放；同时，加快工业产业结构转型升级，构建科技含量高、资源消耗低、环境污染少的现代化工业体系，提高在全球产业分工中的地位。

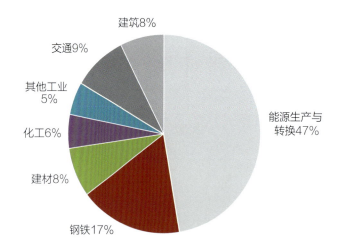

图 5.1　2017 年工业领域碳排放占能源活动碳排放比重

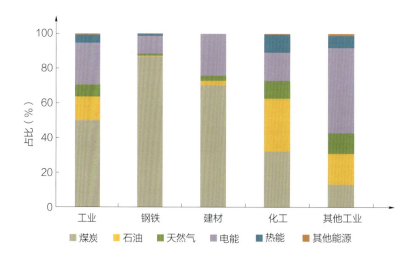

图 5.2　2017 年工业各行业能源消费结构

5.1 产业转型升级

产业结构是影响低碳发展的关键因素。国民经济中，第二产业是资源消耗和污染排放的主体，特别是钢铁、建材、化工、有色等高耗能产业，能耗及碳排放巨大；而通信、电子、信息技术、新材料、精密仪器、航空航天等高端制造业，以及信息、物流、金融、会计、咨询、法律服务等第三产业，以电能为主要能源，资源消耗少、环境污染轻、附加值高。

改革开放以来，我国利用劳动力、土地与资源环境成本相对较低的优势，大力吸引国外资本与技术，实现劳动密集型产业、重工业快速发展，形成了较为完善的产业体系。但同时，我国经济发展模式依然呈现传统粗放型特征，产业链仍处于全球价值链中低端水平，以劳动密集型和资源密集型重工业为主，传统"三高一低"（高投入、高能耗、高污染、低效益）产业占比仍然较高，特别是二产中钢铁、建材、化工等高耗能、高排放产业占比居高不下；第三产业占比低于世界平均水平，技术密集型、知识密集型产业占比偏低。

实现碳中和目标，必须加快战略性新兴产业、绿色产业和现代服务业发展，促进传统高耗能、高污染产业低碳转型，提高经济质量效益和核心竞争力，高质量建设现代化产业体系、现代化经济体系和现代化经济强国，实现绿色低碳和可持续经济增长。

图 5.3 产业转型升级行动路线图

培育战略性新兴产业。战略性新兴产业 ❶ 在我国新发展阶段具有拉动经济增长、创造就业岗位、促进低碳发展的引擎作用。应大力发展新一代信息技术、高端装备制造、新材料、生物新能源、新能源汽车等知识、技术密集型产业。加强统筹规划、财税金融支持、科技研发投入，调动各方面积极性，推动重大技术突破，加快形成先导性、支柱性产业；鼓励企业跨行业跨区域跨所有制兼并重组，提高产业集中度和资源配置效率，增强国际竞争力；推进战略性新兴产业与大数据中心、电动汽车充电网络等新型基础设施高效联动发展；集聚政产学研要素，依托产业集群、示范园区、产城融合等模式协同推进战略性新兴产业规模化发展。

尽早达峰阶段

2030 年战略性新兴产业占 GDP 比重超过 20%，助力我国成为世界重要的制造中心和创新中心，初步实现产业基础高级化、产业链现代化。

快速减排阶段

2050 年战略性新兴产业占 GDP 比重超过 30%，实现制造强国目标，成为新能源、高端装备制造等产业领域的领跑者。

全面中和阶段

2060 年战略性新兴产业实现全面领跑，位于全球产业链和价值链顶端，在全球范围内引领信息、能源、生命等领域原创性、颠覆性、支撑性的技术开发和标准体系建设。

---

❶ 根据《战略性新兴产业分类（2018）》，战略性新兴产业主要包括：新一代信息技术产业、智能制造装备产业、新材料产业、生物产业、新能源汽车产业、新能源产业、高效节能产业、数字创意产业和相关服务业九大类。

推动绿色产业跨越式发展。绿色产业发展是实现碳中和与经济稳健增长的重要抓手。应推动建立可量化、可核查、可报告的绿色产业发展指标，强化产品全生命周期绿色管理，发挥企业在绿色技术研发、成果转化、示范应用和产业化中的主体作用。构建市场导向型的绿色技术创新体系，加强绿色制造关键核心技术攻关，加快突破一批原创性、引领性绿色技术。完善绿色金融体系建设，促进气候友好型产品开发和项目投融资，形成成熟的绿色信贷、绿色债券、绿色股票指数、绿色保险、碳金融等金融工具体系。

尽早达峰阶段

绿色产业规模显著扩大，产业链耦合共生、能源高效利用的绿色低碳循环产业体系初步建立，节能环保、清洁能源和绿色服务等产业保持年均 8%～10% 的增长率，一批代表性企业具备全球领先的低碳供应链管理水平，绿色金融体系基本建设完善。

快速减排阶段

形成成熟的市场导向型绿色产业体系和绿色技术创新体系，大部分企业在生产供应链和产品生命周期实现碳中和，形成一批世界级绿色产业集群。

全面中和阶段

绿色技术和绿色服务在政府公共管理、企业生产经营、居民生活消费中的渗透率进一步提升，形成覆盖全社会的碳足迹管理体系，绿色生产方式和生活方式全面形成。

5.1 产业转型升级

发展壮大现代服务业。 发展高技术含量、高附加值、低碳排放的现代服务业是实现碳中和的重要内容，符合产业发展规律和经济发展趋势，将成为经济增长的新动力。要以市场需求为导向，引导资源要素合理集聚，构建结构优化、水平先进、开放共赢、优势互补的服务业发展格局。推动生产性、生活性服务业向中、高端发展，促进技术创新和商业模式创新融合，重塑现代服务业技术体系、产业形态和价值链。在巩固传统业态基础上，积极拓展新型服务领域，进一步扩大对外开放、放宽市场准入、增需扩容，不断培育形成服务业新的增长点。在全球和区域经贸合作框架下，大力发展服务贸易，积极推动生产型服务业向专业化和价值链高端延伸，提升国际竞争力，扩大服务贸易出口。

尽早达峰阶段

完成由工业化后期阶段向后工业化阶段的转型，服务业吸纳就业人口比重超过 60%，服务出口保持 7% 左右年均增长，标准化、规模化、品牌化、网络化和智能化水平显著提升。

快速减排阶段

到 2050 年服务业吸纳就业人口比重超过 70%，知识密集型服务出口占服务出口总额 80% 以上，全面建成服务经济强国和知识经济强国。

全面中和阶段

到 2060 年服务业吸纳就业人口比重超过 75%，数字服务、信息通信、现代金融、文化创意等高端服务产业规模和竞争力达到全球一流水平。

实现高耗能、高排放产业转型升级。 高耗能、高排放产业是碳排放的主要来源，抑制高耗能产业发展、推动转型升级是实现碳中和的必然要求。随着我国传统大规模基础设施建设节奏放缓，要进一步加强高耗能项目能耗管理，加大淘汰落后产能和化解过剩产能力度，逐步压减整体产能水平。积极开展国际产能合作，促进有大规模基建需求的国家和地区承接我国部分优势产能。深挖高耗能产业电能替代、清洁发展潜能，实现技术升级和低碳转型。

尽早达峰阶段

六大高耗能行业占工业增加值比重降至 20% 左右，钢铁、水泥产量处于达峰后的稳定或下降期，重点节能低碳技术成熟，低碳生产改造初步完成。

快速减排阶段

六大高耗能行业占工业增加值比重降至 15% 左右，钢铁、水泥、化工、有色金属等高耗能领域的低碳技术实现规模化应用。

全面中和阶段

高耗能行业能效水平全球领先，形成低碳生产体系。

图 5.4　工业领域各行业减排情景比较

5.2 钢铁行业

5.2.1 现状与趋势

改革开放以来，我国钢铁行业快速发展，有力地支撑了经济社会发展。2020 年，全国钢铁产量为 10.53 亿吨，同比增长 5.2%；黑色金属冶炼和压延加工业实现营业收入 7.3 万亿元，同比增长 5.2%，占规模以上工业企业营收比重达到 6.9%；经过多年供给侧结构性改革，钢铁产业产能过剩逐步缓解，2020 年产能利用率 78.8%。

1 能源消费

我国钢铁行业能源消费总体呈现"一煤独大"、能源利用效率低等特点。2017 年，钢铁行业能源消费 6.4 亿吨标准煤，占终端能源消费总量的 20%。其中煤炭消费 5.6 亿吨标准煤，占比达 87%；电力消费仅 6446 万吨标准煤，占比 10%，远低于 21% 的国际平均水平。过度依赖化石能源导致钢铁冶炼能效较低，2018 年我国重点大中型钢铁企业吨钢综合能耗达 555 千克标准煤，远高于德国 251 千克标准煤、美国 276 千克标准煤的能耗水平。

图 5.5　2017 年我国钢铁终端能源消费情况

2 碳与污染物排放

钢铁行业是碳与污染物排放的重要来源。 我国钢铁行业以煤为主的用能结构，导致其碳与污染物排放长期居高不下，是典型的"高污染、高排放"行业。

- **碳排放方面，** 2017 年，我国钢铁行业碳排放 16.3 亿吨，占能源活动碳排放的 17%，碳排放强度约 1.6 吨二氧化碳 / 吨钢，远高于国际先进水平。其中，煤炭用于加热和氧化还原的过程中排放的二氧化碳占钢铁行业总碳排放的 67%。

- **污染物方面，** 2015 年，钢铁冶炼企业二氧化硫、氮氧化物、烟（粉）尘排放量分别为 137 万、55.1 万、72.4 万吨，分别占全国工业相应排放总量的 8.8%、4.7%、5.9%。

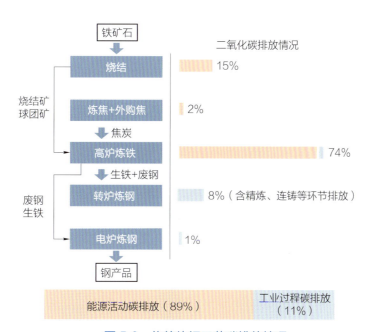

图 5.6　传统炼钢工艺碳排放情况

表 5.1　2017 年钢铁行业二氧化碳及污染物排放

类型	二氧化碳	二氧化硫	氮氧化物	烟（粉）尘
排放量	16.3 亿吨	136.8 万吨	55.1 万吨	72.4 万吨
占工业领域比重（%）	48	8.8	4.7	5.9

5.2　钢铁行业

3 发展趋势

预计我国钢铁产量将在维持现有水平一段时期后，逐步下降。

从历史上看，美国、英国等先期发达国家人均钢铁产量峰值较低，约600千克，日本、韩国等后期发达国家的人均钢铁产量峰值达1000千克，人均产量达峰后将稳定较长时间，并在人均存量持续增长至10～15吨后开始下降。2019年，我国人均钢铁产量约711千克、人均钢铁存量约8吨，人均产量已达美、英等国峰值水平，人均存量仍有一定空间。

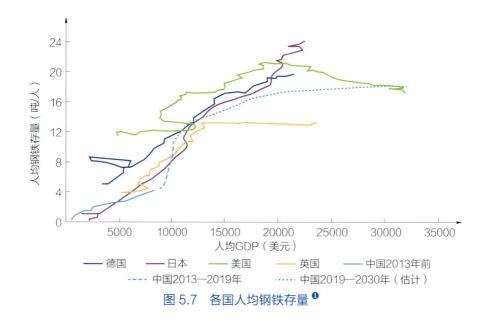

图 5.7　各国人均钢铁存量 ❶

分领域看，我国钢铁消费主要集中在房地产与基建、机械、汽车，占比分别为46%、17%、6%。

● **房地产**用钢需求将逐渐下降。2020年，我国人口城镇化率达到60%，人均住房面积达40.8平方米。未来，城镇化率在70%左右将达到刘易斯拐点 ❷。同时，随着建筑质量提升、城市改造基本完成，旧城改造大拆大建的状况会逐步减少，新建住房规模下降，钢铁消费总量预计会逐步降低。

---

❶ 能源转型委员会，中国2050：一个全面实现现代化国家的零碳图景。

❷ 刘易斯拐点，即劳动力由过剩转向短缺的转折点，是指在工业化进程中，随着农村富余劳动力向非农产业的逐步转移，农村富余劳动力逐渐减少，最终达到瓶颈状态。

• **传统基础设施建设**用钢仍有一定潜力，我国西部公路网密度分别为 27 千米 / 百平方千米，低于美国 71 千米 / 百平方千米的水平；我国铁路网密度 146 千米 / 万平方千米，低于美国、日本、德国 248、531、948 千米 / 万平方千米的水平。随着京津冀、长三角、珠三角等城市群和雄安新区、长江经济带、粤港澳大湾区等区域的发展，以及西部城镇基础设施与民生工程建设加快推进，钢材需求仍将持续增长。

■ 建筑　■ 基础设施　■ 机械制造　■ 汽车制造业　■ 出口　■ 其他

图 5.8　我国各行业钢铁用量比

• **汽车行业用钢**需求将长期稳定在高位。我国千人汽车保有量仅 180 辆左右，远低于发达国家 500～800 辆的水平。我国汽车产业已进入由数量扩张向质量提升的转型时期，市场发展空间广阔。未来，国内汽车产业的逐步成熟与汽车保有量的不断增长，将带动汽车行业用钢需求的提升。

• **新基建、高端装备制造**将拉动钢铁消费升级。与传统基建相比，新基建与高端装备制造对钢材消费增量直接影响有限，其更重要的作用在于推动传统制造业转型升级，持续拉动中高端特钢的需求。

综上，预计未来 5 年内，我国钢铁产量将以 3%～5% 左右增速持续增长，并在 2025 年左右进入高平台期，钢铁产量稳定在 12 亿吨左右；到 2030 年，钢铁产量进入下降拐点；到 2060 年降至 7.5 亿吨。

5.2.2　目标与路径

　　我国钢铁行业高能耗、高碳排放的根本原因是以煤为主的能源结构和粗放式发展模式。要实现碳达峰、碳中和目标，必须加快发展电炉炼钢、氢能炼钢、生物质炼钢等清洁能源炼钢，逐步建立以电为中心，氢能、生物质能多能互补的现代冶炼用能体系；并加快碳捕集与封存技术的研发和应用；推动产业结构优化调整，提升产业集聚度，打造高端产业体系和国际一流钢铁企业；形成低能耗、低排放、高产值、高质量的钢铁行业发展格局。

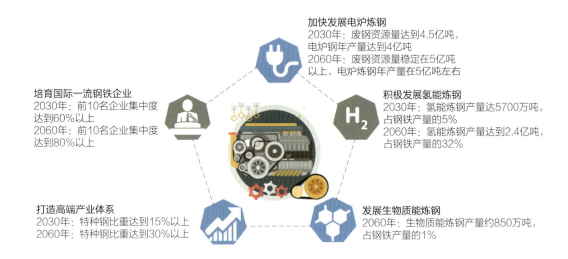

加快发展电炉炼钢
2030年：废钢资源量达到4.5亿吨，电炉钢年产量达到4亿吨
2060年：废钢资源量稳定在5亿吨以上，电炉炼钢年产量在5亿吨左右

培育国际一流钢铁企业
2030年：前10名企业集中度达到60%以上
2060年：前10名企业集中度达到80%以上

积极发展氢能炼钢
2030年：氢能炼钢产量达5700万吨，占钢铁产量的5%
2060年：氢能炼钢产量达到2.4亿吨，占钢铁产量的32%

打造高端产业体系
2030年：特种钢比重达到15%以上
2060年：特种钢比重达到30%以上

发展生物质能炼钢
2060年：生物质炼钢产量约850万吨，占钢铁产量的1%

图 5.9　钢铁行业脱碳方向与举措

碳减排目标

尽早达峰阶段

　　能效提升和电能替代有力推进，到 2030 年钢铁行业碳排放逐步下降至 12.8 亿吨，年均降幅 1.7%，较现有模式延续情景减排 2.9 亿吨。

快速减排阶段

　　钢铁产量逐步下降，电炉炼钢和氢能炼钢快速发展，电气化率及氢能炼钢比例快速提升，碳捕集与封存技术推广应用。到 2050 年钢铁行业碳排放下降至 0.9 亿吨，年均降幅超 5%，较现有模式延续情景减排 6.2 亿吨。

全面中和阶段

　　钢铁行业延续低碳发展模式，到 2060 年碳排放下降至 0.1 亿吨，基本实现净零排放；较现有模式延续情景减排 5.7 亿吨，其中电能替代贡献减排 0.9 亿吨，氢能炼钢替代贡献减排 3.7 亿吨。

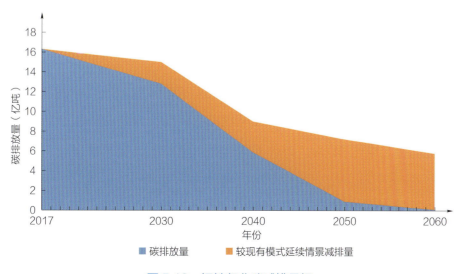

图 5.10　钢铁行业碳减排目标

产业转型路径

到 2030 年，钢铁产量缓慢增长至峰值 12 亿吨，电炉炼钢、氢能炼钢产量占比分别为 34%、5%；到 2050 年钢铁产量由峰值快速下降至 7.7 亿吨，电炉炼钢、氢能炼钢、生物质炼钢产量占比分别为 65%、30%、1%；到 2060 年钢铁产量进一步下降至 7.5 亿吨，电炉炼钢、氢能炼钢、生物质炼钢产量占比分别为 67%、32%、1%。

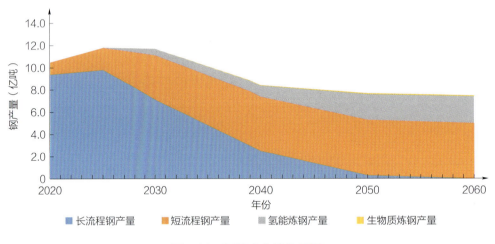

图5.11　钢铁产业结构目标

化石能源退出路径

● **终端能源消费总量逐步降低，** 2030 年钢铁行业终端能源消费 6.1 亿吨标准煤，2050、2060 年分别降至 1.7 亿、1.5 亿吨标准煤。

● **煤炭消费持续下降，** 2030 年钢铁行业终端煤炭消费下降至 4.3 亿吨标准煤，占终端能源消费比重由87%下降至69%；到 2050 年该值仅 0.2 亿吨标准煤，占终端能源消费比重约 10%；到 2060 年煤炭直接消费全部退出。

● **天然气持续保持微量消费，** 2030、2060 年钢铁终端天然气消费量维持在 0.1 亿~0.2 亿吨标准煤。

电能替代路径

● **电能消费快速提升至峰值，**电炉炼钢产业快速发展，到 2030 年钢铁行业电能消费量达到峰值 1.3 亿吨标准煤，较 2017 年增长 1 倍以上，电气化率由 10% 提升至 21%。

● **达峰后电能消费保持稳定，电气化率逐步提升，**2030 年后电炉炼钢产量缓慢增长、能效水平持续提升，2050—2060 年电能消费稳定在 0.5 亿吨标准煤。随着钢铁行业能源消费总量逐步下降，电气化率逐步提升至 33%。

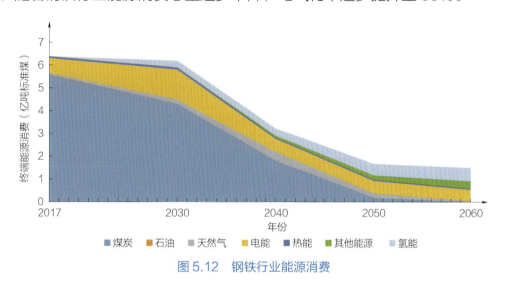

图 5.12　钢铁行业能源消费

新能源炼钢发展路径

由于经济性不足，新能源炼钢规模较小。

● **到 2030 年，**钢铁行业用氢规模约 0.3 亿吨标准煤，新能源消费占钢铁行业能源消费比重约 5%。氢能炼钢取得技术突破并开始规模化应用，随着经济性逐步提升，生物质炼钢也逐渐具备市场竞争力。

● **到 2050 年，**氢能炼钢、生物质炼钢产量占比分别为 30%、1%，氢能、生物质消费量分别达到 0.5 亿、0.1 亿吨标准煤，占钢铁行业能源消费比重提升至 33%、7%。

● **到2060年，**氢能炼钢、生物质炼钢产量占比分别为32%、1%，氢能、生物质消费量增长至0.6亿、0.1亿吨标准煤，占钢铁行业能源消费比重提升至40%、7%。

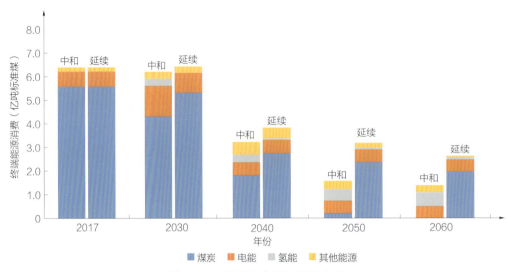

图5.13　钢铁行业能源结构变化

5.2.3　重点任务与举措

1　加快发展电炉炼钢

（1）发展基础。

电炉炼钢以废钢为主要原料、电力为主要能源，能耗仅为以铁矿石为原料、煤炭为主要能源的长流程炼钢的1/9，二氧化硫、氮氧化物排放量分别为长流程炼钢的2%和21%。与使用高炉转炉炼钢相比，电炉炼钢基建投资更少、自动化程度更高，炉温高达2000℃，弧光区最高温度可达3000~6000℃，可满足绝大多数高端优质钢材需求。同时，通过废钢资源的循环利用，可显著降低对进口铁矿石的过度依赖，提高资源自主保障能力。

受发展阶段、经济性等因素影响，2018年电炉炼钢占我国钢铁产量比重仅10%，而在许多发达国家该占比已超过50%，在美国、欧盟国家占比分别达到68%和40%。我国钢铁行业发展历程较短，钢铁蓄积量较少，绝大部分钢使用年限较短，社会回收废钢资源缺乏，并且大量废钢资源被"地条钢"企业和长流程炼钢企业占用。2018 年我国废钢回收总量 2.2 亿吨，仅相当于年度钢产量的 20%；电炉钢用废钢占总废钢量比重仅 50%，远低于美国 90% 的水平。

专栏 11

全球主要炼钢工艺

世界主流炼钢工艺分为长流程炼钢和电炉炼钢两种。长流程炼钢工艺的原材料主要是铁矿石，高炉和转炉是关键设备。铁矿石经过烧结等前期处理环节后，与焦炭加入高炉冶炼得到碳含量 4% 以上的液态铁水，铁水经过氧气转炉吹炼，配以精炼炉去除部分碳后得到合格钢水，最终通过轧制工序成为钢材。长流程炼钢工艺是我国钢铁行业的主流工艺。

电炉炼钢的原材料主要是废钢，电弧炉是主要设备。废钢经简单加工破碎或剪切、打包后装入电弧炉中，利用石墨电极与废钢之间产生电弧所发生的热量来熔炼废钢，完成脱气、调成分、调温度、去夹杂等一系列工序后得到合格钢水，后续轧制工序与长流程基本相同。电炉炼钢工艺循环高效、经济环保，是我国钢铁行业未来的发展方向。

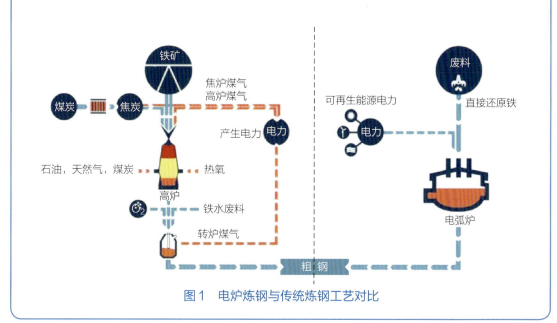

图 1　电炉炼钢与传统炼钢工艺对比

（2）发展潜力。

类型	2030年	2050年	2060年
废钢资源量（亿吨）	4.5	5	5
电炉钢产量（亿吨）	4	5	5
替代化石能源（亿吨标准煤）	1.6	2	2

图 5.14　钢铁行业电气化发展潜力

2019年，我国人均钢铁蓄积量已达到8吨，接近美国8.8吨、日本10.5吨的水平。国际经验显示，随着钢铁产量高位稳定、蓄积量持续增加，社会回收废钢资源将快速增长，废钢供应充足、成本降至合理区间，电炉炼钢将迎来高速发展时期。

到2030年 我国废钢资源量将达到4.5亿吨；电炉炼钢经济性将优于长流程炼钢，产量再翻一番达到4亿吨，占钢铁产量的34%，替代化石能源2.8亿吨标准煤，钢铁用能"一煤独大"局面得到根本扭转。

到2050年 废钢资源量达到5.5亿吨以上，电炉炼钢年产量达到5亿吨，占钢铁产量的65%，替代化石能源3.5亿吨标准煤，废钢供应及电炉炼钢产量进入稳定期，形成电为中心的冶炼能源体系。

到2060年 我国废钢资源量将稳定在5亿吨以上，电炉炼钢年产量稳定在5亿吨左右，占钢铁产量的67%以上，替代化石能源3.5亿吨标准煤。

（3）重点举措。

构建适应我国钢铁工业发展的废钢循环利用体系。加快完善废钢资源回收、分类、质量控制、检测检验等国家和行业标准体系；优化废钢交易机制，推动废钢回收、拆解、加工、配送产业发展，促进产业链上下游深度合作，充分挖掘国内废钢资源潜力。制定废钢出口限制政策，避免大量优质废钢资源低价流出；进一步发掘进口废钢资源潜力，完善废钢进口政策，鼓励进口优质废钢，满足国内电炉炼钢需求。

推动电炉炼钢技术研发和推广，提升经济性。持续加强先进电炉炼钢装备及工艺研发和推广，推动大容量、高功率及智能化电炉发展，提升电炉炼钢能效与经济性；引导废钢资源合理流向，鼓励大型钢铁企业扩大电炉炼钢规模，发挥规模经济效益。

2　积极发展氢能炼钢

（1）发展基础。

氢气作为还原剂与铁矿石反应生成铁和水，从原理、技术、工艺上均没有问题，且过程中没有二氧化碳排放，是一种清洁、无碳的冶炼工艺，可实现钢铁生产完全脱碳。由于铁水不与焦炭接触，相对更为纯净，硫、磷等杂质占比均在 0.2% 以下，有助于纯净钢、高质量钢材、高附加值钢材的生产构建。

全球氢冶金技术尚处于研发、试验阶段，受技术、经济性影响，尚不具备商业化运行条件。随着钢铁行业减排需求日益迫切，国外多家钢铁企业已经对氢冶金发展进行了深度布局。瑞典、德国、奥地利等国的钢铁企业相继启动了一些氢能炼钢示范项目，其中瑞典钢铁公司 HYBRIT 项目、德国萨尔茨吉特钢铁公司 SALCOS 项目、奥钢联公司 H2FUTURE 项目已经进入建设或调试阶段。

我国氢能炼钢与发达国家处于同一起跑线。2019 年 1 月，宝武集团与中核集团、清华大学签订《核能 - 制氢 - 冶金耦合技术战略合作框架协议》；2019 年 3 月，河钢与中国工程院战略咨询中心、中国钢研、东北大学联合组建氢能技术与产业创新中心，共同推进氢能技术创新与产业发展。2020 年 11 月 23 日，卡斯特兰萨—特诺恩与河钢集团签订了合同，计划合作建立氢能还原铁示范工程，年产钢铁量 60 万吨。我国应加快氢能炼钢关键技术研发、产业培育，抢占未来钢铁产业与技术制高点。

专栏 12

国外氢能炼钢发展案例

瑞典钢铁公司 2016 年成立 HYBRIT 项目，预计 2025 年可实现示范运行，2035 年实现氢气气基还原工艺商业运行。根据现有研究成果，按照 2017 年欧洲电力、碳排放交易价格，该项目成本是传统高炉炼钢的 1.2 ～ 1.3 倍。德国蒂森克虏伯钢厂 2019 年 10 月首次将氢气作为还原剂注入高炉炼钢，实现了氢气高炉炼钢技术的首次尝试。预计 2022 年，该工艺将逐步扩大到其余三个高炉，减少 20% 左右的碳排放。

（2）发展潜力。

类型	2030年	2050年	2060年
电解水制氢成本（元/千克）	13	6~7	6~7
氢能炼钢产量（亿吨）	0.6	2.3	2.4
替代化石能源（亿吨标准煤）	0.2	0.9	1

图 5.15　氢能炼钢产业发展潜力

　　我国氢能炼钢的经济性不足，不具备市场竞争力。在 0.3 元 / 千瓦时电价水平下，电制氢成本为 20~24 元 / 千克，氢能炼钢吨钢耗氢 50 千克，耗氢成本 1200 元，是传统高炉炼钢消耗煤炭价格的 2~3 倍。随着电制氢及氢能炼钢能效提升与设备成本下降，当清洁电能价格达 0.1~0.2 元 / 千瓦时，电制氢成本降至 5~8 元 / 千克，氢能炼钢能源成本达到 500 元 / 吨钢，与传统高炉炼钢相当，考虑碳与污染物排放成本，氢能炼钢的综合经济性优势更加明显。

到 2030 年　随着清洁能源发电成本快速下降，电解水制氢成本大幅降低，氢能炼钢的市场竞争力得以提升。氢能炼钢产量达到 5700 万吨，占钢铁产量的 5%，替代化石能源 0.4 亿吨标准煤。

到 2050 年　氢能炼钢实现规模化大发展。廉价、高效电催化剂及长寿命、高稳定性高温固体氧化物电堆等关键技术取得突破，高温固体氧化物电解槽等技术趋于成熟，清洁能源发电成本进一步下降，电解水制氢成本进一步降低，氢能炼钢将大规模替代高炉炼钢，氢能炼钢产量达到 2.3 亿吨，占钢铁产量的 30%，替代化石能源 1.6 亿吨标准煤。

到 2060 年　氢能炼钢产量进一步达到 2.4 亿吨，占钢铁产量的 32%，替代化石能源 1.7 亿吨标准煤。

（3）重点举措。

持续加强核心技术攻关。 重点深化炉内反应机理和炉料特性变化研究，推动氢气高炉炼钢技术、耐氢耐高温高安全性材料、氢气防爆防泄漏等技术创新，提升氢能炼钢设备容量与产量。

提升氢能炼钢经济竞争力。 推进清洁能源发电、电解水制氢与氢能炼钢协同发展，完善氢能制备及运储机制，促进氢能成本下降与制氢效率提升。

强化政策引导。 有序推动钢铁企业采用氢能炼钢替代长流程炼钢工艺，逐步提升氢能炼钢比重。建立绿氢补贴等配套政策机制，推动氢能炼钢与氢能产业链协同发展。

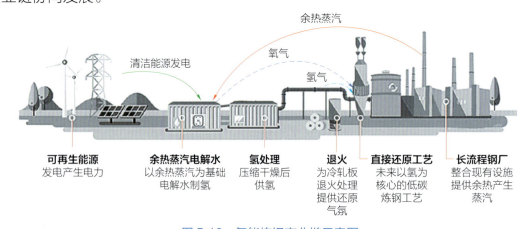

图 5.16 氢能炼钢产业链示意图

3 发展生物质能炼钢

（1）发展基础。

生物质能是全生命周期的零碳能源，利用生物碳替代传统焦炭进行高炉炼钢，可在工艺基本不变的情况下实现低碳冶炼，碳排放仅为高炉焦炭炼钢碳排放的4%。许多国家已经在生物质能利用方面展开研究，德国亚琛工业大学成功实现喷吹木炭和木炭与粉矿混合物的研究，并已经在木材资源丰富的巴西实现应用。

（2）发展潜力。

从资源禀赋看，我国森林面积、林木积蓄量为 2.2 亿公顷、176 亿立方米，分别是巴西的 43%、31%，而钢铁产值是巴西的 10 倍。我国生物质能炼钢不具备大规模发展条件，可作为电炉炼钢、氢能炼钢的有益补充。

到 2030 年　我国生物质炼钢尚不具备经济性。

到 2050、2060 年　随着生物质能的发展与生物质炼钢技术的提升，预计生物质炼钢吨钢成本与加装碳捕集与封存和环保设备的高炉炼钢成本基本持平，初步具备市场竞争力，年产量达 850 万吨，占钢铁产量的 1%，替代化石能源 600 万吨标准煤。

（3）重点举措。

加大生物质能炼钢技术研发投入。加强以企业为龙头的"产学研"科技创新和产业示范，攻克核心技术。

构建完善的产业链。进一步推进生物质能加工与生物质能炼钢产业协同发展，加强多元化、高端化生物质能源开发，引导企业有序发展生物质炼钢。

4 打造高端产业体系

（1）发展基础。

特种钢是技术密集型产业，能耗与排放远低于普通钢铁，生产方式更集约、高效、低碳。2019 年我国特种钢单位产值能耗为 2.4 吨标准煤 / 万元，碳排放为 7.6 吨二氧化碳 / 万元，污染物排放为 2 吨 / 万元，分别为普通钢的 31%、22% 和 16%。特种钢的主要应用领域是汽车行业和机械行业，同时也是国防军工、航空航天、高铁、船舶、能源等高端装备必不可少的原材料，是这些领域高质量发展的关键支柱。

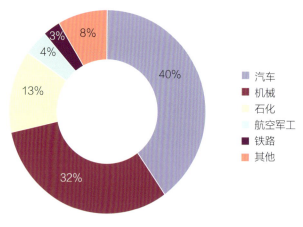

图 5.17　特种钢主要应用领域

（2）发展潜力。

日本、德国特种钢消费量分别达 2000 万、1100 万吨 / 年，分别占其总钢铁消费量的 20%、40%，有力支撑了其全球领先的汽车、机床、航空航天、国防军工等产业的发展。我国特种钢产量占总钢铁产量比重仅 10%，远低于发达国家水平，且存在合金化程度低、高附加值产品比重低等问题，高端产品仅占特种钢总量的 10%，中端、低端产品分别占 50%、40%。高端轴承钢，高档紧固件用钢，高端汽车用钢等关键零部件仍依赖进口，成为制约我国国防军工、航空发动机等产业发展的重要因素。

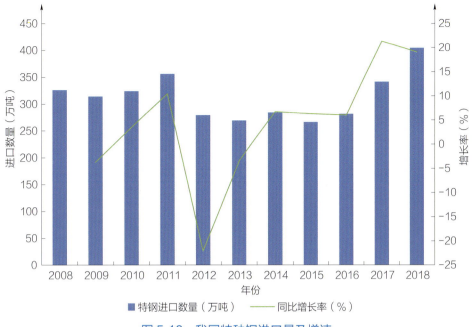

图 5.18　我国特种钢进口量及增速

随着我国经济结构优化、制造业转型升级和"新基建"深入推进，以汽车、能源、工程机械、国防军工、核工业为代表的高端制造业将进入快速发展阶段，带动中高端特种钢需求高速增长。

我国中高端特种钢产业达到世界先进水平，特种钢比重达到 15% 以上。

我国具备完备、成熟的特种钢产业链，特种钢比重将达到 30% 以上，国产特种钢在完全满足内需的基础上大量出口，成为重要的经济增长点。

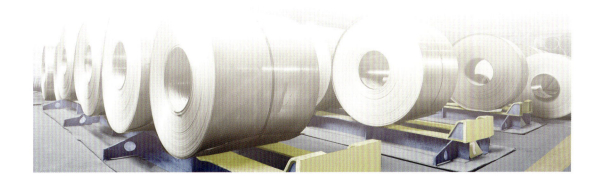

5.2　钢铁行业

专栏 13 发达国家特种钢发展情况

长期以来，国外特种钢消费需求基本上呈稳定并略有不同程度增长的状态，消费量约为 8500 万吨，其中结构钢类约占 70%，不锈钢约占 24%，轴承钢占 3.8%，工模具钢占 1.6%，其他合金钢（含高合金钢）占 0.6%。日本得益于其强大的汽车工业，成为世界上最大的特钢生产和消费国，其近年特种钢的表观消费量保持在 2000 万吨左右。美国的汽车、航空、电子、石油等行业在世界上具有重要的地位，拥有世界最强大的军事工业，其特种钢表观消费量自 1995 年以来一直保持在 1300 万吨左右（其中进口 400 多万吨），德国的特种钢消费量在欧洲国家中名列前茅，总量近 1100 万吨（比 1993 年的 533 万吨翻了一番）。

（3）重点举措。

加快技术研发。 加大科技创新投入，强化基础研究，提高工艺技术水平，促进我国迈向全球价值链中高端，重点填补高端轴承钢、汽车用钢等技钢空白，推动我国钢铁设备由"中国制造"向"中国创造"转变。

提高电炉钢比重。 电炉炼钢是生产特种钢的主要方式，我国约 70% 的特钢及 100% 的高合金钢由电弧炉产生。应积极引导电炉炼钢比重有序提升，满足高端需求、丰富产品供给。

加强国际合作。 制定适应我国国情的高端特种钢标准，推动解决制约全球行业发展的关键共性问题，强化出口竞争力优势。

5 培育国际一流钢铁企业

（1）发展基础。

我国钢铁产量连续22年居世界第一，但钢铁企业在整体经营规模与质量上，与卢森堡安赛乐米塔尔、日本新日铁住金、韩国浦项钢铁等世界一流钢铁企业仍存在一定差距。在年营收额方面，我国绝大部分钢铁企业的年营收额远远低于国际一流钢铁企业的平均水平（约4000亿元）。在吨钢收入方面，我国企业与国际一流钢铁企业相比普遍差距较大，表现最好的宝武集团吨钢收入约为国际一流钢铁企业的50%，其他国内企业不及国际一流钢铁企业的30%。在净利润方面，国际一流钢铁企业平均净利润是我国钢铁企业的2~5倍。在劳动效率方面，国际一流钢铁企业是我国钢企的2~30倍。

（2）发展潜力。

提高行业集中度、培育国际一流钢铁企业能够避免行业内过度竞争、增加企业利润，并提升企业自主研发能力，提高资源与能源利用效率。我国钢铁行业集中度较低，日本、韩国、美国钢产量居前2位的企业产业集中度分别高达79.6%、90%和42.1%，而我国产量排名前4位的钢铁企业集中度仅为20%、前10位企业的产业集中度仅为36.8%，迫切需要提高行业集中度、做大做强核心企业。

到2030年 ▶ 形成大中型企业集聚、产业分布合理的行业企业体系架构，前10名企业集中度将达到60%以上，3家企业跻身国际一流钢铁企业。

到2060年 ▶ 国内钢铁企业在产品、技术、管理、利润、劳动效率等方面均达到国际先进水平，形成具有全球竞争力的钢铁行业生态体系，前10名企业集中度将达到80%以上，5家企业跻身国际一流钢铁企业。

5.2　钢铁行业

（3）重点举措。

推动重点企业兼并重组。 推动钢铁企业间的相互合作，充分发挥协同效应，实现取长补短、共摊成本、共享成果，提高生产效率与产品质量。鼓励有条件的企业跨行业、跨地区、跨所有制进行兼并重组。

提高全球资源整合能力。 积极开展国际化业务，提高利用国内国外两个市场、两种资源的能力；建立稳定的海外资源供应体制，与海外企业合作共同开发资源；建设海外生产基地，打造全球化产业链，提高我国钢铁工业的国际竞争力。

提高核心技术研发能力。 整合内部研发资源，形成基础研发、应用开发、技术改进等多层次研发体系，加强与国内外研发机构的合作，积极组织共性技术研发联盟，突破卡脖子技术，全面提升企业创新能力和国际竞争力。

5.3　化工行业

5.3.1　现状与趋势

化工行业为我国经济和社会的发展提供了不可或缺的物质基础，是国家的支柱性产业。2018年，我国化工行业产值高达14.8万亿元，同比增长7.2%，占全国GDP的15%，占全球产值的40%，居世界首位。

1　能源消费

化工行业是我国主要高耗能行业之一。2017年，我国化工行业能源消费6.1亿吨标准煤，占终端能源消费总量的19%，其中煤炭、石油、天然气消费量分别达到2亿、1.9亿、6319万吨标准煤，占比分别为32%、31%、11%。从化工产品种类来看，甲醇、合成氨、烧碱、电石、纯碱等前十大产品耗能总和占全行业能源消费量的63%，且平均能效较国际先进水平低10%~20%。

表5.2　2017年我国化工产品能耗占比

产品	能耗占比（%）
甲醇	21.74
合成氨	16.94
烧碱	5.43
电石	5.38
聚氯乙烯	4.30
纯碱	2.54
尿素	2.11
乙二醇	1.66
磷酸一铵	1.57
磷酸二铵	1.17
其他	37.16
化工行业总能耗	100

2 碳与污染物排放

2017 年，我国化工领域碳排放约 5.2 亿吨，占能源活动碳排放总量的 6%。其中，化石能源作为燃料燃烧产生的碳排放占比约 80%，作为原料反应过程中逸散的碳排放占比约 20%。化工行业污染排放面广量多，成分复杂，是传统的"高污染"行业。2014 年化工行业排放废水、废气、固体废弃物数量分别占全国工业"三废"排放总量的 16%、7% 和 5%，位居第 1、4、5 位。

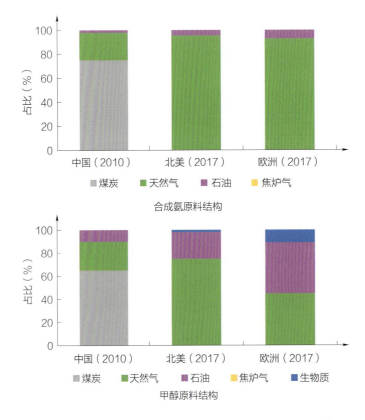

图 5.19　我国与欧美地区主要化工产品原料结构对比 ❶

3 发展趋势

随着社会经济持续发展、居民消费水平持续提升以及主要化工产品加快国产化，总体来看我国化工产品需求仍将保持增长态势，但增速将逐步下降。

---

❶ 能源转型委员会，中国 2050：一个全面实现现代化国家的零碳图景。

图 5.20　2015 年各国主要塑料产品人均需求量 ❶

基础化工产品增长空间有限。我国塑料、化肥等基础化工产品人均需求量已接近西欧、日本等发达国家水平，但较美国、韩国等国家仍有较大差距。受我国"限塑令"等环保政策影响，以及耕地化肥利用效率提升，预计我国塑料、化肥等基础化工产品人均消费量将在达到西欧、日本 2020 年左右水平后保持稳定，甲醇、合成氨等基础化工原材料将保持稳中略涨态势。

精细化工发展潜力巨大。精细化工产品是支撑战略性新兴产业发展的重要基础。目前我国精细化工行业尚未形成完整的产业体系，占化工行业整体比重较低。欧美日等发达国家（地区）的精细化率基本上在 60%~70% 之间，而我国仅 30%；全球精细化工产品约 10 万种，而我国仅生产 2 万种左右。随着我国在电子、医疗保健等领域迅速崛起，精细化工将逐步成为国民经济的关键组成部分，带动上游基础化工产品增长，成为化工行业重要的产值增加来源和经济增长点。

预计未来 10 年，我国化工行业产值年均增速将保持在 5% 左右，2030 年产值达到 26 万亿元，精细化工率达到 60%；到 2060 年，化工行业产值将达到 45 万亿元以上，精细化工率提升至 70%。按现有模式发展，预计到 2030、2060 年，化工行业碳排放将分别达到 7 亿、3.6 亿吨。

---

❶ 能源转型委员会，中国 2050：一个全面实现现代化国家的零碳图景。

5.3.2 目标与路径

产业结构不合理、资源消耗多、能效水平低等问题是造成我国化工行业高碳化的重要原因，实现碳达峰、碳中和目标，关键是积极提升生产能效，推动工艺设备电气化，大力发展电制原材料和生物基绿色化工原料，降低化工企业能源资源消耗，减少碳及污染物排放，实现绿色循环发展。

推动工艺设备电气化
2030年：电气化率达到18%
2060年：电气化率达到47%

提升生产能效
2030年：单位产值能耗降至280千克标准煤/万元
2060年：单位产值能耗降至145千克标准煤/万元

推动电制原材料广泛应用
2030年：电制氨产量规模达到1000万吨
2060年：电制氨、电制甲醇产量达到3000万、4800万吨

发展生物基绿色化工原料
2030年：生物基化工原料产业产值将达到2万亿元
2060年：生物基化工原料产业产值将达到10万亿元

图 5.21 化工行业脱碳方向与举措

碳减排目标

尽早达峰阶段

受化工产品产量持续快速增长影响，化工行业碳排放持续增长，到2030年，化工行业碳排放达到峰值，碳排放 6.4 亿吨，年均增速 1.6%，较现有模式延续情景减排 0.6 亿吨。

快速减排阶段

通过采用能效提升、电气化等措施，化工行业加速减排。到 2050年，化工行业碳排放 2.3 亿吨，较现有模式延续情景减排 4.7 亿吨。

全面中和阶段

化工行业全面低碳发展，加热环节与工艺过程电能替代实现普及，化石能源主要用作化工原材料，2060 年化工行业碳排放 0.9 亿吨，较现有模式延续情景减排 2.7 亿吨。

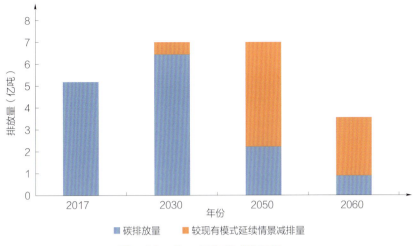

图 5.22　化工行业碳减排目标

产业转型路径

到 2030 年 ▶ 我国化工行业产值达到 26 万亿元，电制原材料初步实现示范应用，电制氨产量规模达到 1000 万吨；部分生物基企业达到世界领先水平，生物基化工原料产值达到 2 万亿元，占比达 8%。

到 2050 年 ▶ 我国化工行业产值达到 40 万亿元，电制原材料实现广泛商业用，电制氨、电制甲醇产量分别达到 1600 万、3900 万吨；生物基行业规模居世界领先地位，生物基化工原料产值达到 8 万亿元，占比达 20%。

到 2060 年 ▶ 我国化工行业产值达到 45 万亿元，电制原材料成为化工原材料的主要来源，电制氨、电制甲醇产量达到 3000 万、4800 万吨；生物基化工原料产值进一步达到 10 万亿元，占比达 22%。

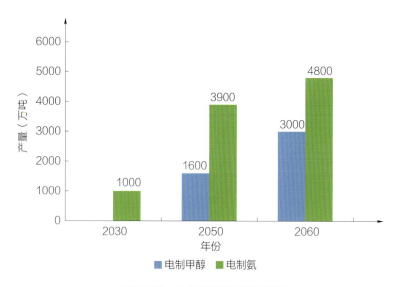

图 5.23　电制原材料发展趋势

化石能源退出路径

● **化石能源消费先升后降。**到 2030 年，终端能源消费 7.3 亿吨标准煤，其中化石能源达到 5.5 亿吨标准煤，年均增速 1.6%。到 2050、2060 年，终端能源消费分别达到 8.1 亿、6.6 亿吨标准煤，其中化石能源消费分别降至 4.5 亿、2.9 亿吨标准煤，年均下降 1.1%、4.3%。

● **煤炭、天然气消费于 2030 年左右达峰，**峰值约 2.3 亿、0.8 亿吨标准煤，到 2060 年降至 1.2 亿、0.3 亿吨标准煤。

● **石油消费于 2040 年左右达峰，**峰值约 3 亿吨标准煤，到 2060 年将降至 1.4 亿吨标准煤。

电能替代路径

电气化率持续快速增长，电加热、电化学工艺、电制原材料商业应用规模不断扩大。到 2030 年，化工行业电力消费 1.3 亿吨标准煤，电气化率提升至 18%。到 2050 年，电力消费 2.6 亿吨标准煤，电气化率提升至 33%。到 2060 年，电力消费 2.8 亿吨标准煤，电气化率提升至 47%。

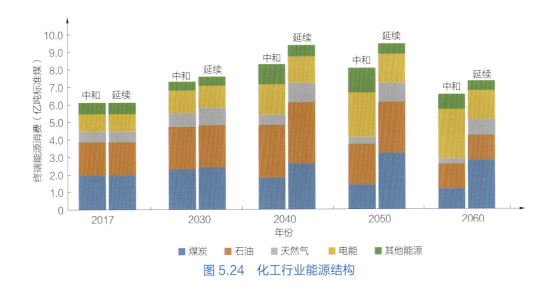

图 5.24　化工行业能源结构

表 5.3　化工行业能源消费及碳排放

化工行业	单位	2017 年	2030 年	2050 年	2060 年
能源消费总量	亿吨标准煤	6.1	7.3	8.1	6.6
煤炭消费量		2.0	2.3	1.4	1.2
石油消费量		1.9	2.4	2.7	1.4
天然气消费量		0.6	0.8	0.4	0.3
电能消费量		1.0	1.3	2.6	2.8
热能消费量		0.6	0.5	0.4	0.3
其他能源消费量		0	0	1.0	0.6
电气化率	%	16	18	33	47
能源活动碳排放总量	亿吨碳	5.2	6.4	2.3	0.9

5.3.3　重点任务与举措

推动化工领域脱碳，实现碳中和目标，**在尽早达峰阶段**重点要提高行业能源利用效率，推动工艺设备电气化；在**快速减排阶段**和**全面中和阶段，**应大力发展电制原材料、生物基绿色化工产业，逐步形成低碳、绿色、高效、循环的化工行业发展新格局。

1 推动工艺设备电气化

（1）发展基础。

化工行业中，用于提供化学反应所需温度、保障工艺流程顺利进行的化石能源燃烧加热所产生的碳排放占总行业排放的 80% 左右。提升化工工艺设备电气化水平，通过采用电加热替代传统化石能源燃烧、采用电化学工艺替代传统高温反应工艺，可显著减少化工工艺对化石能源的过度依赖，提升化工行业电气化及能效水平，降低碳及污染物排放。

欧盟等发达国家在化工领域已经启动多个电气化项目，但总体上进展较慢，热泵等电加热设备尚未实现大规模应用，全球仅有 80 余种产品实现电化学合成的工业化制备。我国化工行业电气化发展总体与发达国家处于同一水平，反应热源仍大量依赖化石能源，电化学工艺产业化速度较慢，电气化发展尚未引起足够重视，2017 年化工行业电气化率为 16%，而化石能源消费比重达到 73%。

专栏 14

工艺过程电化学替代

工艺过程电化学替代指通过电解合成的方式生产所需的化工产品，替代传统的高温反应工艺，即用电能直接作为反应能量替代热能，从而降低化学合成过程对化石能源的依赖。

以环氧乙烷为例，合成方法是乙烯和氧气在高温下直接反应，对反应温度要求较高。有团队提出了一种室温下的电化学合成方法，该方法在阳极使用氯化物作为氧化还原介质，通过电解促进乙烯选择性部分氧化为环氧乙烷，反应过程中不需要化石能源燃烧提供高温环境。该方法还停留在实验室阶段，已经实现每平方厘米 1 安培的电流密度、约 70% 的法拉第效率和约 97% 的产品特异性，未来工业化潜力巨大。

（2）发展潜力。

电加热设备方面， 用于工业过程制热领域的高温／超高温热泵技术仍存在原理性瓶颈，且初始投资高于同级别供热能力的锅炉，未来随着技术发展、成本下降，热泵在工业领域潜力巨大。电加热反应釜等加热设备运行费用受电价影响较大，尚不具备经济竞争力，其优势将随着电价水平的下降而逐步显现。

电化学技术方面， 我国起步较晚，大部分研究处于实验室阶段，但发展迅速，L－半胱氨酸、氟苯甲醛等少数产品已经实现电化学工业化生产，未来电化学工艺将适用于更多化工产品。

到 2030 年 ▶ 热泵、电加热反应釜等设备在化工领域实现示范应用，电化学工艺技术部分产品实现商业应用，电气化率达到 18%。

到 2050 年 ▶ 电加热设备将具备经济竞争力，并在化工行业实现推广普及，电化学工艺在行业内占据重要市场份额，电气化率达到 33%，化石能源消费比重降至 51%。

到 2060 年 ▶ 化工生产加热环节基本摆脱对化石能源的依赖，电气化率进一步达到 47%，化石能源消费比重降至 44%。

（3）重点举措。

加大电化工技术研发力度。加强电化工技术攻关，提升热泵、电加热反应釜等加热设备工艺技术水平，促进化工行业工艺技术革新。

加强电化工技术推广。以示范工程为引领，有序推动化工企业采用电加热设备替代传统化石能源加热设备，大力推广电化工技术商业化应用，逐步提升电加热及电化学工艺市场份额。对使用电能设备的企业提供电能替代补贴、贷款贴息等配套政策机制，提升企业积极性与主动性。

2 大力提升化工生产能效

（1）发展基础。

2017 年，我国化工行业单位产值能耗 440 千克标准煤 / 万元，远高于日本 150 千克标准煤 / 万元、美国 180 千克标准煤 / 万元的水平，主要是由于我国化工行业集中度低，企业入园比例仍处于较低水平，且园区规模小、布局分散；化工产品仍以中低端为主，精细化率低，高端产品自给能力不足，部分国产化产品质量与发达国家仍存较大差距。2017 年我国有 601 家化工园区，超大型和大型园区的数量仅占我国化工园区数量的 7%，化工企业入园率不足 30%。2019 年，我国化工行业精细化率仅 35%，其中化工新材料自给率仅为 64%、高端电子化学品市场产品进口依存度达 90% 以上。

专栏 15　　**发达国家工业园区高集中度发展案例**

　　世界主要化工园区明显呈现出装置大型化、产业集中化、经营集约化的特点，成为其所在国或地区化工产业及其关联下游产业和加工工业的主要聚集地。世界著名的大石油化工公司均云集于此，装置规模大多处于世界或本国本地区的领先水平，炼油能力和乙烯产能在本国、本地区都占有相当比例，具有产业集中度高，单位面积产出高的优势。

　　美国墨西哥湾沿岸地区聚集了上百家来自世界各地的大型石油化工公司，销售收入占美国化工工业的 25%，炼油能力和乙烯产能分别占美国总能力的 44% 和 95%。日本太平洋沿岸化工产业带集中了日本 85% 的炼油能力和 89% 的乙烯产能。

　　德国路德维希化工区集中了巴斯夫公司 250 套装置，生产 5 大业务 12 大类产品，园区产值高达 130 亿元 / 平方千米；而勒沃库森的拜耳化工园区则聚集了 Ineos、赢创、Logistik 等多个知名化工企业。

　　韩国蔚山化工工业区拥有该国 32% 的炼油能力、19% 的乙烯产能，形成了以 SK 公司为龙头企业、20 多家韩国和外资企业进行下游加工生产的格局。丽川化工工业区拥有韩国 25% 的炼油能力、36% 的乙烯产能，形成了以 LG 等为龙头企业、10 多家韩国和外资企业参与下游加工生产的格局。

　　新加坡裕廊化工区有埃克森美孚、BP、壳牌、巴斯夫、杜邦等 66 家国际大公司入驻，园区产值达 35 亿元 / 平方千米，比利时安特卫普化工区产值也在 20 亿元 / 平方千米以上。

图1 德国路德维希化工区

（2）发展潜力。

国家对化工产业的结构调整与转型提出了多项具体要求，化工企业搬迁入园、提升高端产品比重已经成为主要发展趋势。新建化工园区在产业选择、园区招商、资源配置等方面向高端化工产品倾斜，成为推动行业高质量发展的重要动力。

到2030年 ▶ 初步建成一批世界级规模的现代化化工园区，能效水平明显改善，超大型和大型园区的数量占我国化工园区比重达到15%，化工企业入园率达到90%，单位产值能耗降至280千克标准煤/万元。

到2050年 ▶ 化工企业原则上全部实现入园，产业聚集程度进一步增强，行业能效达到发达国家水平，超大型和大型园区的数量占我国化工园区比重提高至40%，单位产值能耗达到200千克标准煤/万元。

到 2060 年 ▶ 化工行业真正形成集中化、规模化、高端化发展格局，超大型和大型园区的数量占比达到 50%，单位产值能耗进一步降至 145 千克标准煤 / 万元。

（3）重点举措。

推进化工企业入园。 将园区化、集中化作为化工行业低碳发展重点，有组织、有计划、有重点地引导企业实施搬迁，对部分危化品生产企业提供搬迁扶持，提高企业入园率。

建设绿色化工园区。 在园区规划、空间布局、产业链设计、能源资源利用、生态环境等方面全面贯彻资源节约和环境友好的理念，使园区布局集约化、结构绿色化、管理高效化，实现原料互供、资源共享、土地集约和"三废"集中治理，推动化工行业节约、集约发展。

密切结合战略需求。 紧密对接我国新能源汽车、轨道交通、航空航天、国防军工等重大战略需求，聚焦产业发展瓶颈，集中力量攻克一批卡脖子技术，实现自主研发、自主创新，形成一批具有自主知识产权的国际领先的原创核心技术。

推动产品升级。 积极推动生产企业与科研机构交流合作，为产学研优势集聚提供更大空间，加快最新成果转化和产业化速度，支撑化工产品转型升级。

3　积极发展电制原材料

（1）发展基础。

电制原材料是以电为能量，将二氧化碳中的碳元素、水中的氢元素和空气中的氮元素等进行还原、重组，生成可以利用的有机或无机物原材料，如电解水制氢，利用氢还原氮气可实现氨（NH_3）的制备；通过氢还原二氧化碳可以制造甲烷、甲醇（CH_3OH）等有机物，并可进一步合成乙烯、丙烯、苯等。

电制原材料技术绝大部分仍停留在实验室阶段，电制甲醇等个别技术已经建成示范项目，但其经济性与传统煤炭、石油化工相比仍不具备竞争力：**电制氨**的成本约为 4.9 元 / 千克，略高于氨的市场价格（2.8～3.5 元 / 千克）；**电制甲醇**再合成汽油成本约为 17 元 / 千克，远高于同时期石油炼化汽油成本（4 元 / 千克，原油价格 359 元 / 桶[1]）。

（2）发展潜力。

随着清洁能源大规模发展、电价大幅下降、技术进步和能效提升，电制原材料将迎来技术突破，拥有广阔的应用前景。

 **到 2030 年** ▶ 部分经济性较好的电制原材料初步实现商业和示范应用，其中电制氨有望作为代表性产品得到推广。

 **到 2050 年** ▶ 电制原材料的经济性将全面赶超化石能源，实现广泛商业化。清洁能源发电成本进一步下降，电制氨、电制甲醇产量规模将分别达到 1600 万、3900 万吨。

 **到 2060 年** ▶ 电制原材料成为化工行业原材料的主要来源。电制氨、电制甲醇产量规模将进一步达到 3000 万、4800 万吨。

---

[1] 曹然，煤制油技术的竞争力分析。

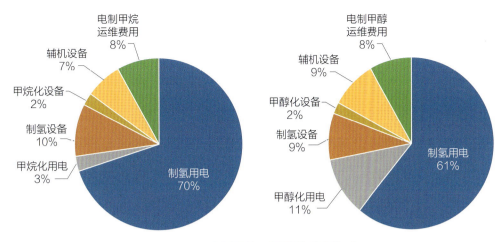

图 5.25　电制甲烷、甲醇的成本构成

（3）重点举措。

完善工艺流程，提升经济性。加强过程反应机理和动力学研究，研发制备新型催化剂，提高电制原材料转化效率和速率。完善和优化工艺流程、反应条件和反应器设计，降低工艺能耗和成本。

积极推进科技示范。在清洁能源资源和二氧化碳资源丰富地区，积极推进高效电解水制氢、大容量二氧化碳加氢甲烷化、甲醇化等一体化科技示范项目，为电制原材料技术商业化应用奠定基础。

完善行业标准，健全产业链。建立电制原材料技术相关标准体系，培育健全上游电制氢、碳捕集相关产业链，推动低能耗、高效的反应器装置规模化生产，降低原料与装置成本，实现电制燃料大规模商业应用。

4　发展生物基绿色化工原料

（1）发展基础。

生物基绿色化工原料是利用生物质替代传统石油基材料及煤基材料作为化工原料，可生产生物涂料、生物润滑油、生物增塑剂及生物塑料等化工产品。生物基材料具有天然的可再生性与生物降解性，可通过"生物质—生物基产品—二氧化碳—生物质"链条实现碳循环与零碳排放，资源节约与低碳环保优势显著。

在欧美国家，生物基绿色化工原料已取得较大进展。2016 年美国生物基产业产值达到 2.8 万亿元，占 GDP 总量的 2.5%；2014 年欧盟生物基产业产值达到 5.2 万亿元，占 GDP 总量的 4.9%。我国也十分重视发展生物基材料，在《中国制造 2025》《产业关键共性技术发展指南（2017 年）》《战略性新兴产业分类（2018）》等战略中均明确将生物制造作为未来科技与产业发展的重点方向。在国家政策支持和推动下，我国生物基绿色化工原料产业发展迅速，2019 年我国规模以上生物基材料生产企业的营收达到 148.5 亿元，同比增长 19.6%。但由于起步晚、基础差，与国外相比仍存在产业链薄弱、附加值低、创新能力不足等问题。

（2）发展潜力。

资源供应和技术水平是制约生物基绿色化工原料竞争力的两大重要因素。未来，短期轮伐能源林等生物质发展项目逐步兴起，将有效挖掘资源供给潜力、降低生物质成本，保障生物基绿色产品原料的供应。合成生物学、生物化工等相关学科迅猛发展，将带动技术水平快速进步，降低生物基绿色化工原料生产成本、提升企业竞争力。

 我国初步形成一批掌握核心技术、国际领先的生物基绿色化工原料企业，生物基绿色化工原料产业产值将达到 2 万亿元，占化工行业产值的 8%。

 我国生物基绿色化工原料的关键技术达到全球领先水平，行业规模居世界领先地位，并在国内化工行业占据重要市场份额，生物基绿色化工原料产业产值将达到 8 万亿元，占化工行业总产值的 20%。

 我国生物基绿色化工原料产业产值将进一步达到 10 万亿元，占化工行业总产值比重达到 22%。

（3）重点举措。

推动先进生物基化工原料创新与研发，加强产业政策扶持。完善生物基绿色化工原料研发和产业发展专项扶持政策，进一步加大资金、土地等要素保障力度，引导生物基产业入园集聚发展，加快形成生物基绿色化工原料产业链、产业集群和产业生态，提高产品技术水平与附加值。

提升产品质量标准。设立生物基绿色化工原料产品质量检测机构，敦促行业企业积极拓展高质量产品，推动产品性能指标向国外先进水平看齐。

积极开发生物质资源。拓展生物质开发渠道，提升原料供应能力，构建完备的生物质产业链。

5.4 建材行业

5.4.1 现状与趋势

新中国成立以来，建材行业经历了"从无到有""从少到多""从多到好"的发展历程，在城乡建设、铁路公路交通、工农业建设、水利与海洋工程、国防军工等各领域发挥了重要的基础和带动作用，为满足我国基本建设和人民生活需要提供了坚实的物质基础。2017 年，我国建材行业产值超过 6.5 万亿元，增加值占 GDP 总值的 2.3%，产量已连续十多年位居世界第一，水泥、平板玻璃、陶瓷产量分别达到 23 亿吨、4200 万吨、102 亿平方米，分别占全球总量的 55%、50%、30% 以上。

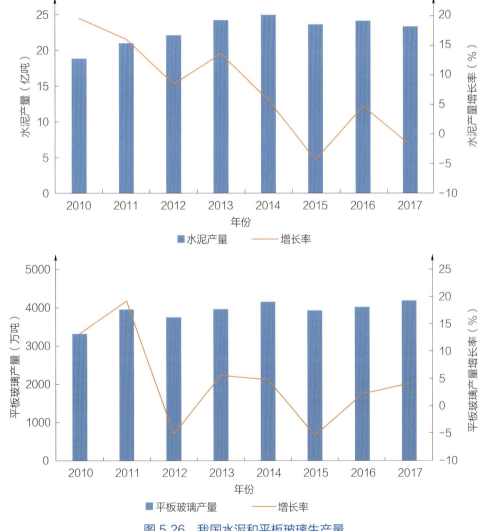

图 5.26 我国水泥和平板玻璃生产量

1 能源消费和污染排放

建材行业能耗和污染物、碳排放较高。

水泥生产包括"两磨一烧"环节，即生料粉磨、熟料煅烧、水泥粉磨环节。其中熟料煅烧主要以煤炭为燃料，将以石灰石为主料的混合物煅烧成以硅酸钙为主要成分的水泥熟料，能耗占整个工艺流程总能耗的 70%~80%；以回转窑为主要设备的煅烧过程中，煤炭燃烧、石灰石分解的碳排放量分别达到 390、425 千克/吨水泥，占整个生产过程碳排放的比重分别为 46% 和 54%，同时还产生大量二氧化硫、氮氧化物、烟（粉）尘、氟化物、汞及其他污染/有害化合物。

玻璃生产包括原料破碎与混合、原料熔融、玻璃成型、退火四个工艺环节，其中能源消耗和碳排放主要在原料熔融环节，能耗占全部工艺的 75%，我国玻璃生产主要以石油焦和煤气为燃料，占比达 21% 和 16%。

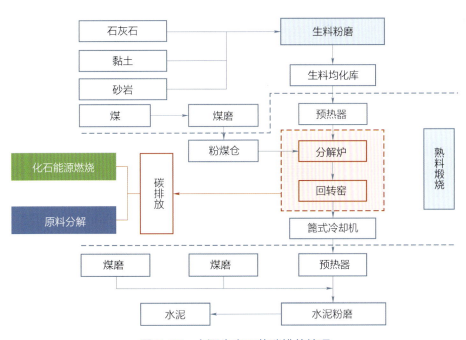

图 5.27　水泥生产工艺碳排放情况

图 5.28　建材工艺环节的能耗与碳排放结构

陶瓷生产包括原料配置与粉碎、泥浆制备、成型、干燥、施釉、烧成等环节，能源消耗和碳排放集中在干燥与烧成两个环节，约占陶瓷生产总能耗的 75% 以上。

2017 年，我国建材行业共消耗能源 3.6 亿吨标准煤，占终端能源消费量的 11%，其中煤炭、石油、天然气、电力消费分别为 2.5 亿、0.1 亿、0.1 亿、0.9 亿吨标准煤，占比分别为 70%、3%、3%、24%。

图 5.29　2017 年建材终端能源消费结构

2017 年建材行业共排放二氧化碳 7.6 亿吨，占能源活动碳排放的 8%，其中水泥、玻璃、陶瓷分别占建材行业碳排放的 75%、20% 和 5%。建材行业二氧化硫、氮氧化物、粉尘排放占工业污染物排放总量的 4%、3%、26%。

表 5.4　2017 年建材行业二氧化碳及污染物排放

类型	二氧化碳	二氧化硫	氮氧化物	烟（粉）尘
排放量	7.6 亿吨	59.4 万吨	34.6 万吨	322.2 万吨
占工业领域比重（%）	22	4	3	26

2 发展趋势

我国建材需求将逐步下降。 我国建材需求已超过发达国家峰值。2017 年，我国人均水泥产量已经达到 1.65 吨，是发达国家的 3~5 倍，是金砖国家的 6~7 倍。我国平板玻璃产量已达 4200 万吨，约占世界平板玻璃总产量的 47%，人均年产量已达 30.2 千克，是世界平均水平的 3 倍。我国人均瓷砖消费量达到 7.29 平方米，是美国的 9 倍。2014 年以来，随着供给侧结构性改革加速推进，水泥和陶瓷产销量逐步下降，年均下降 1% 和 3%。

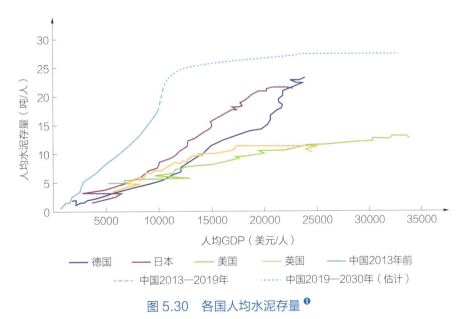

图 5.30　各国人均水泥存量 ❶

---

❶ 能源转型委员会，中国 2050：一个全面实现现代化国家的零碳图景。

分领域看，我国水泥消费主要集中在基础设施建设、房地产、工业、农业生产，占比分别为 30%、25%、15% 和 15%；平板玻璃消费主要集中在建筑装饰和汽车，占比分别为 75% 和 15%。

● **房地产**对建材需求的拉动力逐渐减弱。近年来国家和地方政府出台一系列房地产调控政策，不再将房地产作为短期刺激经济的手段，预计将放缓建材需求。

● **基础设施建设**成为近期水泥消费主体，但长远来看，水泥消费仍将下降。2017 年我国基础设施资本存量与 GDP 比值为 0.76，英国在 20 世纪 80 年代就已接近 2。我国铁路、公路人均里程分别约为美国的 12%、17%，只有七国集团国家均值的 15%、25%。预计 2030 年前，基建对水泥需求将持续稳定，但随着我国基础建设逐渐完善，未来需求将逐渐下降。

综上，预计到 2030、2050、2060 年，我国水泥需求将分别达 17 亿、15 亿、11 亿吨左右。如果延续现有发展模式，到 2030、2050、2060 年，建材行业化石能源消费总量将分别达到 2.4 亿、1.2 亿、0.9 亿吨标准煤，碳排放将分别达到 6.6 亿、3.3 亿、2.3 亿吨二氧化碳，影响碳达峰、碳中和目标实现。

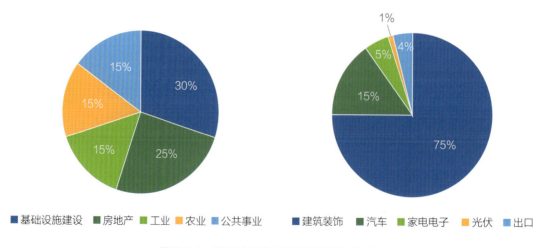

图 5.31　我国水泥和玻璃消费结构情况

5.4.2 目标与路径

以化石能源为主的能源消费结构、窑炉为中心的建材生产体系，是我国建材行业碳排放的根本原因。实现碳达峰、碳中和目标，建材行业**近中期**应重点加快推广新一代生产工艺，提高建材生产能效、降低能耗与碳排放；**长远看，**根本要靠加快电加热炉在结构设计、技术研发、耐火材料上取得进一步突破，替代高耗能、高排放的化石能源煅烧设备，形成以电为中心的建材生产格局。

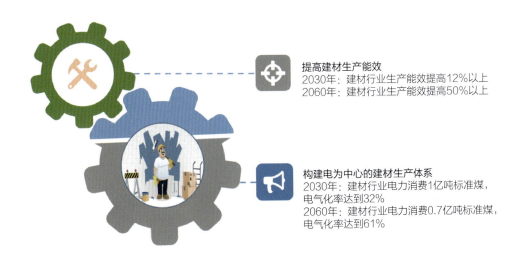

提高建材生产能效
2030年：建材行业生产能效提高12%以上
2060年：建材行业生产能效提高50%以上

构建电为中心的建材生产体系
2030年：建材行业电力消费1亿吨标准煤，电气化率达到32%
2060年：建材行业电力消费0.7亿吨标准煤，电气化率达到61%

图 5.32 建材行业脱碳方向与举措

碳减排目标

尽早达峰阶段

随着建材需求下降，建材生产能效提升与电能替代，建材行业碳排放将持续快速下降。预计到 2030 年，建材行业能源活动碳排放下降至 5.7 亿吨，年均降低 2.2%，较现有模式延续情景减排 0.9 亿吨。

快速减排阶段

以电为中心的建材生产格局基本形成，2050 年碳排放降至 0.7 亿吨，年均降低 11%，较现有模式延续情景减排 2.6 亿。

全面中和阶段

到 2060 年，碳排放进一步降至 0.5 亿吨，较现有模式延续情景减排 1.8 亿吨，其中电气化减排贡献 0.6 亿吨。基本实现碳中和，少量剩余碳排放主要来自 2040 年左右投产的化石能源窑炉。

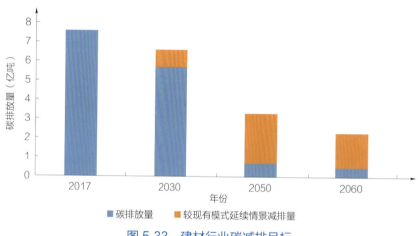

图 5.33 建材行业碳减排目标

化石能源退出路径

● **终端能消费总量逐步降低，** 2030 年终端能源消费 3.1 亿吨标准煤，年均降低 1%；到 2050、2060 年降低至 1.4 亿、1.2 亿吨标准煤。

● **煤炭消费持续下降，** 2030 年煤炭消费 1.8 亿吨标准煤，年均降低 2.6%；其后进入快速下降阶段，到 2050、2060 年均降至 0.1 亿吨标准煤。

电能替代路径

电气化生产线占比大幅提升,电力消费逐渐取代石油成为建材用能主体。

 电气化生产工艺逐渐成熟、经济性不断提升,部分替代化石能源生产线,电力消费达到 1 亿吨标准煤,电气化率达 32%;随着电气化工艺经济性优于化石能源,建材行业电气化率快速提升。

 电力消费 0.8 亿吨标准煤,电气化率达到 59%。

 电力消费 0.7 亿吨标准煤,电气化率达到 61%。

能效提升路径

通过研发新型建材生产工艺、淘汰建材落后产能等手段提升能效。

 建材行业能效提高 12%;电气化率持续提升进一步推动建材行业能效提升。

 建材行业能效提高 38% 以上。

 建材行业能效提高 50% 以上。

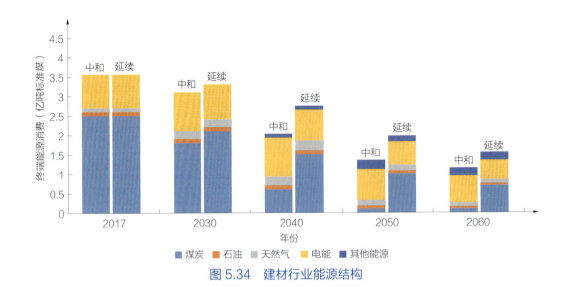

图 5.34　建材行业能源结构

表 5.5　建材行业能源消费及碳排放

建材行业	单位	2017 年	2030 年	2050 年	2060 年
能源消费总量		3.6	3.1	1.4	1.2
煤炭消费量		2.5	1.8	0.1	0.1
石油消费量		0.1	0.1	0.1	0.1
天然气消费量	亿吨 标准煤	0.1	0.2	0.1	0.1
电力消费量		0.9	1.0	0.8	0.7
其他能源消费量		0	0	0.3	0.2
电气化率	%	24	32	59	61
能源活动碳排放总量	亿吨	7.6	5.7	0.7	0.5

5.4.3　重点任务与举措

1　大力提升建材生产能效

（1）发展基础。

总体看，我国建材行业能源利用效率仍较低，与国际先进水平有一定差距。我国小型水泥生产线仍占较大比例，日产 2500 吨以下的生产线占比超过 18%，单位产量能耗高。据统计，日产 2000 吨生产线较 5000 吨生产线单位产量能耗高出 20% 以上。我国玻璃生产能耗较国际先进水平高 22%，熔融窑热效率低 15%，烟尘排放高 2～4 倍，平均生产规模小 24%，工艺改进、能效提高潜力巨大。

我国正在加快开展建材各产业新一代技术装备创新研发攻关，提高建材生产线各环节能效。自 2012 年起，中国建材联合会提出并组织开展了新型干法水泥和浮法玻璃技术装备研发，以进一步提高水泥、玻璃生产各项装备技术水平。2021 年 1 月，首条产量 7500 吨 / 天的新一代干法窑外预分解烧成工艺水泥生产线投入运行，其中 30% 的单项技术已达到国际领先水平。

（2）发展潜力。

新一代水泥生产工艺熟料烧成热耗将小于 640 大卡 / 千克，燃料替代率大于 40%，二氧化碳排放量降低 25% 以上，生产成本降低 15%～20%。新一代浮法玻璃工艺可降低能耗 15%～20%，提高热效率 60%～70%，降低污染物排放 30%～40%，降低成本 10%～15%，达到国际领先水平。大力推广新一代水泥、玻璃生产线，预计 2030 年覆盖率达到 35%，建材行业能效提升 15%；电气化率持续提升进一步推动建材行业能效提升，到 2050、2060 年，能效分别提高 38%、50% 以上。

表 5.6 新一代水泥、玻璃生产技术优势

新一代水泥生产技术		新一代玻璃生产技术	
熟料烧成热耗	小于 640 大卡 / 千克	能耗	降低 15%～20%
燃料替代率	大于 40%	热效率提高	提高 60%～70%
二氧化碳排放量	降低 25% 以上	污染物排放	降低 30%～40%
生产成本	降低 15%～20%	生产成本	降低 10%～15%

（3）重点举措。

开展新一代水泥、玻璃生产工艺研发。 从设计优化、工艺改革、装备提升、节能减排等方面开展技术攻关，打造信息化、智能化、数字化建材生产线，促进水泥生产效率不断提升。

加速淘汰建材落后产能。 加大对建材行业污染物排放监控力度，加快制定建材行业落后产能淘汰目录，推动建材生产节能减排。按照"等量置换，不新增产能"的原则，进行技术改造，淘汰落后产能；对污染物排放达不到要求、能耗超限额的生产线，实施限期整改，责令停业、关闭。积极推进建材企业联合重组，优化产能布局。

2 推动建材生产电气化

（1）发展基础。

电加热炉利用电磁感应原理加热，能够替代传统化石能源窑炉，实现建材生产零碳排放，并且具有工作温度、热效率高，易于调节温度，比传统窑炉更加稳定、可控等优点。经济性仍是制约电加热炉应用的最主要因素。

水泥 熟料煅烧环节所需温度约 1000～1450℃，采用金属、非金属发热元件的电加热温度分别可达 1000～1500℃、1500～1700℃，电加热水泥生产技

术可行。水泥电加热炉尚未商业实践，主要受限于电加热炉的经济性。电加热所需电能成本大约是煤炭、天然气等燃料成本的 1.5、1.3 倍。电加热炉采用的铁铝合金、镍铬合金等金属材料，以及碳化硅、二硅化钼等非金属材料，价格远高于回转窑内壁耐火材料，一次性投资大于回转窑炉。

玻璃电加热炉在深加工玻璃领域广泛应用，但在平板玻璃生产线还没有推广，主要也是由于电加热炉经济性较差。

陶瓷烧制过程中的温度需要在短时间内快速上升，电加热方式需要较大的输入功率、消耗大量的电能，技术要求高、经济性差，因此陶瓷电加热炉体积较小，仅够为陶艺爱好者提供小件烧制，无法实现商业化大规模应用。

（2）发展潜力。

类型	2030年	2050年	2060年
水泥电窑炉产量占比（%）	10	65	67
玻璃电熔炉产量占比（%）	27	69	71
陶瓷电窑炉产量占比（%）	18	68	70

图 5.35　建材行业电气化发展潜力

随着清洁能源发电成本快速下降，碳排放成本持续攀升，电加热炉在成本上将具有价格优势和清洁优势。预计 2035 年前，玻璃、水泥电加热炉成本将与化石能源加热窑炉成本相当，逐步实现商业应用。

到 2030 年 ▶ 水泥、玻璃、陶瓷电加热炉产量占比将分别达到 10%、27%、18%，较 2017 年新增电能消费 1100 亿千瓦时，替代化石能源消费 0.35 亿吨标准煤。

到 2050 年 ▶ 水泥、玻璃、陶瓷电加热炉产量占比将分别达到 65%、69%、68%，电能将成为建材行业能源消费主要形式。

到 2060 年 ▶ 水泥、玻璃、陶瓷电加热炉产量占比将分别达到 67%、71%、70%。

（3）重点举措。

提升新技术和装备经济性。 在电加热炉结构设计、技术研发、耐火材料上取得进一步突破，提升设备能源利用效率，加快提升水泥、玻璃电加热炉经济性，突破陶瓷电加热炉技术瓶颈，力争在 2030 年前实现大容量电加热炉的商业应用。

加快电加热炉推广应用。 通过提供改造服务、设备补贴、优惠电价等措施，逐步淘汰高耗能、高排放的化石能源煅烧设备，通过规模化发展进一步降低电加热炉等的设备成本。

6 交通领域脱碳

交通运输领域是我国第二大终端能源消费和碳排放领域，仅次于工业领域。交通领域碳排放方式众多、结构复杂，是脱碳难度最高的领域。近年来，科技的发展为交通领域带入了"百年一遇"的变革期，成为实现我国 2060 年前碳中和的巨大动力。电动汽车、氢燃料汽车等清洁技术飞速发展，人工智能、大数据技术在交通领域的快速应用，共享单车、自动驾驶等绿色出行方式的发展，为交通领域脱碳带来前所未有的机遇。

6.1　现状与趋势

改革开放以来，我国交通运输发展取得了巨大成就，高速铁路、公路、桥梁、港口、机场等基础设施规模、客货运输量及周转量均已位居世界前列。"五纵五横"综合运输大通道全面贯通，基本形成了由铁路、公路、水路、民航、管道等多种运输方式构成的综合交通基础设施网络。截至 2019 年年底，我国铁路、公路里程均居世界第二，港口数量居世界首位，全国私家车达 2.07 亿辆，近 5 年年均增长 1966 万辆，其中新能源汽车保有量达 381 万辆，占汽车总量的 1.9%。

6.1.1　能源消费和碳排放

交通运输领域是我国第二大能源消费与碳排放领域，也是最主要的石油消费领域。2017 年，我国交通领域终端用能 4.9 亿吨标准煤，占终端能源消费总量的 15%，其中石油占比高达 86%，占全国石油总消费的 52%，电气化率仅 4%。近 5 年来我国交通用能年均增速达 5%，油持续快速增长，严重影响我国碳达峰、碳中和目标的实现，还带来能源安全等问题。

公路运输　耗能最大的领域，能源消费量与石油消费量占交通领域总量比重分别达到 83% 和 82%。

水运与民航　　100% 以石油为燃料，能源消费占交通领域能源总量比重均为 7%。

铁路　　我国最清洁低碳的运输方式，电气化率达 65%，能源消费仅占交通领域总量的 3%。

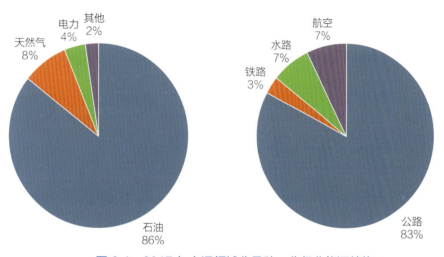

图 6.1　2017 年交通领域分品种、分行业能源结构

交通领域碳排放呈快速增长态势。 2017 年，交通领域碳排放量 8.6 亿吨，占能源活动碳排放的 9%，近五年年均增长率达到 5%。公路运输是交通领域碳排放的主要来源，占比达 84%，且机动车是空气污染物的主要来源。2019 年，全国机动车排放的一氧化碳、碳氢化合物、氮氧化物、颗粒物四项主要污染物分别为 771.6 万、189.2 万、635.6 万、7.4 万吨，分别占全体移动源❶排放总量的 98%、81%、56%、24%。近年来由于航空运输的高速发展，民航行业碳排放快速增长，占比从 2005 年的 4.1% 上升到 2018 年的 7.6%，碳排放从 0.2 亿吨增长到 0.65 亿吨。

---

❶ 包括飞机、船舶、火车、工程机械等所有移动载具。

6.1　现状与趋势

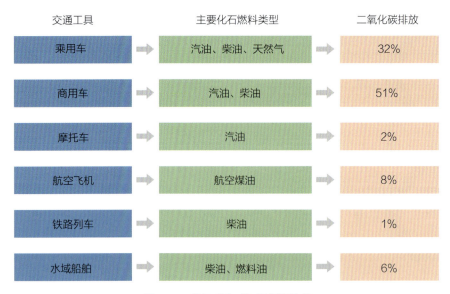

图 6.2　交通分行业碳排放结构

6.1.2　发展趋势

我国私家车数量将继续保持快速增长

我国处于工业化和城镇化中期向中后期发展的过渡期，2016 年汽车保有量居全球第二，仅次于美国，但千人汽车保有量仅不到美国的 1/5。随着我国居民收入提高、消费升级、城市化推进，预计到 2030 年，我国仍将是全球汽车销量增长最快的国家，汽车保有量将超过美国，达到 3.8 亿辆左右，千人汽车保有量将达到约 300 辆；到 2060 年我国汽车保有量将达到 4.8 亿辆左右，千人汽车保有量将达到约 360 辆。

货物运输需求逐渐由高速增长转向平稳

我国正处于工业化和城镇化进程中，2030 年前货运需求仍将保持每年 3%~5% 的中速增长。随着供给侧结构性改革持续深化，2030—2040 年我国将进入以科技进步和创新为重要支撑的新兴工业化发展阶段，工业品产量及货物运输量需求增速会放缓，货运需求增速将会降低，以年均 1%~2% 增速增长。2040 年后货物运输周转量将逐步达峰，并维持一个缓慢下降的趋势。

民用航空产业将迎来新一轮增长

随着中西部地区经济发展，人民生活水平提高、消费能力增强和对高价值、小批量、时效性强的货运需求快速攀升，航空需求将迅速增长。预计到 2030 年我国将取代美国成为全球最大的航空市场 [1]，我国的人均乘机次数将从现在的 0.3 次增长到 1 次以上，约为欧洲 2020 年平均水平。

随着我国出行、货运需求持续快速增长，如果延续现有模式，交通领域能源需求将持续快速增长，到 2030、2050、2060 年，化石能源消费总量将分别达到 7.8 亿、5.9 亿、4.4 亿吨标准煤，碳排放将分别达到 14.6 亿、11 亿、8.3 亿吨二氧化碳，影响碳达峰、碳中和目标实现。

表 6.1　2016 年汽车保有量和普及率对比 [2]

国家或地区	人口密度（人/平方千米）	总汽车保有量（万辆）	千人汽车保有量（辆）
中国	147	19306	140
美国	35	25840	800
德国	237	4690	572
日本	348	7506	591
韩国	526	1918	376
中国香港	6619	81	116
中国台湾	638	720	300

---

[1] 《华尔街日报》和《金融时报》。
[2] World Bank Open Data, The International Organization of Motor Vehicle Manufacturers (OICA).

6.2　目标与路径

　　以石油为主的能源消费结构、不合理的运输结构是我国交通领域碳排放居高不下的主要原因。交通领域脱碳的根本出路是加快"以电代油"，大力发展电动汽车，完善充电基础设施；加大对氢能及燃料电池的研发和产业化扶持力度，突破关键核心技术，加快示范应用；形成以电为中心，氢能、生物质能等多能互补的现代交通用能格局。优化交通运输结构，提升水运、铁路等绿色运输方式比重，促进城市公共交通发展，打造集约高效的交通运输结构。加快实现自动驾驶和车路协同关键技术突破，推广智慧共享交通方式，全面进入智能交通时代。

大力发展电气化交通
2030年：电动汽车保有量达到6000万辆，占汽车保有量的15.8%
2060年：电动汽车保有量达到4亿辆，占汽车保有量的83.3%

优化交通运输结构
2030年：全社会货物周转量中铁路、水运的占比达30%，公路占比降至45%
2060年：全社会货物周转量中铁路、水运的货运占比达40%，公路占比降至40%

积极发展氢能交通
2030年：氢燃料汽车保有量500万辆，加氢站达到1000座
2060年：氢燃料汽车保有量达到2500万辆，加氢站达到15000座

发展智能共享交通
2030年：自动驾驶汽车渗透率达到60%，共享出行比例占比达到20%
2060年：自动驾驶汽车渗透率达到100%，共享出行比例占比达到50%

图 6.3　交通领域脱碳方向与举措

碳减排目标

尽早达峰阶段

　　交通领域碳排放 2030 年达峰，峰值 11.5 亿吨，年均增速 2.3%，较现有模式延续情景下峰值低 2.7 亿吨。

快速减排阶段

　　新增交通运输需求完全由零碳交通方式满足，并逐步替代存量化石能源交通，2050 年碳排放降至 3.6 亿吨，年均降低 6%，较现有模式延续情景减排 7.4 亿吨。

全面中和阶段

　　绿色低碳交通方式基本形成，2060 年碳排放下降至 1.4 亿吨，剩余碳排放主要来自存量燃油汽车、航空、航海等领域，较现有模式延续情景减排 6.9 亿吨。其中，电气化减排贡献 4.3 亿吨，氢能发展减排贡献 2.1 亿吨。

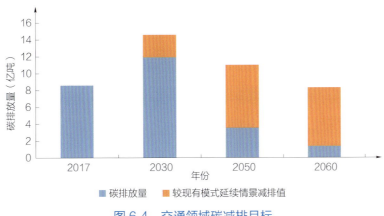

图 6.4　交通领域碳减排目标

化石能源退出路径

终端能源消费总量逐步降低

　　2030 年交通领域终端能源消费 7.6 亿吨标准煤，到 2050、2060 年分别降至约 4.9 亿、4.5 亿吨标准煤。

石油消费于 2030 年达峰

　　峰值为 5.8 亿吨标准煤，自 2020 年起年均增速 2.4%；随后进入快速下降阶段，2050、2060 年分别降至 1.7 亿、0.7 亿吨标准煤。

电能替代路径

电气化率持续快速提升，电力消费逐渐取代石油成为交通用能主体。

到 2030 年 ▶ 电动汽车保有量快速增至 6000 万辆，占全国汽车保有量的比重为 15.8%；电力消费达到 0.8 亿吨标准煤，电气化率 11%。

到 2050 年 ▶ 电动汽车成为汽车市场的主流选择，保有量达到 3.3 亿辆，占比提高至 71.7%；电能消费增加至 2.1 亿吨标准煤，电气化率提高全 42%，清洁电力取代石油成为最主要的交通用能方式。

到 2060 年 ▶ 电动汽车保有量达到 4 亿辆，占比达到 83.3%；电能消费增加至 2.3 亿吨标准煤，电气化率达到 51%。

氢能发展路径

受技术水平和经济影响，氢能尚未在交通领域大规模普及，预计 2030 年我国交通用氢规模约 0.2 亿吨标准煤。2030 年以后，随着氢能技术进步、产业发展、成本下降和加速减排要求，氢能快速发展，在燃料电池汽车、航空、航海领域广泛应用。到 2035 年氢燃料汽车购置成本与电动汽车相当，到 2050、2060 年，全国氢燃料汽车保有量达到 2000 万、2500 万辆，占全国汽车保有量比重约为 4% 和 5%[1]。到 2050 年我国交通用氢规模快速增加至 0.9 亿吨标准煤，2060 年达 1.3 亿吨标准煤，氢能占交通用能比重分别达到 18% 和 29%。

---

[1] 机构预测 2050 我国汽车保有量将达到 4.6 亿多辆，到 2060 年将达到 4.8 亿辆。

图 6.5 交通领域能源结构

能效提升路径

交通运输结构优化和电气化、智能化、共享化发展带动能效快速提升。

到 2030 年 ▶ 全社会货物周转量中铁路、水运的占比达 30%，公路占比从降至 45%，以公路为主的交通运输结构得到根本扭转；自动驾驶汽车渗透率将达到 60%，共享出行比例占比达到 30%。

到 2050、2060 年 ▶ 全社会货物周转量中铁路、水运的占比进一步提高至 37%、40%，公路占比分别降至 43%、40%，形成集约高效低碳的交通运输结构；自动驾驶技术全面覆盖，共享出行比例占比分别达到 40%、50%。

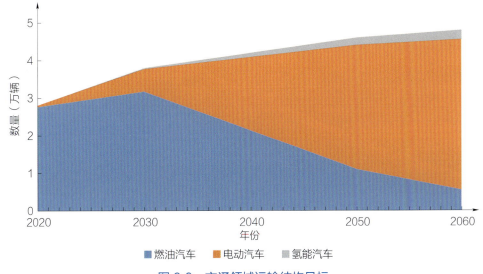

图 6.6 交通领域运输结构目标

表 6.2　交通领域能源消费及碳排放

交通领域	单位	2017 年	2030 年	2050 年	2060 年
能源消费总量	亿吨标准煤	4.9	7.6	4.9	4.5
石油消费量		4.2	5.8	1.7	0.7
天然气消费量		0.4	0.6	0.2	0.0
电力消费量		0.2	0.8	2.1	2.3
电气化率	%	4	11	42	51
能源活动碳排放总量	亿吨	8.6	11.5	3.6	1.4

6.3　重点任务与举措

　　交通运输减排的重点举措主要包括：形成"电为中心"的交通运输体系，构建绿色低碳、集约高效的交通运输结构，打造成熟的氢燃料电池汽车产业，全面进入智能交通时代。

6.3.1　大力发展电气化交通

1　发展基础

　　过去十年电动汽车在技术、成本和保有量方面取得了跨越式进步。

续航里程、充电速度、使用寿命等核心技术取得重大突破

　　2019 年纯电动乘用车平均续航里程已达到 361.9 千米，部分电动汽车已经达到续航里程 500 千米甚至更高；200 千米续航快速充电时间缩短到 0.5 小时至 1.5 小时，基本能够满足大众出行需求。

电动汽车经济性优势逐步显现

　　近十年锂电池平均价格从 6600 元 / 千瓦时下降至 950 元 / 千瓦时，极大地缩小了电动汽车与燃油汽车生产成本差距，加之电动汽车运行成本仅为燃油汽车的约 15%，已初步具备替代燃油汽车的经济性基础。

电动汽车保有量快速增长

　　2020 年电动汽车销售量为 90 万，截至 2020 年年底我国纯电动汽车保有量达 400 万辆，较 2014 年的 8 万辆增长 50 倍。2020 年我国充电桩保有量为 168.1 万，其中社区个人桩 87.4 万，公共充电桩 80.7 万台，较 2018 年 77.7 万的保有量翻了一番以上。

2 发展潜力

类型	2030年	2050年	2060年
交通领域电气化率（%）	11	42	51
电动汽车保有量（万）	6000	33000	40000
电动汽车保有量占比	15.7%	71.7%	83.3%

图 6.7 公路运输电气化发展潜力

尽早达峰阶段

电动汽车发展仍将以锂离子电池技术为主。随着锂离子电池技术的进一步发展，预计电动汽车续航里程 2030 年将能够超过 1000 千米，平均充电时间将缩短至半小时以内，解决电动汽车续航难题。电池成本将持续下降，预计 2025 年后电动汽车相较燃油汽车将具备生产成本优势。

快速减排阶段和全面中和阶段

锂金属固态电池、石墨烯固态电池等新型电池技术有望迎来历史性突破，将带动电动汽车产业迈入新的发展阶段，届时电动汽车续航里程有望突破数千千米，平均充电时间将缩短至 5 分钟，电池平均使用寿命将达到 15 年，电动汽车将完全满足各类用户多样化驾驶需求。

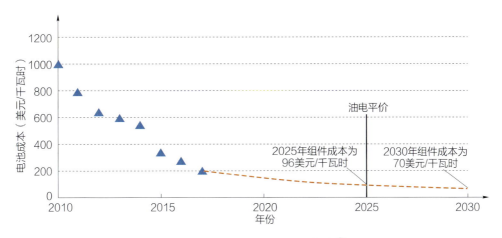

图 6.8 预测电池成本下降曲线 ❶

世界各主要国家已明确提出或计划提出禁售燃油汽车时间表，我国工信部于 2019 年明确提出将统筹研究制定燃油汽车退出时间表。2020 年，我国电动汽车保有量不足汽车保有量的 3%，电动汽车将迎来前所未有的大发展。

表 6.3 各国禁售燃油车时间表

类别	国家	禁售燃油车时间
已确定	法国	2040 年
	英国	2040 年
计划中	荷兰	2025 年
	挪威	2025 年
	德国	2030 年
	美国	2030 年
	印度	2030 年
	比利时	2030 年
	瑞士	2030 年
	瑞典	2030 年

❶ 资料来源：彭博新能源财经，《新能源汽车长期展望 2018》。

到 2030 年　全国汽车保有量将达到 3.8 亿辆，电动汽车成为汽车市场的主流选择，保有量达到 6000 万辆，占比达到 15.8%，公路领域电气化率达到 10%。车用汽、柴油消费量将在 2023 年左右达峰。

到 2050 年　新出售客运车辆全部为电动汽车，电动汽车保有量达 3.3 亿辆，占汽车总保有量的 71.7%；车用汽、柴油消费量将比峰值水平下降 82%。

到 2060 年　电动汽车保有量约 4 亿辆，占汽车总量的 83.3%。

3　重点举措

优化电动汽车产业链与产业集群发展

推动电动汽车整车、动力电池等零部件企业优化重组，提高产业集聚度。在产业基础好、创新要素集聚地区，发挥龙头企业带动作用，培育上下游协同创新、大中小企业融通发展、具有国际竞争力的新能源汽车产业集群。

推动充电基础设施网络建设

整体谋划电动汽车充换电基础设施布局，构建开放合作的产业生态，加大充电桩建设力度，加强地产、物业、停车场、充电运营商间的协同合作，形成适度超前、布局合理、功能完善的充换电基础设施体系。

完善报废电池处置体系

政府相关部门加快制定有关锂离子电池报废的指导方针与法律法规，推动锂离子电池在回收之前作为固定存储系统重复使用，通过回收与循环再利用有价值的阴极材料，有效降低电池寿命周期的碳强度，减轻报废电池对我国社会和环境造成的负担。

电动汽车与电网智能交互

随着电动汽车快速增加，电动汽车集群将成为不可忽视的储能电池设备，应利用电动汽车电池与电网进行智能交互，统筹电动汽车充放电与电力调度需求，通过优化管理降低电动汽车用电成本、提高电网调峰能力。加快电动汽车与气象、清洁能源电力预测预报系统之间信息共享与融合，提高与清洁能源的协同调动能力。

加快港口岸电与机场廊桥岸电发展

港口岸电与机场廊桥岸电可极大降低水路和航空运输的二氧化碳及污染物排放。我国港口岸电设施覆盖泊位比例达到约 81%❶，但由于经济性不足，使用率❷低于 7%；机场廊桥岸电建设发展相对较慢，仅浙江省等少数省份实现全覆盖。应持续扩大港口岸电与机场廊桥岸电工程覆盖范围，建立完善的港口与机场智能用电服务平台，实现载具与电网双向互动，推动岸电"以电代油"的新模式发展，对岸电使用方制定有力度、有针对性的激励措施，在 2030 年前实现港口岸电与机场廊桥岸电全覆盖，大幅提高岸电使用率。

---

❶ 根据《港口岸电布局方案》内五类泊位的岸电设施统计数据推测。
❷ 使用岸电的船舶占到全港靠泊艘次的比例。

6.3　重点任务与举措

6.3.2 积极发展氢能交通

1 发展基础

氢燃料电池以电制氢能代替化石能源为燃料，载能量大、续航里程长、清洁低碳、低温性能好，是交通领域低碳化高质量发展的重要方向。

受经济性制约，全球氢燃料电池汽车尚未大规模推广。燃料电池车的造价平均约为锂离子电动车的 1.5~2 倍，是燃油车的 3~4 倍，氢能源客车售价高达上百万元；清洁能源制氢成本超过 20 元 / 千克，氢能汽车的燃料成本也远高于汽柴油和电动汽车。截至 2019 年年底，我国氢燃料电池汽车的保有量超过 6500 辆，位居全球第二，仅次于美国。其中，燃料电池公交车和轻型卡车的保有量分别约为 4300 辆和 1800 辆。我国运营中的加氢站有 59 座，建设中的加氢站 53 座。

2 发展潜力

氢燃料电池汽车续航里程长、加注燃料方便，未来在长距离重载货运、航空、航海等领域发展潜力巨大，将成为交通领域脱碳的重要手段。随着清洁能源发电成本降低，电解水制氢成本有望不断降低，同时配套基础设施逐步完善，燃料电池规模化、产业化生产将推动氢燃料电池成本大幅下降。

我国氢燃料汽车保有量将超过 300 万辆，其中氢燃料电池商用车保有量有望达到 250 万辆，氢燃料电池乘用车保有量达到 50 万辆；氢燃料轮船技术成熟，开始大规模推广；交通领域氢能消费量达 2000 万吨标准煤，加氢站达到 1000 座。

氢燃料电池车的造价与电动汽车造价相近。氢燃料电池车保有量将达到 2000 万辆，其中重型载货车约 300 万辆，占重型货车总量比例达到 90%；全国加氢站达到 1 万座以上。

到 2060 年 ▶ 　氢燃料电池车保有量将达到 2500 万辆；交通领域氢能消费量达 1.3 亿吨标准煤，加氢站达到 1.5 万座。

类型	2030年	2050年	2060年
氢燃料汽车保有量（万）	300	2000	2500
交通领域氢能消费量（万吨标煤）	2000	9000	13000
加氢站（万座）	0.1	1	1.5

图 6.9　交通领域氢能发展潜力

3　重点举措

加强我国燃料电池汽车产业发展战略顶层设计。全球主要国家均高度重视氢能与燃料电池的发展，美国、日本、德国等发达国家已经将氢能上升到国家能源战略高度。2025 年前是我国燃料电池从技术研发转向大范围应用和市场培育的关键窗口期，应尽早从国家层面开展我国氢能产业发展战略研究，制定中长期氢能产业发展规划，明确发展路线图和里程碑，指引燃料电池行业良性有序发展，形成布局合理、各有侧重、协同推进的燃料电池汽车发展格局。

突破氢能及燃料电池关键核心技术。通过产学研联合的方式，不断加大对氢能及燃料电池的研发和产业化扶持力度，开展电堆、膜电极、质子交换膜等关键零部件、相关基础材料和整车核心技术研发创新，为我国燃料电池汽车产业高起点、高质量发展提供强有力的科技支撑。

构建市场化激励机制，加快示范应用。将可再生能源制氢及加氢站项目纳入减排项目范围，提升氢燃料电池汽车经济性，提高项目的投资吸引力；鼓励先行先试，以公交车、团体客车和城市物流车为重点，进行氢燃料电池汽车示范应用，形成燃料电池汽车产业国内循环。

6.3　重点任务与举措

6.3.3 优化交通运输结构

1 发展基础

我国客运和货运均以公路为主，能耗与碳排放相对较高。2017年我国公路运输占比高达49%，承担了大量矿建材料等大宗货物的中长距离运输，铁路运输占比仅为20%，管道运输占比为3%，远低于美国33%、18%的铁路运输和管道运输占比。同时，我国集装箱铁水联运的比例过低，全国重点港口集装箱铁路运输量占集装箱吞吐量比例不到3%，远低于美国的40%和印度的25%。

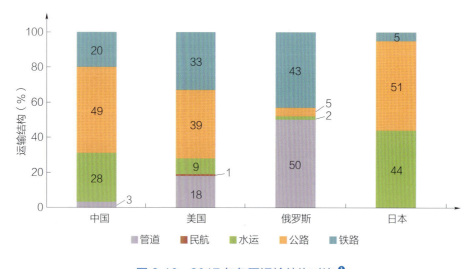

图6.10　2017年各国运输结构对比 [1]

我国城市公共交通出行分担率普遍低于40%，低于东京的51%和纽约的60.5%，公众的绿色出行方式尚未普遍形成。在城市公共交通基础设施方面，我国与发达国家相比还有较大差距。东京、纽约地铁网络的平均站间距分别约为1.07、0.89千米，而北京、上海、广州地铁网络的平均站间距则分别为1.67、1.61、1.57千米。

---

[1] 中国石油化工公司经济技术研究院，中国石油消费情景研究（2015—2050），中国石油消费总量控制和政策研究项目，2019。

图 6.11 我国城市客运碳排放情况

2 发展潜力

交通运输结构优化调整将有效提升各种运输方式的综合优势和组合效率，实现结构减排效应。

到 2030 年 ▶ 现代综合交通运输体系建设取得明显成效，绿色低碳的综合运输结构和出行服务体系基本形成。煤炭、矿石等大宗货物以铁路、水路运输为主的格局基本形成，基本实现"宜水则水、宜陆则陆、宜空则空"。全社会货物周转量中铁路、水运的占比达 30%，公路占比降至 45%。

到 2050 年 ▶ 绿色运输方式在综合交通运输体系中居于主导地位，各种运输方式的综合优势和组合效率显著提升。铁路、水运的货运占比达 37%，公路占比降至 43%。

到 2060 年 ▶ 全面建成资源节约、衔接高效的综合立体交通网。铁路、水运的货运占比达 40%，公路占比降至 40%。

3 重点举措

调整交通运输结构。建设低碳排放现代综合交通体系，加快提高水运、铁路等绿色运输方式比重，降低公路运输比重，中长距离货物运输主要依靠铁路、水路运输，减少公路大宗货物运输量。铁路尤其是高铁逐步成为 1200 千米及以下城际客运骨干，航空在 1200 千米及 1500 千米以上客运中发挥重要作用。

完善基础设施建设。提升货运铁路运输能力，加快完成蒙华、唐曹、水曹等货运铁路建设，提升沿海及内河港口大宗货物铁路集疏港比例。积极构建融合式一体化多式联运，推进以港口为枢纽的铁水联运等先进运输组织方式，充分挖掘铁路运输潜力。达到公铁水无缝衔接的效果。

构建多层次城市出行系统。推动轨道交通、公共交通逐步成为大中型城市公共交通最主要的方式，推动以共享单车为代表的慢行交通 [1] 系统建设。

6.3.4 发展智能共享交通

1 发展基础

随着新一代信息技术快速发展和在交通领域的应用范围不断拓展，自动驾驶汽车、车路协同、共享交通等新技术和新商业模式不断涌现。

自动驾驶汽车能够采用比人类驾驶更节能环保的最佳驾驶方式，降低能源消耗，最高可节约燃料 12%，提高道路通行能力约 21.6%~64.9% [2]。我国自动驾驶技术快速发展，推广应用条件基本具备。

车路协同实现人、车、路信息的全面感知和车辆与基础设施之间、车辆与车辆之间的智能协同和配合，通过对出行车辆的全局路线实时优化，提升车辆

---

[1] 步行、自行车等慢速出行方式作为城市交通的主体，引导居民采用"步行 + 公交"的出行方式来缓解交通拥堵现状，减少汽车尾气污染。

[2] 中国交通部门低碳排放战略途径研究。

通行效率、促进能效提升与碳排放降低。

共享交通方式能有效提高现有车辆设备使用效率，从而缓解交通拥堵、减少资源浪费。据统计，每一辆共享汽车的高效运行可减少 9~13 辆私家车上路行驶 **❶**，共享出行只需要 30% 的车辆即可满足所有私人出行需求。2019 年我国共享单车已覆盖 360 个城市，日均订单达 4700 万，低碳减排效果显著。以 2018 年杭州市为例，共享单车的使用降低石油消耗约 890 万升。

2 发展潜力

类型	2030年	2050年	2060年
自动驾驶渗透率（%）	60	100	100
共享出行比例（%）	20	40	50
共享单车日均使用量（万）	6000	8000	10000

图 6.12　交通领域智能化发展潜力

随着大数据、人工智能、物联网、云计算、北斗导航系统等现代信息技术在交通运输领域得到广泛应用，自动驾驶和车路协同技术将从商用车领域逐步推广到私家车领域，共享交通也将成为人们日常的出行方式。

到 2030 年 自动驾驶汽车渗透率将达到 60% 左右，交通运输共享化水平将明显提升，共享出行比例达到 20%，共享单车日均使用量 6000 万人次。

---

❶ 美国麻省理工学院教授 Carlo Ratti 研究的结果，http://www.chinaweekly.cn/8167.html.

到 2050 年 ▶ 交通运输电动化、智能化和共享化全面实现，汽车市场自动驾驶渗透率将达到 100%，共享出行比例达到 40%，共享单车日均使用量 8000 万人次。

到 2060 年 ▶ 共享出行比例达到 50%，共享单车日均使用量 1 亿人次。

3 重点举措

加快实现自动驾驶和车路协同关键技术突破。我国的车辆运行状态联网感知、车辆协同管控与智能驾驶服务等关键技术还不成熟，深度学习方法本身还存在短板，应加快先进传感器、高精地图等核心技术攻关，实现关键技术突破与更成熟的系统解决方案。

推广智慧共享交通方式。积极发展"网约车""自动驾驶＋共享汽车""顺风车"等共享交通方式，有效提高现有车辆设备使用效率、减少资源浪费。重点推进新能源汽车的共享使用，完善新能源汽车的分时租赁、网约车、综合出行服务等商业模式发展，满足个性化出行需求，形成低碳出行新模式。

7　建筑领域脱碳

建筑是我国第三大能源消费和碳排放领域，随着人民生活水平不断提高、城镇化快速推进和人口持续增加，未来我国建筑领域用能总量和碳排放规模将持续增加。在采暖、炊事等领域依赖化石能源，给自然资源和生态环境带来巨大压力。有生态美好才有生活幸福，绿水青山是新时代人民美好生活的"幸福标配"。实现 2060 年前碳中和，必须推动居民生活用能电气化，在采暖、炊事、生活热水等方面以清洁电代替化石能源；发展绿色节能建筑，推广使用节能智能家电，加快建筑物节能改造，广泛应用节能材料，共同建设天蓝地绿水清的美好家园。

7.1 现状与趋势

近年来，我国经济稳步发展，居民生活消费不断升级。同时，随着新型城镇化建设、城市群建设、区域协同等不断推进，大量人口从农村进入城市，带动刚性需求快速增长。2017 年，我国城镇人口数量达到 8.1 亿人，城镇居民户数从 2001 年的 1.56 亿户增长到 2.9 亿户；农村人口数量为 5.7 亿人，农村居民户数从 2001 年的 1.9 亿户降低到 1.5 亿户；城镇化率从 2001 年的 37.7% 增长到 58.5%。快速城镇化带动建筑规模不断扩大。2017 年，我国建筑面积约 591 亿平方米；2000 年以来，年均增速 3.4%，带动建筑采暖、炊事、生活、照明等能源消耗快速增长。

图 7.1　我国人口及城镇化率

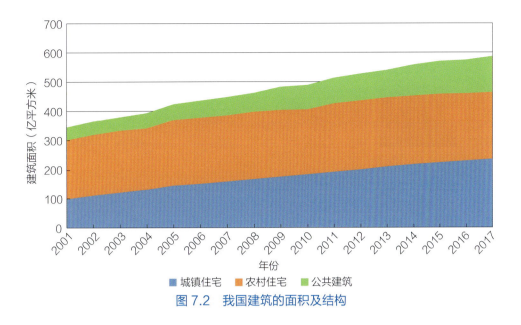

图 7.2　我国建筑的面积及结构

7.1.1　能源消费和碳排放

建筑领域用能需求主要来自供暖、炊事、生活热水、家用电器及照明等。2017 年，我国建筑领域能源消费共 6.1 亿吨标准煤，同比增长 5.2%，2007—2017 年年均增速达 5.1%。

分用能领域　采暖、炊事、生活热水、家电及照明耗能分别为 2.2 亿、0.7 亿、0.6 亿、1.5 亿吨标准煤，占比分别为 35%、12%、10%、25%。

分能源品种　电力、煤炭、石油、天然气消费分别为 2.3 亿、1.4 亿、1.0 亿、0.7 亿吨标准煤，占比分别为 38%、22%、17% 和 11%。

图 7.3　我国建筑领域用能主体、环节和类型

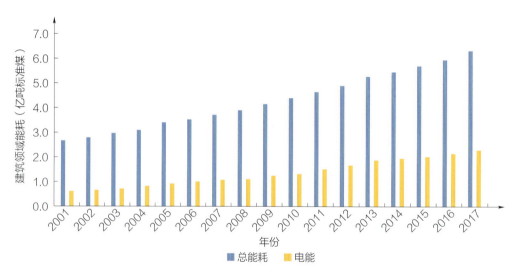

图 7.4　我国建筑领域能源消费和电能消费

　　2017 年，我国建筑领域**碳排放量**约为 7 亿吨二氧化碳。其中，由煤炭、石油、天然气产生的碳排放分别为 3.7 亿、2.3 亿、1.0 亿吨二氧化碳，分别占比53%、33%、14%。

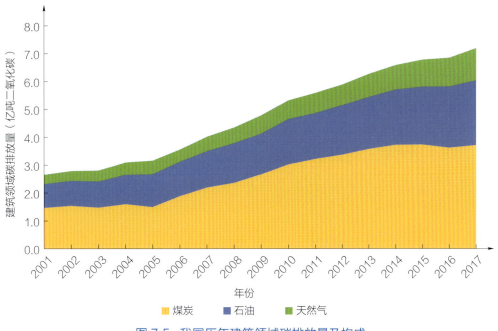

图 7.5　我国历年建筑领域碳排放量及构成

7.1.2　发展趋势

2017 年，我国城镇化率已达 58.5%，但相比发达国家 74% 的城镇化率平均水平仍有差距。我国建筑领域人均用能约 0.45 吨标准煤，而经合组织国家、美国、日本十年前人均用能已经达到 0.84、1.26、0.55 吨标准煤。预计，我国城镇化水平 2030 年将达到 70%，2050 年将达到 80%。随着我国城镇化发展和人民生活水平提升，我国建筑领域用能需求还将不断增长。

如果延续现有模式，建筑领域用能需求将在未来较长时间内保持增长，在 2050 年左右进入平台期。到 2030、2050、2060 年，建筑领域化石能源消费总量将分别达到 4.4 亿、3.9 亿、3.1 亿吨标准煤，碳排放量将分别达到 10.4 亿、8.6 亿、6.6 亿吨二氧化碳，影响碳达峰、碳中和目标实现。

7.2 目标与路径

在建筑领域，我国冬季采暖用煤比例高、炊事与生活热水用能中燃气占比高等是碳排放增加的主要原因。脱碳的根本出路是提高建筑采暖、炊事和生活热水领域的电气化水平；推广使用节能智能家电，加快建筑物节能改造，倡导和普及低碳生活方式，有效提高生活用能效率；加快建设零碳城市、建设美丽乡村、推广低碳文化，实现人民生活品质不断提升的同时有效减少碳排放。

① 推动居民生活电气化
2030年：电能消费量达4.1亿吨标准煤，电气化率达49%
2060年：电能消费量达7.9亿吨标准煤，电气化率达80%

② 发展绿色节能建筑
2030年：智能节能家电城市普及率达90%以上，楼宇改造工作完成率达60%以上，打造零碳建筑示范项目
2060年：人人享有智慧家庭生活，全面实现既有建筑节能改造和完成零碳建筑和社区建设

图 7.6　建筑领域碳减排方向与举措

碳减排目标

尽早达峰阶段

随着城镇化率的提升、居民生活改善，建筑领域碳排放仍将继续缓慢增长，预计 2035 年左右达峰，2030 年达到 7.2 亿吨，较现有模式延续情景减排 3.2 亿吨。

快速减排阶段

电采暖、电炊事、电热水器普及，太阳能采暖、太阳能热水器被广泛采用，清洁能源与电力在建筑领域全面替代化石能源的应用。2050 年，碳排放量降至 2.1 亿吨，年均降低 5.4%，较现有模式延续情景减排 6.5 亿吨。

全面中和阶段

到 2060 年，碳排放进一步降低至 0.2 亿吨，较现有模式延续情景减排 6.3 亿吨，电气化社会基本建成。

图 7.7 建筑领域碳减排目标

化石能源退出路径

我国建筑领域终端能源消费总量将于 2040 年达峰。2030 年终端能源消费 8.4 亿吨标准煤，到 2040 年终端能源消费达峰，峰值为 11.2 亿吨标准煤，年均增速 2.7%；随后进入逐步下降阶段，2050、2060 年分别降至 10.4 亿、9.8 亿吨标准煤。

天然气消费 2030 年达峰，煤炭、石油消费持续下降。2030 年煤炭、石油、天然气分别消费 0.8 亿、0.9 亿、1.7 亿吨标准煤；到 2050 年，化石能源消费均开始下降，分别降低至 0.1 亿、0.1 亿、1 亿吨标准煤；到 2060 年，建筑领域化石能源消费仅余天然气 0.2 亿吨标准煤，用于偏远地区炊事。

7.2 目标与路径

电能替代路径

到 2030 年　建筑领域电能消费达 4.1 亿吨标准煤，电气化率达到 49%，清洁电力取代化石能源成为最主要的建筑用能品种；热泵、蓄热式锅炉、太阳能采暖占比分别达到 15%、5%、5%，电炊具渗透率为 8%，电热水器逐步取代天然气热水器，渗透率达到 44%。

到 2050 年　建筑领域电能消费增加至 7.4 亿吨标准煤，电气化率达到 71%；电采暖、电炊具和电热水器渗透率分别达到 75%、33%、57%。

到 2060 年　建筑领域电能消费进一步增加至 7.9 亿吨标准煤，电气化率达到 80%；化石能源采暖被热泵、蓄热式锅炉、太阳能采暖全面取代，电采暖、电炊具、电热水器渗透率分别达到 85%、54%、67%，居民生活用能进入电气化时代。

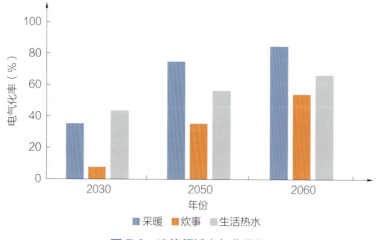

图 7.8　建筑领域电气化目标

图 7.9　建筑领域能源结构

表 7.1　建筑领域能源消费及碳排放

建筑领域	单位	2017 年	2030 年	2050 年	2060 年
能源消费总量	亿吨标准煤	6.1	8.4	10.4	9.8
煤炭消费量		1.4	0.8	0.1	0.0
石油消费量		1.0	0.9	0.1	0.0
天然气消费量		0.7	1.7	1.0	0.2
电力消费量		2.3	4.1	7.4	7.9
其他能源消费		0.4	1.0	1.8	1.8
电气化率	%	38	49	71	80
能源活动碳排放总量	亿吨二氧化碳	7.0	7.2	2.1	0.2

7.2　目标与路径

7.3 重点任务与举措

建筑领域减排以提升电气化率、提高能效、培育绿色低碳理念为主要方向，减排重点举措包括居民生活全面电气化、普及低碳节能建筑产品、建设零碳社会。

7.3.1 推动居民生活电气化

1 发展基础

2017 年，我国冬季城镇供热、炊事、生活热水领域用能分别达到 2.2 亿、0.7 亿、0.6 亿吨标准煤，总体电气化率 20%。其中，采暖用煤比例超过 60%；炊事能耗以燃气为主，占比达 55%，电气化率仅 7%；生活热水主要采用燃气、电、太阳能热水器，占比分别约 34%、52% 和 14%，电能替代空间巨大。采暖、炊事、生活热水等建筑领域用能电气化技术日趋成熟，用电成本持续下降，全面电气化条件具备。

2 发展潜力

供暖方面

热泵

通过电能驱动工质进行热力循环，能效比通常可以达到 200% 以上，具有高能效比、零碳排放的突出优势。2017 年，德国新建楼宇中热泵使用率达 37%，预计到 2021 年，有望提高到 50% 以上。热泵初始投资高于同级别供热能力的锅炉 30%~80%，运行成本是传统燃煤锅炉的 1~2 倍。由于热泵的经济性不足并对运行环境温度有一定要求，我国集中供暖热泵应用尚不足 1%。预计 2030 年前，热泵技术逐步成熟，可在 -10~0℃稳定运行，能效比提高到 300%；随着清洁能源发电成本降低，热泵经济性达到甚至超过燃煤供暖，可广泛应用于我国长江以南和气候条件较好地区，满足居民建筑、商业楼宇、公共建筑等新增供热需求。

蓄热式电锅炉

利用夜间低谷时段的电力，将电锅炉内蓄热体进行加热❶，以热能形式储存起来，在需要供暖时段再将热能释放出来用于供暖。蓄热式电锅炉运行时段低谷电价仅为高峰电价的 1/2～1/3，但目前的运行成本仍是燃煤锅炉的 3 倍，在我国应用比例不足 1%。预计当夜间低谷电价下降至 0.2 元/千瓦时，蓄热式电锅炉的运行成本将低于燃煤锅炉，能够广泛应用于居民社区、办公写字楼、宾馆、商场、医院、体育场馆、机场等大型建筑的采暖。

太阳能采暖

通过集热器把太阳能转换成热水，是清洁、高效的采暖方式，在欧洲应用比例已超过 20%。由于太阳能采暖对光热条件、集热器面积有较高要求，所需集热面积往往接近采暖面积，因此，太阳能采暖在太阳能资源丰富、地形条件较好、集热面积充裕的村镇、大型建筑、工厂、养殖温室等地区有较大发展潜力。

到 2030 年 采暖领域热泵、蓄热式锅炉、太阳能采暖、化石能源采暖占比分别达到 15%、5%、5% 和 65%。

到 2050 年 分别达到 35%、25%、18% 和 7%，电能采暖总占比达 75%。

到 2060 年 电采暖总占比将达到 85%，占据绝对主导地位。

---

❶ 一般水加热至 90℃，固体材料加热至 850℃以下。

表 7.2　供热 / 制冷系统初始造价比较

序号	供热 / 制冷系统	造价（元 / 平方米）
1	空气源热泵	200
2	地源热泵	233
3	水源热泵	167
4	燃煤 / 燃油 / 燃气锅炉	125/152/150
5	电锅炉	126

表 7.3　各种采暖方式运行成本比较 [1]

热源名称	热值	转化效率	单价	单位成本（元 / 吉焦）
燃煤	20.9 兆焦 / 千克	0.6	600 元 / 吨	47.7
燃油	41.9 兆焦 / 千克	0.8	7200 元 / 吨	202.2
天然气	33.5 兆焦 / 立方米	0.88	2.7 元 / 立方米	91.6
人工煤气	14.7 兆焦 / 千克	0.88	1.5 元 / 立方米	116.2
液化石油气	37.7 兆焦 / 千克	0.88	6000 元 / 吨	180.9
电热	3.6 兆焦 / 千瓦时	0.95~0.98	0.55 元 / 千瓦时	152.8
			0.82 元 / 千瓦时	227.8
热泵	3.6 兆焦 / 千瓦时	2~3.6	0.55 元 / 千瓦时	42.4~76.3
			0.82 元 / 千瓦时	63.3~113.9

[1] 庄兆意，胡可，苏莘博，等 . 各种能源采暖方式运行费用的估算方法与比较 [J]. 应用科技，2015, 42(2):79-82。

炊事方面

电火锅、电烤箱、电磁炉等电炊具的技术成熟、使用便捷、功能丰富、清洁低碳。以丹麦为代表的发达国家，已经实现炊事电气化率 100%，但我国炊事能耗以燃气为主，部分农村居民主要受烹饪习惯、电炊具技术、家庭电力功率等因素制约，炊事用能还依赖煤炭、薪柴、秸秆等，电气化率仅为 7%。

到 2030 年　电炊具渗透率提高到 8%。

到 2050 年　随着电炊具在大功率电加热方面关键技术突破和电价下降，电炊具渗透率将达 33%。

到 2060 年　电炊具渗透率达到 54%。

生活热水方面

主要采用燃气、电、太阳能热水器，电气化率为 52%。电热水器技术成熟，热效率高，目前的储水式电热水器占比已接近一半。但由于其储水箱体积大，使用前需要预热，便捷性不足。即热式电热水器因在加热速度、热水产出量等方面面临技术瓶颈，功率难以满足家庭恒温热水、长时间供水的需求。因此，燃气热水器在使用性能和便捷性方面仍然具备较强的竞争力。预计到 2030 年前，电热水器技术持续发展，突破即热加热技术瓶颈，能够为家庭提供足量、稳定、持续的热水。随着技术进步，电热水器成为家庭热水设备首选，取代燃气热水器，渗透率在 2060 年达到 63%。

清洁采暖方式及特点

热泵本质上是一种基于压缩机技术的热力循环系统，通过电能做功将低温热源中的热量转移到高温物体的设备，工作原理与空调相同。热泵工质在系统中进行热力学逆循环，实现热量在不同空间的转移。如果执行相反的热量传递过程，热泵也可实现制冷。

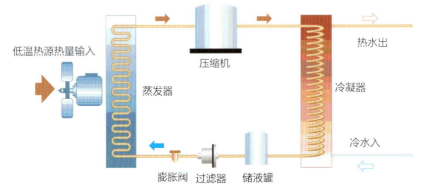

图 1　热泵工作原理

蓄热式电锅炉是一种新型的高效节能的采暖方式。蓄热式电锅炉在电网低谷时段开启电锅炉将水加热并储存在水箱中，在电网高峰时段关闭电锅炉，利用蓄热水箱中的热水采暖，达到全部使用低谷电力供热的目的。该设备充分利用低谷电储蓄能量，削峰填谷，节约电能，减少城市有害气体排放，是建筑领域脱碳的必然趋势。蓄热式电锅炉目前仅在我国个别商业建筑示范应用。

太阳能采暖是指将分散的太阳能通过太阳能集热器把太阳能转换成热能，热能加热水体，然后通过将热水输送到发热末端来提供建筑供热需求的一种采暖系统。我国太阳能采暖技术起步较晚，仍处于起步阶段，仅有办公楼太阳能采暖试验点。

天然气掺氢是适用于建筑领域的清洁低碳用能方式，可提高燃气热效率、有效降低碳排放，同时还能减少天然气消耗。国际能源署数据显示，全球共有 37 个示范项目正在研究天然气管道中掺氢，英国、德国、法国、澳大利亚和我国均积极开展天然气掺氢技术研发。2020 年 1 月，英国首个天然气掺氢比例达到 20% 的示范项目投入运行。荷兰和法国也在着手开展比例为 20% 的天然气掺氢实验，德国克兰克斯比尔地区 10% 的天然气掺氢项目，意大利南部萨勒诺省的 5% 天然气掺氢示范正在运行。我国首个电解制氢掺入天然气示范项目在燕山湖已进入试验阶段，目前掺氢定比为 10%。

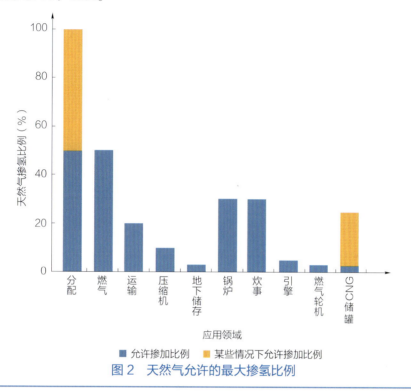

图 2　天然气允许的最大掺氢比例

3　重点举措

因地制宜，推广电采暖与清洁能源采暖

在燃气（热力）管网无法达到的老旧城区、城乡接合部、生态要求较高区域，广泛采用蓄热式电锅炉集中供暖方式为居民、商业建筑供暖。在刚性需求的北方地区和有采暖需求的长江沿线及以南地区，重点对燃气（热力）管网覆盖范围以外的学校、医院、办公楼等热负荷不连续的公共建筑，推广地热能电采暖、热泵采暖等方式。在农村地区，普及电暖气、太阳能采暖等分散电采暖，以低碳采暖方式逐步替代散煤采暖。在清洁能源富集地区，引导利用低谷富余清洁电力蓄能供暖，利用地热能、生物质能、太阳能等为居民和公共建筑提供热力服务。

7.3　重点任务与举措

推动电气化关键技术创新和电力基础设施建设

推动大功率、高性能电采暖、电炊具、电热水器技术与装备创新，突破影响设备热效率和稳定性的关键技术，适应和满足居民生活不同场景的用能需求。加强居民配电网"最后一公里"建设，提高配电网可靠性和智能性，满足居民生活大功率电器需求。

推动氢能在建筑领域脱碳过渡阶段的应用

推动对燃气设备进行掺氢改造，利用原有天然气管道、终端用能设备，逐步在天然气管道中掺一定比例氢能，有效降低碳排放，减少天然气资源消耗，实现碳减排。

7.3.2 发展绿色节能建筑

普及节能智能家电，定制智慧家庭。大数据、云计算、物联网等技术快速发展，推动节能智能家电推陈出新，不断提升家电的节能潜力。以智能液晶电视为例，自动亮度控制功能通过根据外部环境自动调节背光亮度，能节电20%～40%。应继续鼓励节能智能家电的研发和推广应用，对节能家电消费提供补贴、以旧换新、低息消费贷款等优惠政策，进一步推广节能智能家电设备。随着技术不断成熟，未来，家电将通过物联网实现远程操作、实时监控、多场景应用，可根据需求定制个性化智慧家庭。

城镇家庭普遍享有智能节能家电，城市普及率达90%以上；通过智能电器下乡、以旧换新等手段进一步提高农村家庭节能电器普及率。

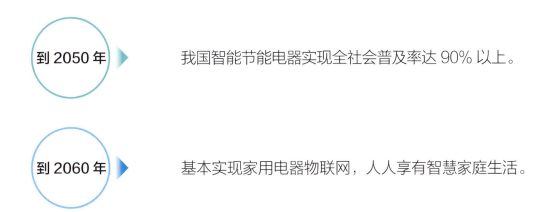

到 2050 年 ▶　我国智能节能电器实现全社会普及率达 90% 以上。

到 2060 年 ▶　基本实现家用电器物联网，人人享有智慧家庭生活。

加快楼宇节能改造，打造节能建筑。楼宇采用节能光源替代传统老式耗能光源可以节能 25%～35%；楼宇室内照明采用稳压或降压系统，灯具使用寿命可延长 7%，节能约 19%；加装楼宇保温系统，能够减少约 30% 的热损耗；采用变频节能系统，调整中央空调水泵工作效率，可以省电约 33%。我国应加强各级财政支持，建立科学市场机制，按照"谁分担、谁受益"的原则，引导企业、产权单位、受益居民共同参与，多渠道筹集资金，从大型公共建筑、医院着手，加快推动存量建筑节能改造。

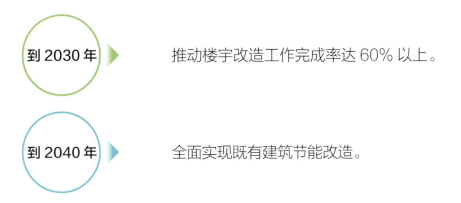

到 2030 年 ▶　推动楼宇改造工作完成率达 60% 以上。

到 2040 年 ▶　全面实现既有建筑节能改造。

广泛应用节能材料，打造零碳建筑。采用热反射玻璃、低辐射玻璃、吸热玻璃等节能材料代替传统玻璃，极大减少热量损失。韩国节能玻璃使用率高达 98%，欧盟国家使用率也达到了 70%～80%，而我国仅为 10%，差距巨大。应加大研发力度，不断提高节能材料性能，研发具有新型特定功能的节能建筑材料；建立以强制性比例使用节能玻璃、节能建筑材料的相关政策，推广节能材料应用。未来，新建建筑将充分收集利用雨水、太阳能、风能等清洁能源，依靠主动式设计，广泛采用节能环保材料，形成零碳建筑。

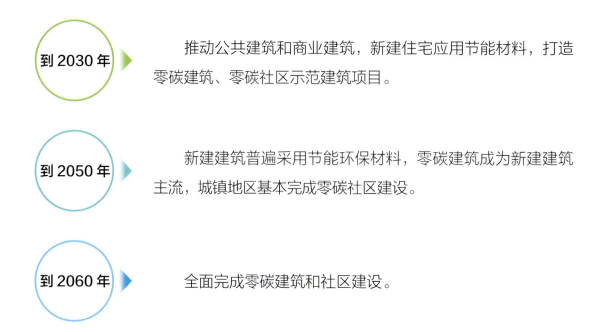

到 2030 年 ▶ 推动公共建筑和商业建筑，新建住宅应用节能材料，打造零碳建筑、零碳社区示范建筑项目。

到 2050 年 ▶ 新建建筑普遍采用节能环保材料，零碳建筑成为新建建筑主流，城镇地区基本完成零碳社区建设。

到 2060 年 ▶ 全面完成零碳建筑和社区建设。

8 关键技术与政策

碳中和目标是全局性、综合性、战略性目标。低碳和负碳技术是实现碳中和目标的关键，将碳达峰、碳中和目标纳入新时代社会主义现代化建设总体目标和总体战略，形成完善的制度体系和保障机制，并充分发挥市场的调节能力，是实现全社会碳中和目标的重要保障。中国能源互联网为新技术发展提供集成创新平台，为政策制定提供了切实抓手，为电—碳市场构建和运营提供了坚实基础。

8.1 零碳与负碳技术

零碳和负碳技术是实现碳中和目标的关键。中国能源互联网为低碳负碳技术发展提供集成创新平台。发挥我国在能源电力领域的优势，形成技术集成、系统综合、包容性强的关键技术体系，重点在清洁发电技术、电能替代技术、先进输电技术、储能及氢能技术、碳捕集封存与利用技术、负排放技术开展研发攻关和推广应用，争取重大创新突破，综合运用关键技术组合，挖掘更大减排潜力，支撑实现我国全社会及能源活动实现碳中和目标。

8.1.1 清洁发电技术

在能源系统减排方面，清洁发电相比化石能源更具竞争力。风电、光伏等发电成本将进一步下降，预计 2050、2060 年，清洁发电占比将分别达到 92%、97%，2060 年清洁发电量达到 16.5 万亿千瓦时。工业、交通、建筑领域太阳能直接利用、生物质能制热及氢能广泛利用可以大幅降低能源消费侧化石能源燃烧排放。到 2060 年，清洁替代累积减排贡献达 52%。

1 光伏发电

技术特点： 光伏发电是利用半导体的光生伏特效应将光能直接转变为电能的一种技术，也是进步最快、发展潜力最大的清洁能源发电技术。按照太阳能电池的技术路线可分为晶硅电池和薄膜电池两大类。晶硅电池组件的转换效率达到 24.4%，薄膜电池组件的转换效率达到 19.2%。❶ 截至 2019 年年底，我国光伏发电装机 2.37 亿千瓦，占总装机容量的比重为 11%。2009—2019 年，全球光伏发电的平均度电成本已从 2.5 元 / 千瓦时大幅下降到 0.38 元 / 千瓦时。❷

发展趋势： 提高光伏电池转换效率是未来发展的重点。其中，降低光损失、载流子复合损失和串并联电阻损失是提高电池转换效率的重要攻关方向，研究制造新型多 PN 结层叠电池，是突破单结电池效率极限的关键。

- **预计到 2030 年，** 晶硅电池组件转换效率有望达到 26.1%，铜铟镓硒薄膜电池组件转换效率有望达到 21%；新型多 PN 结层叠电池有望实现商业化，组件的转换效率达到 30%。光伏发电规模化开发的平均度电成本预计将降至 0.15 元 / 千瓦时。

- **预计到 2050、2060 年，** 新型多 PN 结层叠电池将得到广泛应用，组件的转换效率有望达到 35%、37%。光伏发电规模化开发的平均度电成本有望降至 0.1、0.07 元 / 千瓦时。

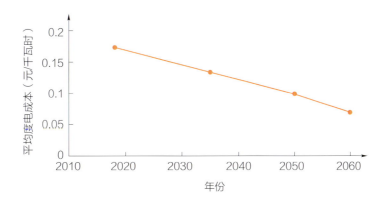

图 8.1　光伏发电度电成本预测

❶ Green M A , Ewan D. Dunlop , Dean H. Levi , et al. Solar cell efficiency tables (version 55). Progress in Photovoltaics Research & Applications, 2019, 21(5):565-576.
❷ 彭博新能源财经（BNEF）. 1H2020 Solar PV LCOE UPDATE[R]NewYork: BNEF, 2019。

腾格里沙漠光伏电站案例

截至 2017 年年底，我国腾格里沙漠太阳能电站是全球最大的光伏电站，总装机容量为 154.7 万千瓦。该电站将光伏发电和沙漠治理、节水农业相结合，开创了全世界沙漠光伏并网电站的成功先河，对于当地治理沙漠环境和发展新能源产业都有十分重要的意义，具有良好的经济、环境和社会效益。

图 1　腾格里沙漠光伏电站

2　光热发电

技术特点： 光热发电技术是通过反射太阳光到集热器进行太阳能的采集，再通过换热装置产生高压过热蒸汽来驱动汽轮机进行发电，实现"光—热—电"的转化。光热电站按照集热方式不同，主要可分为槽式、塔式、碟式和线性菲涅尔式四种。槽式光热电站主要采用水或导热油为传热工质，系统运行温度在 230~430℃；塔式光热电站主要采用熔融盐传热，温度在 375~565℃。截至 2019 年年底，我国光热装机容量约 45 万千瓦。全球光热电站的平均度电成本还较高，约为 1.33 元/千瓦时[1]，我国光热电站的平均度电成本约为 0.97 元/千瓦时。

---

[1] International Renewable Energy Agency. Renewable power generation costs in 2018. Abu Dhabi: IRENA, 2019.

发展趋势：提高光热电站的运行温度和转化效率是未来发展的重点。其中，改进和创新集热场的反射镜和跟踪方式、研发新型硅油、液态金属、固体颗粒、热空气等新型传热介质、研发超临界二氧化碳布雷顿循环等新型发电技术是重要攻关方向。

- **预计到 2030 年，**光热电站传热及发电环节工作温度超过 600℃，储热效率提高到 90% 左右，发电效率达到 50%；平均度电成本有望降至 0.56 元 / 千瓦时。

- **预计到 2050、2060 年，**光热电站传热及发电环节工作温度达到 800、900℃，储热效率提高到 95% 以上，发电环节采用超临界二氧化碳布雷顿循环发电技术，发电效率约达 65%；平均度电成本有望降至 0.33、0.3 元 / 千瓦时。

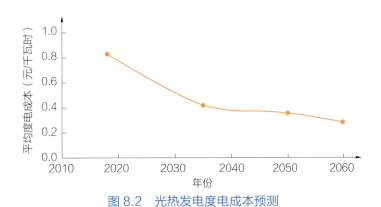

图 8.2　光热发电度电成本预测

首航节能敦煌光热电站案例

敦煌光热电站位于敦煌市西南，项目占地8万平方米，镜场的面积140万平方米，共装有1.2万面定日镜；储热环节采用熔盐储热，储热时间为11小时；发电装机容量为10万千瓦，年发电量约是3.9亿千瓦时。该工程于2018年12月正式并网投运。

图1　首航节能敦煌光热电站

3　风力发电

技术特点：风力发电是将风的动能转化为电能的技术，是未来最具规模化开发应用前景的清洁发电技术之一。风力发电技术经历了数十年的发展，技术和装备正日趋成熟。全球陆上风机的平均单机装机容量为2600千瓦，平均风轮直径达110.4米；全球海上风机的平均单机装机容量为5500千瓦，平均风轮直径达148米[1]。截至2020年年底，我国风电装机容量约2.8亿千瓦。风力发电成本下降迅速，全球陆上风电平均度电成本为0.33元/千瓦时，海上风电平均成本0.55元/千瓦时[2]。

---

[1] International Renewable Energy Agency. Innovation outlook offshore wind[R]. Abu Dhabi: IRENA, 2016.

[2] 彭博新能源财经（BNEF）: 1H2020 WIND LCOE UPDATE[R]NewYork: BNEF, 2019。

发展趋势： 未来，提升风电单机容量和效率、大规模开发海上和极地风电、提升机组电网友好性是风电技术的主要发展方向。其中，叶片结构设计、新型叶片材料研发、海上风机基础结构选择和结构模态分析、载荷计算和疲劳分析、风机抗低温运行技术、叶片除冰技术等是重要攻关方向。

- **预计到 2030 年，** 陆上风机平均风轮直径有望达到 150 米，平均单机容量超过 0.4 万千瓦；海上风机平均风轮直径有望达到 200 米，平均单机容量超过 1 万千瓦。陆上风电平均度电成本有望降至 0.25 元 / 千瓦时，海上风电有望降至 0.6 元 / 千瓦时。

- **预计到 2050、2060 年，** 我国陆上风机平均风轮直径有望达到 220、230 米，平均单机容量超过 1.2 万、1.5 万千瓦；海上风机平均风轮直径有望达到 250 米，平均单机容量超过 2 万、2.5 万千瓦。我国陆上风电平均度电成本有望降至 0.17、0.15 元 / 千瓦时，海上风电有望降至 0.37、0.3 元 / 千瓦时。

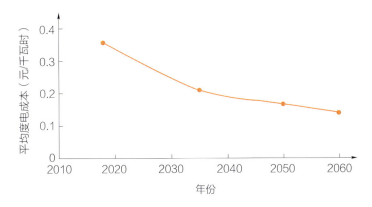

图 8.3 陆上风电度电成本预测

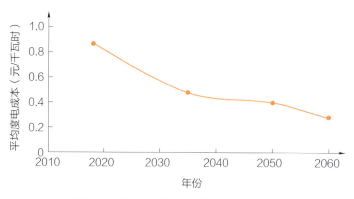

图 8.4　海上风电度电成本预测

4 水电

技术特点：水力发电是将水体所蕴含的机械能转化为电能的技术。经历超过百年的发展和应用，水电已经成为最成熟的可再生能源发电技术。全球已投运的最大混流式水轮机单机容量达到 77 万千瓦，采用 100 万千瓦单机的我国白鹤滩水电项目正在建设；冲击式水轮机组最大单机容量达到 42.3 万千瓦，最高水头达到 1869 米；可逆式水轮机组的最大单机容量达到 48 万千瓦，最高扬程达到 778 米，最高转速达到 500 转 / 分。截至 2020 年年底，我国水电装机达到 3.7 亿千瓦。水力发电经济性较好，全球水电平均度电成本在 0.25~0.5 元 / 千瓦时，低于风电和光伏的平均水平。

发展趋势：未来，应用最为广泛的大型混流式水轮机，用于高水头水电资源开发的冲击式水轮机和用于电力系统调峰的变频调速抽蓄机组的设计、研发和制造技术是发展重点。其中，水力设计、稳定性研究、电磁设计和结构优化、推力轴承制造和水电机组控制等方面是重要的攻关方向。

● **预计到 2030 年，**大型混流式水轮发电机组有望实现单机容量达 107 万千瓦，最高水头为 670 米；冲击式水轮发电机组，有望实现单机容量达 54 万千瓦，最高水头为 1950 米；变频调速抽蓄机组有望实现单机容量达 53 万千瓦，最高扬程为 860 米，转速为 570 转 / 分。

● **预计到 2050 年，**大型混流式水轮发电机组有望实现单机容量达 150 万千瓦，最高水头为 800 米；冲击式水轮发电机组，有望实现单机容量达 80 万千瓦，最高水头为 2200 米；变频调速抽蓄机组有望实现单机容量达 75 万千瓦，最高扬程为 1000 米，转速为 700 转 / 分。考虑到技术进步装备成本下降、水电资源开发条件日趋复杂的多重因素作用，预计度电成本将稳定在 0.3~0.5 元 / 千瓦时范围或小幅上涨。

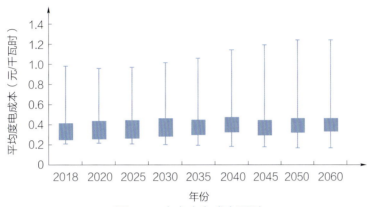

图 8.5　水电度电成本预测

5 核电

技术特点：核能发电技术是利用发应堆中自持链式裂变反应释放的热能发电的技术。截至 2019 年年底，我国核电装机达到 4874 万千瓦，占总装机容量的比重为 2.4%。我国核电已形成"三代为主、四代为辅"的发展格局。三代核电部署了较完备的规避和缓解严重事故后果的措施，设计安全性能有明显提高。根据彭博数据，我国核电价格处于全球最低水平。2018 年，核电价格仅为 0.47~0.57 元 / 千瓦时。[1]

发展趋势：在保障安全的前提下，提高核电效率和灵活性是未来发展的重点。其中，研发快堆配套的燃料循环技术，解决核燃料增殖与高水平放射性废物嬗变问题；模块化小堆方面，积极发展小型模块化压水堆、高温气冷堆、铅冷快堆等堆型是重要攻关方向。

---

[1] Bloomberg NEF。

- **预计到 2030 年,**实现第三代核电优化,核电安全保障进一步提升;钠冷快堆等部分第四代核电成熟,投入商业运行;多用途模块化小堆核电逐步成熟;核燃料循环技术逐步发展。

- **预计到 2050、2060 年,**实现核能高效、灵活应用;掌握核燃料循环关键技术,并建立起较完整的核燃料循环体系;突破聚变能利用的关键材料、燃料循环等诸多技术挑战。在可控核聚变方面,深入参与国际热核聚变实验堆计划,全面掌握聚变实验堆技术,积极推进我国聚变工程试验堆设计与研发,逐步实现聚变能的安全可控利用。

8.1.2 电能替代技术

电能替代是实现能源消费高效化的基本趋势,促进全行业减排。到 2060 年,电能替代累积减排贡献达 28%。终端能源消费由煤、油、气等向电为中心转变,电力逐渐成为终端能源消费核心载体。2060 年,化石能源占终端能源消费比重降至 11%,全社会用电量增至 17 万亿千瓦时,占终端能源消费比重 66%。

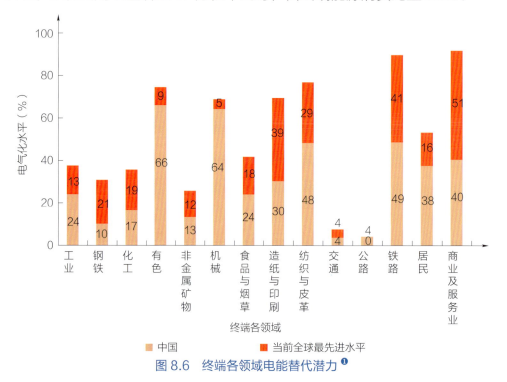

图 8.6 终端各领域电能替代潜力 ❶

---

❶ IEA, World Energy Balances, 2018.

能源密集型行业、交通电气化、建筑领域电能替代潜力显著。电力消费主要集中在工业领域。2017 年，我国工业领域电能消费占全社会用电量的比重为67%。工业领域电气化率约 24%，相比于全球先进水平低 13 个百分点；其中，能源密集型行业有色和非金属矿物行业有 10 个百分点的提升空间，钢铁行业、化工行业、食品与烟草行业电能消费占比均有近 20 个百分点的提升空间；造纸与印刷行业、纺织与皮革有 30 个百分点的提升空间。交通运输领域仍以燃油消费为主，电气化水平只有 4% 左右，电动汽车、氢燃料电池汽车、电气化铁路发展均具有显著提升空间；其中，当前电气化铁路相对于全球先进水平仍有超过 40 个百分点的提升空间。

1　工业电气化

（1）钢铁行业。

技术特点：电炉炼钢以废钢作为主要原料，将废钢经简单加工破碎或剪切、打包后装入电弧炉中利用电能所产生的热量来熔炼废钢，从而得到合格钢水。通过电炉炼钢替代转炉炼钢，实现电能对煤焦资源的替代，能够缩短钢铁生产工序、节约炼钢能耗，有效减少温室气体及大气污染物排放。电炉炼钢**产量增长快，具有较大电能替代空间**。2017、2018、2019 年，电炉炼钢新增产能分别为 2500 万、2044 万吨和 1500 万吨，共计新增产能超过 6000 万吨，而高炉炼钢新增产能总和为 3070 万吨，仅占电炉炼钢新增产能的 51%。

图 8.7　我国新增电炉产能与高炉产能对比 ❶

发展趋势： 电炉炼钢发展条件成熟、节能环保。我国人均钢铁存量已达 8 吨左右，接近发达国家水平 ❷，进入废钢循环利用的重要阶段。废钢供给大量释放，能够促使废钢价格降至合理区间，提升电炼钢竞争力及市场份额。电炼钢工艺节能环保，吨钢节约铁矿石 1.65 吨、能源 350 千克标准煤，降低二氧化碳排放 1.6 吨，减少固体废弃物排放 4.3 吨。

（2）建材行业。

技术特点： 在水泥生产环节中，有近 50% 的碳排放来自熟料煅烧过程中煤炭等化石燃料的燃烧。通过电加热炉在水泥、玻璃等非金属建材生产环节的普及，能够大幅提升建材领域电气化率，降低碳排放强度，减少温室气体及大气污染物排放。利用电能加热技术成熟，采用金属发热元件的最高工作温度可达 1000~1500℃，非金属发热元件的最高工作温度可达 1500~1700℃，水泥熟料煅烧环节所需温度约 1000~1450℃，采用电加热进行水泥生产理论上具有可行性。❸

---

❶ Mysteel。

❷ 国外电炉炼钢大国中，美国人均钢铁积蓄量稳定在 8.8 吨左右，英国为 7.6 吨，日本为 10.5 吨。

❸ 同继锋，马眷荣，绿色建材，北京：化学工业出版社，2015。

发展趋势： 电熔炉型因为其垂直深层结构可以阻隔氟、铅、硼、硒与空气接触，减少了原料中部分昂贵氧化物的飞散与挥发，能够节约原料成本。未来，玻璃电熔技术的普及，将进一步促进玻璃生产行业的电能替代；进行水泥窑电气化改造，突破现阶段回转窑加热方式的技术限制，或者对水泥窑进行结构上的设计改造，能够大幅提高水泥电加热炉的产量。

（3）其他工业行业。

电能在有色金属、化工、食品烟草、造纸和纺织等行业具有应用潜力。通过发展并普及相关技术，能够充分挖掘工业领域电能替代潜力，提升能源使用效率，促进工业领域进一步实现碳排放减缓。

通过大力发展湿法冶炼技术，能够推动形成以湿法冶炼为主的有色金属生产格局，以工艺升级促进电能替代，并在煅烧、焙烧等加热环节推动电加热替代化石能源加热，逐步实现行业生产清洁化、电气化。

通过工艺流程改进，推动加热环节从蒸汽供热向直接电加热过渡，减少用能转换环节，提升效率和经济性，提高化工行业技术含量与自动化水平。

充分发挥电热泵、电蒸汽发生器、电导热油炉等加热设备的技术优势，在生产加热环节实现电能替代。

通过优先推进固定式机械电能替代，持续扩大电能替代规模，并鼓励移动式机械设备向电气化发展，激发移动式动力机械电能替代潜力。

2 交通电气化

（1）电动汽车。

技术特点： 电动汽车指以车载电源为动力、以电动机驱动行驶的车辆，主要包括纯电动汽车和插电式混合动力汽车，是交通领域实现电能替代的主要方式。全球电动汽车发展正处于高速增长阶段，主要应用于载客及小型载货汽车。2019 年，全球电动汽车[1] 销量超过 210 万辆，同比增长 6%，占汽车总销量的 2.6%；保有量突破 720 万辆，在汽车总保有量中的占比已达 1%。我国电动汽车发展居世界前列。2019 年，我国电动汽车销量超过 106 万辆，与 2018 年持平，占当年全球销量的一半。2019 年，我国电动汽车保有量突破 334 万辆，占全球总量的 47%。近年来，小型载货汽车也逐步走向电气化。2019 年，我国载货电动汽车保有量达 25 万辆。[2]

图 8.8　我国电动汽车保有量及增长率

发展趋势： 动力电池是电动汽车的"心脏"。2010 年以来，动力电池价格已下降 80%，电池能量密度提升超过 3 倍。未来，动力电池价格将不断下

---

[1] 该处电动汽车特指电动乘用车。
[2] IEA, Global EV Outlook 2020, 2020.

降，能量密度不断上升。《节能与新能源汽车技术路线图》对动力电池规划为：2020、2025、2030 年，电池单体能量密度将分别提高至 350、400、500 瓦时 / 千克，成本分别降至 0.6、0.5、0.4 元 / 瓦时。[1] 预计到 2022 年，纯电动汽车将与燃油汽车实现购置平价，电动汽车将加速替代燃油汽车成为主导车型。

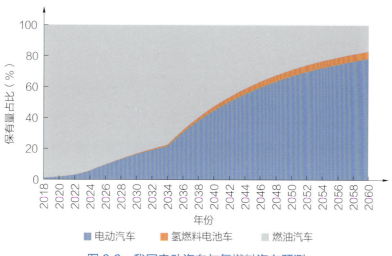

图 8.9　我国电动汽车与氢燃料汽车预测

（2）氢燃料电池车。

图 8.10　我国氢燃料电池汽车产量[2]

---

❶ 恒大研究院，全球动力电池竞争报告：2019。
❷《电动汽车观察家》根据整车出厂合格证数统计。

8.1　零碳与负碳技术

技术特点： 我国氢燃料电池汽车产量逐年走高，车型以大型客车和货车为主。氢燃料电池汽车正逐步进入市场化推广阶段，多数国家已将发展氢能定位成其能源政策的重要补充。2019 年，全球氢燃料电池汽车销量为 1.235 万辆，总保有量达 25210 辆，相较 2018 年大约翻了一番[1]。我国氢燃料电池车型几乎全部为公交车和货运车。其中，氢燃料电池车公交车保有量从 2018 年的 3400 辆增加到 2019 年的 4300 辆，占全球的 97%；氢燃料电池车货运车保有量从 2018 年的 1300 辆增加到 2019 年的 1800 辆，占全球的 98%，占据绝对主导地位。

发展趋势： 燃料电池电堆功率密度、寿命、冷启动等关键技术与成本瓶颈已逐步取得突破，国际先进水平电堆功率已达到 3.1 千瓦 / 升，乘用车系统使用寿命普遍达到 5000 小时，商用车达到 2 万小时，车用燃料电池系统的发动机成本相比于 21 世纪初下降 80%~95%。预计 2050 年，我国燃料电池系统的体积功率密度将达到 6.5 千瓦 / 升，乘用车系统寿命将超过 1 万小时，商用车将达到 3 万小时。低温启动温度将降到 -40℃，系统成本将降至 300 元 / 千瓦。[2]

图 8.11　重型载货汽车中氢燃料电池汽车发展趋势

---

[1] 国际能源署，全球氢能进展报告，2020。
[2] 中国氢能联盟，中国氢能源及燃料电池产业白皮书，2019。

（3）其他交通技术。

技术特点： 其他交通领域通过电能和氢能等低碳燃料替代实现领域深度减排。电动飞机技术已取得突破性进展。2019 年，全球第一台商用全自动 9 座客机在巴黎航展上展出，航程可达 1000 千米；2008 年，波音公司成功试飞一架小型燃料电池飞机；2016 年，德国成功测试采用零排放混合燃料电池的 4 人座飞机。电动船舶技术快速发展，2018 年，世界首艘 2000 吨级新能源电动船在广州吊装下水，续航能力 80 千米；根据国际能源署预计，2030 年前，将实现大型氢燃料电池船舶商业化投运。❶

应用潜力： 通过推进船舶岸电和机场桥载电源工程建设，推动电动船舶、电动飞机技术研发与产业培育，实现交通领域深度减排。2035、2050 年分别新增电量消费 3000 亿、1.4 万亿千瓦时，各替代燃油消费 9000 万、3.8 亿吨标准煤。❷ 到 2050 年，超过三分之二的航运运输将通过电能和氢能推动。

3　建筑电气化

（1）电采暖与电制冷。

电采暖与制冷是建筑领域实现电能替代的主要方式，通过电热泵、空调的普及，能够大幅提升建筑领域电气化率，提高能源利用效率，降低建筑领域用能成本，减少温室气体及大气污染物排放。

---

❶ IEA, Energy Technology Perspectives 2020, 2020.
❷ 全球能源互联网发展合作组织，新发展理念的中国能源变革转型研究，2020。

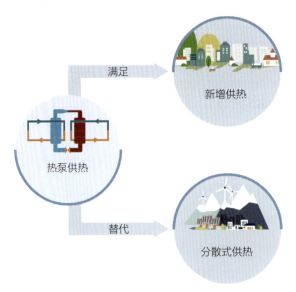

图 8.12　热泵应用示意图

技术特点： 采暖电能替代潜力巨大。采暖能耗在建筑领域能耗中所占比重通常超过三分之一，采暖能源主要来自煤、天然气和生物质能，供热方式以热电联产、燃煤或燃气锅炉为主，未来随着燃煤的逐渐退出，亟须清洁、高效的能源替代。空调普及推动电能消费提升。我国经济社会发展推动制冷建筑面积迅速上涨，制冷空调拥有量不断上升。2000 年，我国城镇居民空调拥有量仅为 30.8 台 / 百户，农村为 1.3 台 / 百户；到 2018 年，分别提升至 142.2、65.2 台 / 百户，但与发达国家相比仍有较大差距。随着生活水平的提高，人们对于制冷的需求会进一步提升。

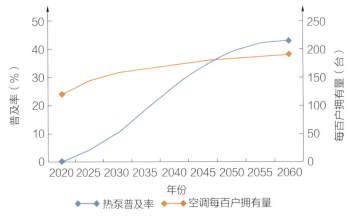

图 8.13　热泵普及率与空调每百户拥有量预测

发展趋势：热泵推广替代分散供热，满足新增需求。热泵技术通过压缩机做功实现热能的转移，在热源与供热端温差不大的情况下，能效比通常可以达到 200% 以上。推广热泵应用将提高能源利用效率，对减少温室气体排放具有重要意义。热泵技术在居民、商业及服务业的空间加热领域有较大的推广潜力。新建热泵的初始投资比新建燃煤锅炉高，但节省了空调安装费用，运行费用受电价和环境温度的影响较大，在具备设备补贴及峰谷优惠电价政策的情况下，热泵相比燃煤以外的其他供热方式具有较好的经济性，适用于满足新增供热需求（如新建小区）和替代分散式供热（如农村散煤供热）。

专栏 19　　　　　　　　**热泵成本分析**

　　热泵成本优势明显。不同供热形式采用的能源以及热转化率不同。热泵以电为能源，电价对热泵的运行成本有显著影响。按照我国目前的电价情况，民用热泵的运行成本比工商业用热泵低 30% 左右。在输出温度保持不变的情况下，热泵的能效比和环境温度密切相关，环境温度越低，热泵的热转化效率也越低。以北京市为例，冬季平均温度 −1~8℃，采用单级压缩机的空气源热泵能效比约为 300%~400%；夜间最低温度可达到 −16℃及以下，此时的热泵能效比约为 200%~300%。按照目前我国的能源价格进行分析，热泵的运行成本高于燃煤锅炉，但低于燃油和燃气锅炉。未来随着燃煤的逐渐退出，电热泵将成为最具经济性的采暖技术之一。

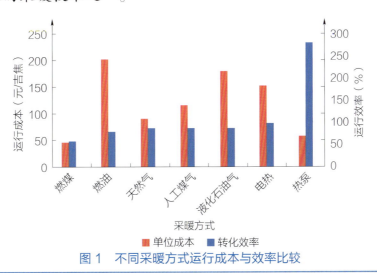

图 1　不同采暖方式运行成本与效率比较

8.1 零碳与负碳技术

（2）电炊事与热水。

通过推广电磁灶、电热水器等电炊事与热水设备，能够提高能源利用效率，实现建筑领域清洁绿色、安全便捷的用能方式，降低温室气体及大气污染物排放。

技术特点： 电炊事技术具有热效率高、安全性高、便捷等优点，是居民生活电能替代的重要技术应用。电炊事技术是一项重要的清洁炊事技术，应用包括电磁灶、电饭煲、微波炉、电烤箱、电水壶等。电炊事技术热效率高，以电磁灶为例，其热效率可达 90%。电炊事技术使用过程中无明火、不生成燃烧产物，更加安全便捷、低碳环保。

表 8.1 各类炊具主要性能指标比较

炊具灶种类	燃气灶		电磁灶	
能源种类	罐装液化气	管道天然气	电能（高价格）	电能（低价格）
灶热效率（%）	58[1]	58	90	90
燃料价、电价	液化气 112 元 /15 千克	2.28 元 / 立方米	0.4883 元 / 千瓦时	0.14 元 / 千瓦时
燃烧值	12000 卡[2]/ 千克	9310 卡 / 立方米	860 卡 / 千瓦时	860 卡 / 千瓦时
产生热量目标值（吉焦）	1.0	1.0	1.0	1.0
能源成本（元）	256	101	151	43
辅助设备	液化气罐	无	无	无
等待时间	起火快	起火快	起火较快	起火较快
方便程度	需装罐	方便	方便	方便
安全性	比较安全	比较安全	很安全	很安全

发展趋势： 廉价清洁电力推动电炊事技术更具经济竞争力。综合考虑电磁炉灶及燃气灶的热效率、能源燃烧值等因素进行分析，在产生等量热量的情况下，当前电炊具制热成本略高于天然气灶具。但当电价水平降低至 0.14 元 / 千瓦时时，电炊具成本比管道天然气灶具成本低 50% 以上。通过电网互联实现清

---

[1] 数据来源：国家燃气用具质量监督检验中心：目前中国台式燃气灶的热效率普遍为 55%～58%，嵌入式燃气灶的热效率普遍为 52%～55%，热效率超过 60% 的燃气灶具比例不到 1%，此处取 58% 的高值。电磁灶热效率可达 90% 以上，取值 90%。

[2] 国网能源研究院，能源与电力分析年度报告系列：2012 年中国节能节电分析报告。

洁能源的优化配置，实现清洁电力成本的大幅下降，使电炊事具备相当竞争力。

8.1.3 先进输电技术

先进输电技术是清洁能源大规模优化配置的基础 [1]，包括特高压交直流输电技术、柔性输电技术等。各类输电技术融合发展，提高可再生能源消纳比例，保障电力系统安全稳定和经济运行，是能源活动快速减排的关键。

1 特高压交流

技术特点：特高压交流输电是指 1000 千伏及以上电压等级的交流输电技术，单一通道输送能力约 1000 万千瓦，最大输送距离超过 1000 千米。特高压交流输电技术已经成熟，是构建大容量、大范围坚强同步电网的关键技术。截至 2019 年年底，全球在运特高压交流输电工程 12 条，在建 3 条，投运和在建总长度超过 2 万千米。我国的特高压交流输电技术处于世界领先水平，在关键技术和核心设备方面已实现大规模应用，并构建了完善的试验基地和标准体系，具备丰富的工程经验。经济性方面，1000 千伏特高压交流输电工程变电站造价约 13.6 亿元 / 座，线路造价约 440 万元 / 千米 [2]。

> **专栏 20** **晋东南—南阳—荆门 1000 千伏示范工程**
>
> 中国晋东南—南阳—荆门 1000 千伏特高压交流试验示范工程起于山西晋东南（长治）变电站，经河南南阳开关站，止于湖北荆门变电站，全线单回路架设，全长 654 千米，跨越黄河和汉江；变电容量 600 万千瓦，系统标称电压 1000 千伏，最高运行电压 1100 千伏，静态投资约 57 亿元。该工程于 2009 年 1 月 6 日 22 时完成 168 小时试运行，并顺利投入商业运行。

---

[1] Brinkerink M, Gallachóir B, Deane P, A Comprehensive Review on the Benefits and Challenges of Global Power Grids and Intercontinental Interconnectors, Renewable and Sustainable Energy Reviews, 2019, 107: 274-287.

[2] 电力规划设计总院 . 电网工程限额设计控制指标（2018 年水平），中国电力出版社。

图 1　特高压荆门变电站

发展趋势： 未来，特高压交流输电技术将向节约走廊、降低损耗、环境友好、智能化等方向发展。紧凑型同杆并架技术、特高压可控串补、适用于极端天气的特高压变压器、气体绝缘开关和互感器等是重点攻关方向。

● **预计到 2030 年，** 特高压交流输电技术在优化设计、可靠性增强、灵活性和经济性提升、适应全球各种极端气候条件的核心设备等方面将有所突破。特高压交流输电工程的主变压器、气体绝缘开关、并联电抗器等核心装备的造价有望分别下降 24%、35%、15%；结合主要设备投资占比，全站设备购置费下降 28%；线路投资将基本维持现有水平，输电工程总投资降低约 10%。

● **预计到 2050、2060 年，** 全球特高压交流输电系统的跨国、跨区互联互通格局将全面形成，实现能源基地远距离输电和负荷中心的能源优化配置，特高压交流的变电投资将在 2030 年基础上再降低约 15% 和 20%。

2　特高压直流

技术特点： 特高压直流输电包括 ±800 千伏及以上电源等级，额定输送容量 800 万 ~1200 万千瓦，输送距离可达 2000~6000 千米。特高压直流输电技术是远距离、大容量电力高效输送的核心技术，工程经验丰富，具备全球大规模推广应用的条件。截至 2019 年年底，全球在运特高压直流输电工程 18 项，其中中国 14 项，印度 2 项、巴西 2 项[1]。我国在特高压直流输电的关键技术、设备研发、试验体系和工程实践方面处于世界领先。经济性方面，±800 千伏和±1100 千伏电压等级换流器单站投资分别约为 45 亿元和 80 亿元，架空线工程单位长度投资分别约为 430 万元 / 千米和 740 万元 / 千米[2]。

专栏 21　**巴西美丽山 ±800 千伏直流工程**

　　巴西美丽山 ±800 千伏工程是巴西第二大水电站——美丽山水电站（装机容量 1100 万千瓦）的送出工程，为美洲第一条特高压直流输电线路，可将巴西北部的水电资源直接输送到东南部的负荷中心。这条贯穿巴西南北的"电力高速公路"，横跨 4 个州，输送距离超过 2000 千米，输送容量 8 万千瓦，可将美丽山水电站超过三分之二的电能输送至巴西东南部的负荷中心，满足 4000 万人口的年用电需求，是巴西规模最大的输电工程、南北方向的重要能源输送通道。

图 1　巴西美丽山二期工程里约站

---

[1] 高冲，盛财旺，周建辉，等 . 巴西美丽山 Ⅱ 期特高压直流工程换流阀运行试验等效性研究 [J]. 电网技术，2019，v.43;No.432(11):418-426。

[2] 电力规划设计总院 . 电网工程限额设计控制指标（2018 年水平），中国电力出版社。

发展趋势：未来，特高压直流输电的电压等级、输送容量、可靠性和适应性水平将不断提高，成本进一步降低。研发适应极寒、极热和高海拔等各种极端条件下的直流输电成套设备，满足全球各种应用场景下清洁能源超远距离、超大规模输送的需求；研发特高压混合型直流、储能型直流等新型输电技术，是未来的重点攻关方向。

● **预计到 2030 年，**特高压直流输电距离、容量、拓扑及关键设备将实现进一步提升和改进，实现 ±1500 千伏电压等级和 2000 万千瓦输送容量的突破。特高压直流换流变压器、换流阀、平波电抗器等设备造价有望分别下降 24%、15%、29%。结合各主要设备投资占比，全站设备购置费有望下降 10%，线路投资将基本维持现有水平。

● **预计到 2060 年，**特高压直流输电成为电网跨洲互联和清洁能源超远距离输送的成熟技术，将进一步研发和推广特高压直流组网技术，在欧洲等区域形成广泛连接负荷和清洁能源中心的直流电网，满足跨时区互补、跨季节互济、多能优化配置的要求。经济性方面，特高压直流输电工程的换流站投资在 2030 年基础上再降低约 15%。

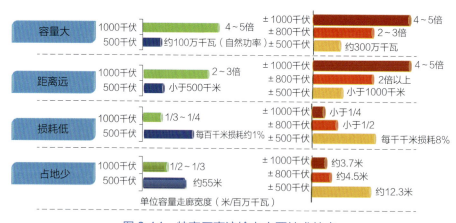

图 8.14　特高压直流输电主要技术特点

3　**柔性直流输电技术**

技术特点：柔性直流输电技术是基于全控型电力电子器件——绝缘栅双极

晶体管的直流输电技术，具有完全自换相、有功无功潮流独立控制、动态电压支撑，系统振荡阻尼和黑启动等技术优势，是实现清洁能源并网、孤岛和海上平台供电、构建直流电网的新型输电技术。截至 2019 年年底，世界已投运的柔性直流输电工程约有 40 项左右，在建工程 20 项左右；主要分布在欧洲，其次是北美洲、亚洲和澳洲。其中，电压水平最高的是在建的我国 ±800 千伏 /800 万千瓦乌东德特高压混合多端柔直工程，第一个环形直流电网工程是在建的我国 ±500 千伏 /300 万千瓦张北四端柔直工程。经济方面，柔性直流输电技术总体造价仍处于较高水平，高于常规直流约 30%。

发展趋势： 未来，由超高压向特高压电压等级发展、从端对端到多端及联网形式发展，不断降低换流损耗水平等是柔性直流输电技术的发展重点。研发 ±800~1100 千伏 /800 万 ~1200 万千瓦柔性直流核心基础器件、运行控制技术的研发和突破、提高运行可靠性、降低设备成本是重点攻关方向。

- **预计到 2030 年，** 柔性直流换流站损耗从当前的 1.2%~1.5% 下降至 0.8% 左右，接近常规直流输电的损耗水平，可靠性提升至常规直流工程水平，单位容量造价下降至 600 元 / 千瓦。

- **预计到 2050 年，** ±800~1100 千伏 /800 万 ~1200 万千瓦柔性直流输电技术已经成熟，关键设备量产，实现全球大规模推广应用，有力支撑清洁能源的接入和直流电网构建。柔性直流输电工程的换流站投资有望在 2030 年基础上进一步降低约 25%。

8.1 零碳与负碳技术

8.1.4 储能及氢能技术

1 大规模储能

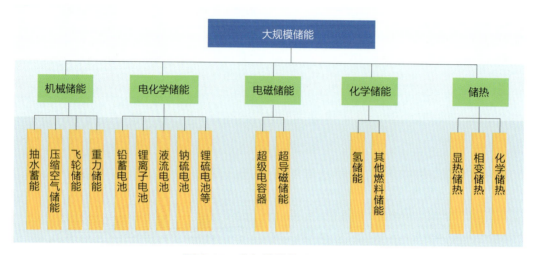

图 8.15　大规模储能技术分类

随着风电、光伏装机规模的增加，高比例清洁能源系统逐步形成，电力系统对灵活性的需求随之增强。储能可为电力系统提供调节能力，确保电力生产与消费平衡，在保证用电安全的前提下，提升系统经济性水平，降低用电成本。储能技术类型众多，技术经济特性各异，应用场景也有明显区别。随着储能技术的成熟和成本的下降，储能将广泛应用于电力系统的各个环节。

（1）抽水蓄能。

技术特点： 抽水蓄能技术成熟、可靠，使用寿命长，装机容量大，是目前应用规模最大的储能技术。截至 2019 年年底，全国抽水蓄能装机规模约 3000 万千瓦，占全国储能总装机的 93.4%。全球最大的抽水蓄能电站是我国的丰宁蓄能电站，完全建成后总装机容量将达到 360 万千瓦。抽水蓄能电站能量转换效率为 70%~80%，建设成本为 5000~6500 元 / 千瓦 [1]。

发展趋势： 未来，提高系统效率和机组性能是抽水蓄能技术的发展重点。

---

[1] 中国化工学会储能工程专业委员会 . 储能技术及应用 . 化学工业出版社 ,2018。

研究变速恒频、蒸发冷却及智能控制等技术；研究振动、空蚀、变形、止水及磁特性，提高机组的可靠性和稳定性；研究水头变幅较大等复杂工况下机组的连续调速技术，是抽水蓄能技术的重点攻关方向。

- **预计到 2030 年，** 抽水蓄能转换效率达到 80%。随着优良的站址资源逐渐开发完毕，建设成本将有一定程度的上升，达到 5500~7000 元 / 千瓦。

- **预计到 2060 年，** 抽水蓄能的建设成本可能会进一步小幅上升。

应用潜力： 根据我国抽水蓄能站址资源开发进程，**预计到 2030 年，** 抽水蓄能装机规模将达到 1.13 亿千瓦。**预计到 2060 年，** 抽水蓄能装机规模将达到 1.8 亿千瓦。

（2）电化学储能。

技术特点： 电化学储能是技术进步最快，发展潜力最大的储能技术。其中，锂离子电池储能综合性能较好，可选择的材料体系多样，技术进步较快，在电化学储能技术中装机规模最大。截至 2019 年年底，全国电化学储能装机规模约 171 万千瓦，年平均增长率为 80%；其中，锂离子电池装机容量约 138 万千瓦[1]。全球最大的锂离子电池储能电站是我国江苏镇江电站，装机容量为 10.1 万千瓦 /20.2 万千瓦时。锂离子电池储能循环次数为 4000~5000 次，能量密度达 200 瓦时 / 千克。受正负极材料、电解液、系统组件等成本的制约，系统建设总成本为 2.1~2.3 元 / 瓦时。

发展趋势： 未来，提高电池的安全性和循环次数、降低成本是电化学储能的发展重点。电化学储能的重点攻关方向是研发更高化学稳定性的正负极材料；研究基于水系电解液或全固态电解质的新型锂离子电池体系；研发成本更加低廉的非锂系电池，如水系钠离子电池等，拓宽电池材料的选择范围。

---

[1] 中关村储能产业技术联盟.储能产业研究白皮书 2020。

- **预计到 2030 年，**电池安全性能提高，循环次数提升至 7000~8000 次，能量密度提升至 250 瓦时 / 千克，系统建设成本降至 1~1.3 元 / 瓦时。研发采用新型电极材料、全新体系结构的锂硫、金属空气等新型电池。

- **预计到 2050—2060 年，**化学储能安全问题得到有效解决，循环次数提升至 1 万 ~1.4 万次，能量密度提升至 300~350 瓦时 / 千克，系统建设成本降至 0.5~0.7 元 / 瓦时。❶

应用潜力：电化学储能综合性能较好，适用的场景较多，**预计到 2030 年，**电化学储能装机容量将达到 1.23 亿千瓦，利用电动汽车参与车联网可替代储能容量达到 700 万千瓦，共约占全部电源装机的 3.5%。**预计到 2060 年，**电化学储能装机容量将达到 4 亿千瓦，电动汽车可替代储能容量将达到 5 亿千瓦，共约占全部电源装机的 12.5%。

专栏 22　　　　　**电动汽车车联网技术**

　　电动汽车车联网技术是指电动汽车与电网之间实现功率双向交换和信息双向互动的技术。电动汽车车联网可以作为短时功率型储能，在负荷高峰时段放电支撑电网供电，在低谷时段充电补充出行和高峰时段消耗的电量。

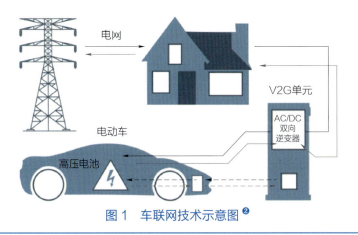

图 1　车联网技术示意图 ❷

---

❶ 全球能源互联网发展合作组织 . 大规模储能技术发展路线图 [M]. 中国电力出版社 , 2020。

❷ https://myev.online/the-future-of-charging-bidirectional-v2g/。

　　电动汽车参与车联网相当于在用户侧接入了大量低边际成本的分布式储能设备，为电力系统提供巨大储能潜力。预计到 2050 年，全国对短时功率型储能的需求约为 5 亿~7 亿千瓦，如全部由电力基础设施投资商（包括电源、电网）新建，总投资高达 2.6 万亿~3.6 万亿元。其中，超过 60% 的成本将来自于电池本体。届时，全国电动汽车将达到 3.2 亿辆，如果能够有效利用这些已有的储能能力，相当于为电力系统节省了电池本体的投资。如果 40% 的电动汽车参与车联网（参与强度 20%），提供的功率可达 9.2 亿千瓦（时长 3 小时，电量 28 亿千瓦时），相当于增加了超大容量的、弹性的虚拟云储能电站，可节省超过 1.3 万亿元的储能设备投资。电动汽车参与车联网技术，在削峰填谷、需求侧响应、电网频率调整、提高电能质量等场景下将发挥重要作用。

2 氢能及电制燃料原材料

　　在冶金、航空、化工等用能领域难以实现完全电气化，使用绿氢是这些领域实现零碳的关键。

（1）电制氢。

技术特点： 氢是质量能量密度最高的物质，在能源领域具有重要的应用前景。使用可再生能源发电并电解水制备的氢气被称为绿氢。受电价水平高、转化效率较低等因素影响，电解水制氢的成本相对化石资源制氢仍然较高，平均成本为 22~25 元 / 千克，应用推广受到一定的限制。电制氢主要包括以下三种技术路线。

碱性电解槽　　发展成熟、设备结构简单，具有较快的启停速度（分钟级）和部分功率调节能力，是当前主流的电解水制氢方法，缺点是效率较低（60% 左右）。

质子交换膜 能够有效减小电解槽的体积和电阻，电解效率可提高到70%~80%，功率调节更灵活，但设备成本相对昂贵。

高温固体氧化物电解槽 利用固体氧化物作为电解质，在高温（800℃）环境下电解反应的热力学和化学动力学特性得以改善，电解效率可达到90%左右，但该技术还处于示范应用阶段。

发展趋势： 提高各类电制氢技术的转化效率，降低设备成本是电制氢技术的发展重点。研发催化剂、质子交换膜等关键材料，膜电极、空压机、储氢系统、氢循环系统等关键零部件，是重点攻关方向。

● **预计到 2030 年，** 清洁能源发电成本快速下降，电解水制氢将具备经济性优势，预计电制氢成本将低于 13 元 / 千克，逐步成为具有竞争力的制氢方式，开始应用于交通、合成氨和冶炼等领域。

● **预计到 2050、2060 年，** 廉价、高效催化剂及长寿命、高稳定性高温固体氧化物电堆等关键技术取得突破，清洁能源发电成本进一步下降，电解水制氢成本将降至 6~7 元 / 千克，成为最具竞争力和主流的制氢方式。

预计到 2060 年， 我国绿氢总量将达到 7500 万吨。

应用潜力： 氢在冶金、化工、高品质制热、交通等领域具有良好应用前景。根据全球能源消费结构，仍有三分之一的碳排放无法直接通过替代化石能源来消除。

在冶金行业

碳不仅提供冶炼所需的能量，同时也是应用广泛的还原剂，难以由电能完全替代。氢气作为优秀的还原剂，当前常用于钼、钨等不含碳金属的冶炼。随着碳约束的收紧，氢可以部分替代碳作为还原剂用于铁、镍等大宗金属的冶炼，实现冶金行业的减碳。

在化工行业

氢气是氨、甲醇等重要化工产品的原料。随着电制氢经济性的提升，电制氢再制甲烷、甲醇、氨等燃料或原料有巨大的发展潜力。

在工业部门

氢气的单位质量热值高，常规条件下燃烧充分，可以在工业生产中提供高品质热源。

在交通领域

氢燃料电池发动机具有零污染、续航里程长和加氢时间短等优势，氢内燃发动机与汽油、柴油发动机相比具有易燃、低点火能量、高扩散速率和低环境污染等优势，随着技术进步有望在陆上、航运等交通领域持续得到推广，更是航空领域脱碳的重要解决方案。

（2）氢储能。

技术特点：氢气是具有实体的物质，相对于电能更容易实现大规模存储。氢储能是未来发展前景最好的长期储能技术。电制氢主要采用碱性电解槽技术，储氢主要采用高压气态储氢技术，储氢密度为 10~15 摩尔 / 升，持续放电时间在 1 天以内，燃料电池用氢技术广泛应用，氢储能的整体转换效率为30%~40%。[1]经济性方面，受设备造价、储氢方式、设备利用率等因素的制约，氢储能系统成本为 1 万 ~1.5 万元 / 千瓦。

发展趋势：未来，提高转化效率和储氢密度并降低成本是氢储能的发展重点。改善电堆、电极与隔膜材料，优化电解槽的设计和制造工艺；研发低成本、高可靠的高压气态和低温液氢储氢设备，研究新型液体有机物及金属储氢技术；研究新型燃料电池、氢燃机等用氢技术，是氢储能的重点研发方向。

---

[1] 华志刚 . 储能关键技术及商业运营模式 [M]. 中国电力出版社 ,2019。

8.1　零碳与负碳技术

- **预计到 2030 年，**氢储能系统效率提高至 35%~45%，储氢密度提高至 15~20 摩尔 / 升，持续放电时间达到 100 小时以上，系统成本降至 0.7 万 ~ 1 万元 / 千瓦。

- **预计到 2050~2060 年，**系统效率提高至 60%~65%，储氢密度超过 30~35 摩尔 / 升，持续放电时间达到两周以上，系统成本降至 6000~8500 元 / 千瓦。

（3）氢运输。

技术特点：常见的氢运输方式主要分为长管拖车（高压气氢）和槽罐车（液氢）公路运输，氢气专用管道输送或天然气管网混输，以及航运输送等。不同运输方式适用于不同的输送距离和输送规模，氢的形态也有所区别。

主要用于运输高压气态氢，常见的拖车一般装配 8 根储气管，工作压力 0.2~30 兆帕，工作温度为 -40~60℃。满载氢气的质量为 200~300 千克，一般运输距离不超过 200 千米，每千米成本为 20~30 元 / 吨。

主要用于运输低温液氢，单台液氢槽罐车的满载体积约为 65 立方米，可净运输氢 4 吨，运输效率较高。氢液化过程能耗较高（占中能量的 25%~40%），运输需要控制低温环境，解决液氢不断气化，压力升高的问题，主要用于军工和航天领域。在运输距离 500 千米左右的情况下，每千米成本为 15~20 元 / 吨。

运营成本低，能耗小，运输规模大，是实现氢气大规模长距离运输的重要方式。纯氢管道投资建设成本较高，造价为天然气管道的 1.3~2 倍。截至 2019 年年底，国内的氢气管道主要有巴陵—长陵输氢管线和济源—洛阳输氢管线，全长分别为 42 千米和 25 千米，主要为石化行业加氢反应器提供氢气原料。

混输可以利用现有天然气管网实现氢气大规模远距离输送，降低新建设备投资，但不同天然气管网对掺氢比例的接受能力不同，一般在20%以内；另一方面，需要考虑终端用能设备对混合气体的适用性，如果需要分离，还将增加额外能耗。

对运输体积的要求较高，将多采用液氢或氢化合物（如氨、甲基环己烷）等形式，由于航运的规模效应以及成本对运输距离不敏感，因此多用于远距离、大量的氢输送场景。

发展趋势：储氢技术是氢运输的基础，未来，提高转化效率和储氢密度并降低成本是储氢输氢的发展重点。制造碳纤维缠绕高压氢瓶，避免高压条件下氢气从塑料内胆渗透以及塑料内胆与金属接口的连接、密闭问题，提出氢容器燃烧与爆炸防护基准策略，研究储氢装置的安全设计方法并形成储氢装置的全面安全健康诊断方法，是高压气态储氢的重点研发方向。设计高效的氢透平膨胀机、大型高效低温氢气换热器，优化低温透平膨胀机系统密封、绝热，研发高真空绝热、真空多层绝热以及大面积冷却屏等绝热技术，是液态储氢的主要发展方向。研究新型储氢材料吸／放氢热力学和动力学，设计和制备高储氢质量分数储氢材料，研究储氢材料循环性能衰减机制，是金属储氢和化学储氢的重点研发方向。

在管道输氢方面，研发方向主要有减轻纯氢或天然气掺氢对管道的腐蚀、提升输运安全性、开发纯氢管道相关的调压设备等，包括氢管道渗漏扩散机理研究、管材对纯氢和天然气掺氢输送的相容性研究、纯氢管道多级减压和调压技术和装备研发、纯氢和掺氢管道的安全事故特征和演化规律、应急抢修技术研究、纯氢管道末端增压技术研究等。

8.1　零碳与负碳技术

（4）电制燃料及原材料。

电制燃料和原材料是深度电能替代的主要技术手段，利用绿氢与二氧化碳可以化合生成各类燃料、原材料，如气体燃料甲烷、液体燃料甲醇，这些燃料使用后排放的二氧化碳补集后再与氢化合，碳与氢就成为能量载体，在可再生电力驱动下实现循环利用，净零排放。同时，从甲醇出发可以进一步合成烯烃、烷烃等有机原材料，替代石油和天然气作为化工原料，成为一种重要的人工固碳应用。

1）电制氨。

技术特点： 氨是氢气在工业领域规模最大的下游化工产品（耗氢量近半），也是化学工业中产量最大的产品。2018 年，我国累计生产氨 5612 万吨，超过 70% 的氨用于生产氮肥；[1] 其余约 30% 的氨用于合成各类含氮化合物，如硝酸、炸药、磺胺类药物等。工业上主要通过哈伯法以氮气和氢气为原料合成氨，合成工艺与制氢原料有关，国内合成氨工艺以煤制合成氨为主。以电解水制氢代替煤、天然气制氢合成氨，是电制氨最为成熟和现实可行的技术路径，日本、德国已建成可再生能源电转氨示范项目。电制氨的能量转化效率为 40%~44%。[2] 以我国光伏项目最低中标电价计算，电制氨的成本可降至 3.8~4 元 / 千克，已接近氨的市场价格（近 3 元 / 千克）。

发展趋势： 低廉清洁能源电力和电制氢技术进步带来的廉价"绿氢"是电制氨成本下降的最大驱动力，电制氨有望成为电制原料产业的开路先锋。提高电制氨反应的选择性、能量转化效率，降低设备成本是未来的主要发展方向。研发新型高效、低成本催化剂，设计适应性更高的反应器是重点攻关方向。

● **预计到 2030 年，** 优化电解水和哈伯法反应器两套系统的集成和配合，电制氨综合能效可提高到 54%，成本将降至 2.9 元 / 千克，电制氨产业实现与化肥产业的紧密结合，成为电制原料产业的代表性产品。

---

[1] 中国氮肥工业协会。

[2] Muhammad Aziz, Takuya Oda, Atsushi Morihara, et al., Combined nitrogen production, ammonia synthesis, and power generation for efficient hydrogen storage, Energy Procedia, 2017, 143, 674-679.

- **预计到 2050、2060 年，**电制氨成本将进一步降至 1.8、1.6 元 / 千克，成为最具竞争力的合成氨方式。

2）电制甲烷。

技术特点：较成熟的电制甲烷技术路线为电解水制氢后通过二氧化碳加氢合成甲烷，选择性可达 90% 以上。德国、西班牙等欧洲国家已建立多项示范工程。在当前的技术和电价水平下，电制甲烷的综合能效在 50% 左右，成本约为 10~11 元 / 立方米，高于我国进口管道气或进口液化天然气在用户终端的平均价格（4~5 元/立方米）。[1]二氧化碳直接电还原制甲烷也是一条可行的技术路径。这项技术目前受制于选择性差、能量转化效率低、反应速率慢等缺陷，尚处于实验室研究阶段。

发展趋势：提高电制甲烷的能量转化效率，降低设备成本是未来的主要发展方向。研发高效反应器、提高副产热量利用效率、研究二氧化碳直接电还原技术是重点攻关方向。

- **预计到 2030 年，**通过优化电解水和甲烷化两套系统的集成和配合，加强甲烷化工序的热量管理，增加反应余热回收，电制甲烷综合能效可提高到 60%，成本将降至 5 元 / 立方米左右，开始在部分终端用户实现示范应用。

- **预计到 2050、2060 年，**电解水和甲烷化系统趋于成熟，同时二氧化碳直接电还原制甲烷技术取得突破，电制甲烷综合能效提高到 70%，成本将降至 2.9、2.4 元 / 立方米，在远离天然气产地的用能终端得到广泛应用。

3）电制甲醇。

技术特点：甲醇是优质的能源，也是碳一化工的重要原料，电制甲醇是制备其他液体燃料和原材料的基础。我国是全球最大的甲醇生产国，2018 年甲醇

---

[1] 中国石油和化学工业联合会化工数据中心，中国石油和化工大宗产品年度报告。

产量达 5576 万吨，以煤制甲醇为主要技术路线。[1] 较成熟的电制甲醇技术路线为电解水制氢后通过二氧化碳加氢合成甲醇，我国已建有示范项目。借助甲醇化工产业链可实现烯烃、烷烃等一系列有机化工原料的制备，摆脱对石油、天然气资源的限制获取有机原料。二氧化碳加氢制甲醇工艺尚存在单程转化率低、催化剂易失活、能量转化效率不高等缺陷，电制甲醇成本在 6~8 元 / 千克，高于煤、天然气制甲醇的成本（1.6~2.3 元 / 千克）。此外，二氧化碳直接电还原制甲醇也是电制甲醇的一条可行路径。与直接电制甲烷类似，这项技术目前也存在选择性差、产物复杂分离成本高、反应速率慢等缺陷，尚处于实验室研究阶段。

发展趋势：提高电制甲醇的能量转化效率，降低设备成本是未来的主要发展方向。研发高效反应器和催化剂、提高副产热量利用效率、研究二氧化碳直接电还原制甲醇技术是重点攻关方向。

● **预计到 2030 年，**开发出高效、稳定、高选择性二氧化碳甲醇化反应催化剂，通过完善甲醇化辅机设备，以多次循环利用燃料气提高反应总体转化率，同时增加反应余热回收利用，电制甲醇成本将降至约 3.5 元 / 千克，在清洁能源富集地区逐步开展商业化实验和示范。

● **预计 2050、2060 年，**二氧化碳甲醇化反应的单程转化率、选择性有显著提升，电解槽、辅机等设备成本显著下降，同时二氧化碳直接电还原制甲醇技术取得突破，在原料需求终端得到广泛应用，预计电制甲醇成本将降至 1.8、1.5 元 / 千克，初步构建以电制甲醇为核心的电制液体燃料和原材料产业链，以清洁能源为驱动力，水和二氧化碳为"粮食"的电制原材料开始走进千家万户。

8.1.5 碳捕集、封存与利用技术

技术特点：二氧化碳捕集利用与封存（CCUS）是指将二氧化碳从排放源中分离后捕集、直接加以利用或封存以实现二氧化碳减排的过程，主要包括碳

---

[1] IHS Markit.

捕集、输送、封存和利用等。当前全球二氧化碳捕集利用与封存项目超过400 个，其中，40 万吨以上的大规模综合性项目达 43 个，主要分布在北美、欧洲、澳大利亚和中国。

碳捕集方面

燃烧后捕集技术相对成熟，可用于大部分火电厂、水泥厂和钢铁厂，国内已建成数套十万吨级捕集装置，其中，第二代燃烧后捕集技术捕集一吨二氧化碳的能耗约为 0.07~0.09 吨标准煤[1]。我国吉林油田的碳捕集项目于 2018 年开始商业投运，最大捕集量达 60 万吨二氧化碳 / 年。

输送方面

二氧化碳陆路车载运输和内陆船舶运输技术较为成熟，成本分别约为1.1 元 /（吨·千米）和 0.3 元 /（吨·千米）。二氧化碳陆地管道输送技术是最具潜力的技术，海底管道输送技术尚处于概念研究阶段。位于加拿大的"阿尔伯塔碳干线"总长达 240 千米，运输能力达 1460 万吨 / 年，是目前容量最大的二氧化碳运输基础设施。

封存方面

我国已发展陆上咸水层封存、枯竭油气田封存、海底封存等。陆上咸水层封存成本约为 60 元 / 吨，枯竭油气田封存成本约为 50 元 / 吨，海底封存成本约为 300 元 / 吨。

捕集的二氧化碳可在地质、化工、生物等领域实现转化和利用。

● **地质利用方面，** 二氧化碳强化石油开采技术已应用于多个驱油与封存示范项目。

---

[1] Global CCS Institute, 碳捕集与封存全球现状，2019。

8.1　零碳与负碳技术

- **化工利用方面，**将二氧化碳与共反应物转化成目标产物，实现固碳和资源化利用，主要包括制备一氧化碳、甲烷等能源燃料，合成甲醇等化工原材料，合成有机碳酸酯、可降解聚合物等高附加值化学品。

- **生物利用方面，**以生物转化为主要手段，将二氧化碳用于生物质合成，可生产食品、饲料、生物肥料和生物燃料等。

专栏 23　　　　　　液态阳光示范工程案例

2020 年 1 月，由中国科学院大连化学物理研究所研发、兰州新区石化产业投资集团有限公司建设和运营、华陆工程科技有限责任公司设计的"千吨级液态太阳燃料合成示范装置"试车成功。

该项目由太阳能光伏发电、电解水制氢、二氧化碳加氢合成甲醇三个基本单元构成，采用高选择性、高稳定性二氧化碳加氢制甲醇催化技术，配套建设总功率为 10 兆瓦光伏发电站和 2 台 1000 标方 / 小时电解水制氢设备。液态阳光工程是碳捕集与电制燃料、原材料技术相结合的典型案例，利用可再生能源将捕集来的二氧化碳转变为甲醇，实现变废为宝。

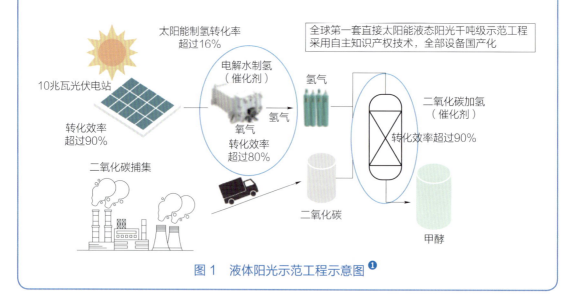

图 1　液体阳光示范工程示意图 ❶

---

❶ 中国科学院大连化学物理研究所。

发展趋势：我国油气田二氧化碳理论封存容量可达 20 亿~40 亿吨，包括咸水层封存等理论总封存容量达 2.4 万亿吨 ❶。未来碳捕集利用与封存技术发展趋于集约化、产业化。

- **2030 年，**预计我国现有碳捕集利用与封存技术开始进入商业应用阶段并具备产业化能力，第一代捕集技术的成本与能耗降低 10%~15%，第二代捕集技术开始示范应用，并建成具有单管 200 万吨 / 年输送能力的陆地长输管道。

- **2035 年，**第一代捕集技术的成本及能耗与目前相比降低 15%~25%，成本比第一代技术降低 5%~10%；新型利用技术具备产业化能力，并实现商业化运行；地质封存安全性保障技术获得突破，大规模示范项目建成。

- **2040 年，**碳捕集利用与封存系统集成与风险管控技术得到突破，初步建成碳捕集利用与封存集群，集约化发展促进碳捕集利用与封存技术综合成本大幅降低；第二代捕集技术成本比当前捕集成本降低 40%~50%，并在各行业实现商业应用。

- **2050—2060 年，**第二代捕集技术发展成熟，成本比当前的第一代技术降低 60%，能耗减少 40%，在能源、工业等二氧化碳集中排放场景实现部署和商业应用。

8.1.6 负排放技术

负排放技术主要包括生物质碳捕集与封存、直接空气捕集和土地利用变化和林业 ❷。负排放技术是 2060 年前实现碳中和的重要技术手段。负排放技术的应用规模还需统筹考虑我国生物质资源量限制、粮食安全等诸多因素。

---

❶ Global CCS Institute, 碳捕集与封存全球现状，2019。

❷ Fuhrman J, McJeon H, Patel P, et al., Food-energy-water implications of negative emissions technologies in a 1.5℃ future, Nature Climate Change, 2020, 10: 920‑927.

1 生物质碳捕集与封存

技术特点： 生物质碳捕集与封存技术是一项结合生物质能和二氧化碳捕集与封存来实现温室气体负排放的技术。[1] 截至 2019 年年底，全球共有 27 个生物质碳捕集与封存项目，主要分布在欧美地区。其中有 7 项正在运营，包括 1 个大型项目和 6 个示范试点项目，年捕集二氧化碳量约为 160 万吨。[2]

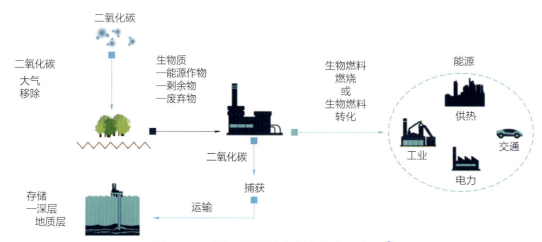

图 8.16　生物质碳捕集与封存技术示意图 [3]

发展趋势： 生物质碳捕集与封存技术链条长，技术种类众多，不同技术的成本差异大，未来具有较大的发展和提升空间。[4] 研究显示，生物质燃烧耦合碳捕集与封存技术的二氧化碳减排总成本较高，约为 1300 元 / 吨；生物质制乙醇耦合碳捕集与封存技术的二氧化碳减排成本相对较低，约为 650 元 / 吨。最新研究表明，我国生物质碳捕集与封存发电技术成本约为 940 元 / 吨。预计到 2030、2050 年，生物质碳捕集与封存技术成本将分别下降至约 750 元 / 吨和 600 元 / 吨。[5]

---

[1] GCCSI, Bioenergy and Carbon Capture and Storage, Sydney: Global CCS Institute, 2019.

[2] 常世彦，郑丁乾，付萌，2℃/1.5℃温控目标下生物质能结合碳捕集与封存技术 (BECCS)，全球能源互联网，2019，2(03)：277-287。

[3,4] GCCSI, Bioenergy and Carbon Capture and Storage, Sydney: Global CCS Institute, 2019.

[5] Huang X, Chang S, Zheng D, et al., The Role of BECCS in Deep Decarbonization of China's Economy: A Computable General Equilibrium Analysis, Energy Economics, 2020, 104968.

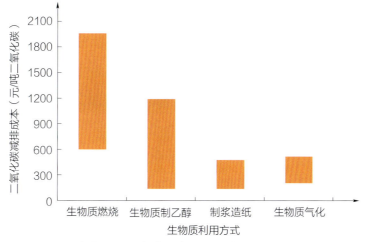

图 8.17　不同生物质利用方式下生物质碳捕集与封存技术的减排成本

应用潜力：生物质碳捕集与封存潜力取决于我国可资源化利用生物质资源潜力，主要包括农业剩余物和林业剩余物等，农业剩余物以秸秆为主。根据研究测算，我国每年秸秆理论产量约为 10 亿吨原料，可收集量约为 7 亿吨；林业剩余物的生成量约为 20 亿吨原料，可收集量约为 9 亿吨。农林业剩余物可收集量约为 16 亿吨原料，其中，可能源化利用量约为 10 亿吨，相当于减排潜力为 7 亿吨二氧化碳。[1]

2　直接空气捕集

直接空气捕获指通过物理或化学的方式直接分离空气中的二氧化碳并捕集，捕获的二氧化碳经过纯化注入地下或者再利用。

技术特点：直接捕集空气中的二氧化碳，捕获的二氧化碳可以注入地下，或用于制造燃料或塑料等商业产品。直接空气捕获技术有多个技术发展路线。其中，氢氧化物溶液捕获二氧化碳技术利用氢氧化物溶液直接吸收二氧化碳，然后将该混合物加热至高温以释放二氧化碳，以便将其储存并重新使用氢氧化物，成本相对较低。其中，加拿大 Carbon Engineering 公司于美国得克萨斯州在建的氢氧化物直接空气捕集项目，捕集量可达 100 万吨二氧化碳 / 年。另

[1] 常世彦，郑丁乾，付萌，2℃/1.5℃温控目标下生物质能结合碳捕集与封存技术 (BECCS)，全球能源互联网，2019，2(03)：277-287。

8.1　零碳与负碳技术

一种基于小型模块化反应器中使用胺吸附剂的技术成本较高，但由于可以在工业生产线上进行模块化设计，加上释放二氧化碳用于存储所需的温度较低，进而可以使用余热，也具有一定的发展潜力。其中，瑞士 Climeworks 公司在苏黎世建成的胺吸附直接碳捕集项目，每年捕集量达 1.6 万吨二氧化碳。

发展趋势：直接空气捕获技术具备发展潜力，未来发展机遇与挑战并存。与碳捕集利用与封存技术以高浓度排放源为基础进行捕获的方式不同，直接空气捕获技术不依赖于排放源地理位置的变化，因而在无法大规模布局碳捕集利用与封存和负排放技术的领域具有一定的应用潜力。但从捕获—运输—封存利用的全技术链的角度考虑，空气中二氧化碳浓度很低，从空气直接捕集二氧化碳成本高昂，加上二氧化碳输送和储存成本，直接空气捕获的减排成本约为600~1500 元 / 吨二氧化碳。未来，直接空气捕获的发展程度取决于完整技术链和综合方案的经济性与适用性。

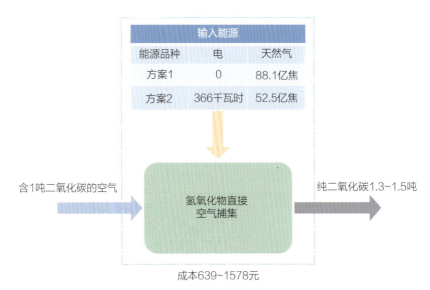

图 8.18　氢氧化物溶液捕集二氧化碳技术能源及成本需求

8.2　碳中和相关政策

碳中和目标是全局性、综合性、战略性目标，需统筹顶层设计，将碳达峰、碳中和目标纳入新时代社会主义现代化建设总体目标和总体战略，从产业、税收、金融等方面不断完善制度体系和保障机制。

8.2.1 战略规划

构建应对气候变化的目标战略体系。围绕落实习近平总书记宣布的碳达峰、碳中和目标，面向新时代生态文明建设，系统谋划应对气候变化目标、战略和路径，将应对气候变化与社会主义现代化建设紧密结合。

● **近期，**将 2030 年前实现碳达峰纳入实现社会主义现代化的目标战略体系，分区域、分行业制定有约束性的低碳发展目标，推动一批重点城市开展低碳试点，确保在"十四五""十五五"期间尽早实现碳达峰。

● **中远期，**将 2060 年前实现碳中和纳入实现中华民族伟大复兴的目标战略体系，分解落实减排任务，引导各省市积极探索适合本地区的低碳绿色发展模式和发展路径，建立以低碳为特征的工业、能源、建筑、交通等产业体系和低碳生活方式。

打破体制机制壁垒，形成协调统一的低碳政策体系。实现碳中和是涉及各行各业、各类主体的系统性工程，打破中央与地方、不同地区、不同部门之间壁垒，完善政策协调机制，形成"全国一盘棋"，推动要素、资源在全国范围内优化配置；打破不同能源品种之间、能源与其他行业之间的壁垒，统筹优化能源行业整体布局，推动多能互补、各类能源融合发展，实现能源供给侧与需求侧有效衔接、动态匹配，提高全社会整体能源利用效率。统筹协调政府部门之间、各地区、各行业之间的低碳政策，广泛调动能源、工业、建筑、交通等各领域的力量共同推动碳中和目标实现。

推动国际减排合作。积极参与全球气候治理，探索以互信、协同、共享为基础的全球应对气候变化国际合作新模式，发挥各自在资源、技术等方面优势，共同攻克影响碳中和的关键瓶颈；向欧洲等减排经验丰富的国家和地区积极学习减排经验，引进先进的节能技术、能效提升技术和可再生能源技术，并逐步提升我国低碳技术的竞争力，推动我国低碳技术在世界更大范围内推广应用；针对低碳技术竞争、碳泄漏等问题开展国际沟通与谈判，尽可能降低碳排放边境调节税等措施对我国企业的不利影响。

8.2.2 产业政策

推动高碳产业转型升级。严格淘汰落后产能，限制钢铁、水泥、有色等高耗能产业的无序发展，提高环境、能耗、排放、安全方面准入标准。扩大有效和中高端供给。采取需求管理措施，减少大拆大建行为，控制国内粗钢、水泥等产品需求。减少高耗能、高排放产品出口，促进有大规模基建需求的国家和地区承接我国部分优势产能。制定高碳行业绿色转型方案，加快实施钢铁、石化、化工等高碳行业绿色化改造，大力推进关键耗能设备的绿色升级和先进减排新技术与新工艺的普及应用。建设绿色循环产业园区，提高集中化水平，实现资源节约循环利用。

加快煤电转型发展。统筹对退煤制定系统性规划，制定分区域、分步骤的煤电退出方案，优先淘汰技术性、经济性、环境性等方面处于落后地位的产能，优先退出清洁能源基地以外常规煤电，鼓励退煤区域立足自身探索适合的转型模式。推动煤炭产业脱离传统的发电、焦炭等高碳利用方式，向化工原料、新材料方向发展。鼓励煤电企业积极借鉴国外煤电厂改造生物质、燃气电厂经验，加大煤电清洁改造力度。

构建绿色产业体系。实施绿色低碳技术创新攻关行动，围绕节能环保、清洁生产、清洁能源、新能源汽车等领域布局一批前瞻性、战略性、颠覆性技术，推动新一代信息技术、高端装备、新材料、生物、新能源汽车、新能源、储能、节能环保、数字创意等战略新兴产业和先进制造业规模化发展，提高绿色产业比重。建立可量化、可核查、可报告的绿色产业[1]发展指标，构建形成市场导向型的绿色技术创新体系和绿色产业体系。发挥行业协会的积极作用，推进企业生产方式转变，在生产供应链和产品生命周期实现碳中和。提升绿色技术和绿色服务在政府公共管理、企业生产经营、居民生活消费中的渗透率，形成覆盖全社会的碳足迹管理体系，不断扩大绿色企业和绿色产品的比例。

---

[1] 根据绿色产业指导目录（2019 年版），绿色产业主要包括：节能环保产业、清洁生产产业、清洁能源产业、生态环境产业、基础设施绿色升级和绿色服务六大类。

8.2.3　财税政策

完善绿色财政制度。制定中长期生态环境保护预算，明确生态环境保护投资比例，针对循环经济、清洁生产等科目，加强对绿色产业的培植力度，促进环境保护与经济发展的深度融合。完善项目支出的绿色绩效评估指标体系，强化项目实施前、中、后不同节点的绩效评估与监管。发挥政府绿色采购引导作用，明确绿色采购标准及清单，逐步扩大政府绿色采购规模，增强绿色产品的竞争力。

推进绿色税收改革。在适当时机开征碳税、环境税等，并根据碳排放、污染大小设定合适税率，与碳市场共同发挥作用，将碳定价制度覆盖全部排放行业企业。对高碳化石能源企业、高耗能汽车等提高征税税率，对可再生能源企业、低能耗汽车等事项低税率征税或给予免税。

加大对绿色项目的财政资金支持。加大中央财政资金对低碳技术研发、成果转化的财政资金支持和补贴力度。地方政府对绿色产业和项目落户给予税费减免、投资补贴、土地优惠等。创新财政资金使用方式方法，探索政府和社会资本合作等低碳投融资新机制，充分发挥对各层级地方财政投入的拉动效应、对社会资本的撬动作用。落实促进新能源发展的税收优惠政策，提高对企业清洁生产、新能源开发、低碳技术改造的财政补贴力度。

逐步取消化石能源补贴。科学制定近期、中期和远期的化石能源改革路线图，有计划有步骤地取消低效的化石能源补贴，在消费侧完善成品油、天然气市场化定价机制，使价格真实反映化石能源成本，提高可再生能源竞争力；评估化石能源补贴改革给社会和经济带来的负面影响，制订有效的配套政策和保障措施，加大对受化石能源补贴改革影响较大区域的资金支持力度。

8.2.4 金融政策

1 绿色信贷

加快制定统一的绿色信贷标准。在借鉴绿色贷款及绿色债券、绿色融资（含气候融资）、"绿色产业指导目录"等标准的基础上，兼顾与国际标准接轨，统一绿色金融统计标准，发布重点支持项目目录。拓宽绿色信贷识别广度，增强绿色信贷项目区分度。

大力发展绿色信贷。推动商业银行成为气候友好型绿色银行，将银行绿色信贷实施情况、银行绿色评价结果纳入相关考核指标体系，形成支持绿色信贷等绿色业务的激励机制和抑制高污染、高能耗和产能过剩行业贷款的约束机制。对于绿色信贷支持的项目，可申请财政贴息支持。从信用评级、授信政策、产品创新、资金定价、审查审批、绩效考核、经济资本、信贷规模、人力资源、财务资源等方面加大政策倾斜和资源配置，加大对绿色金融和气候融资项目和企业的支持力度。

积极参与国际气候融资合作。加强与国外大型绿色银行合作，逐步缩小中国和国际在绿色金融和气候融资方面的差异，学习借鉴国际气候融资项目经验，加大对气候融资项目支持，引导国际投资者参与绿色金融市场。加大对可再生能源等低碳融资项目支持力度，停止对境外新建煤炭、煤电等化石能源和高碳资产的金融支持。

加强信贷气候风险管理。加强绿色信贷披露专业度，鼓励银行与第三方机构合作开展绿色审计，对绿色项目开展尽职调查、环境与社会风险披露。建立绿色信贷信息共享平台，与环境部门实现数据共享。建立强制性金融机构环境和气候信息披露制度，提高金融机构环境和气候风险的分析和管理能力。

2 绿色债券

完善绿色债券规章制度。完善各类绿色债券发行的相关业务指引、自律性规则，明确发行绿色债券筹集的资金主要用于绿色项目。建立和完善我国统一的绿色债券界定标准，明确发行绿色债券的信息披露要求和监管安排等。支持地方和市场机构通过专业化的担保和增信机制支持绿色债券的发行，降低绿色债券的融资成本。

积极发展绿色债券。支持企业发行碳达峰、碳中和相关绿色债券和相关产品，扩大绿色金融的融资规模。对绿色企业上市融资和再融资给予优惠，促进低碳环保技术的中小企业的发展。鼓励相关金融机构以绿色指数为基础开发绿色债券指数、绿色股票指数以及相关产品，满足投资者需要。鼓励养老基金、保险资金等长期资金开展绿色投资，引导各类机构投资者投资绿色金融产品。

大力倡导绿色债券投资理念。提高社会对绿色债券的接受认可程度，培养绿色投资理念，增强投资者对绿色债券的信心，提高各类投资者对绿色债券的投资占比，对绿色债券的投资者给予利息所得税或对绿色债券持有者采取优惠税收等方式，强调绿色债券体现的社会和环境责任。

拓宽绿色融资渠道。加大中国清洁发展机制基金等政策性基金对绿色低碳产业投资，发挥国家导向作用。整合现有专项资金设立国家和区域性绿色发展基金，支持社会资本和国际资本设立各类民间绿色投资基金，引导资金向绿色低碳产业流动。支持绿色低碳产业引入政府和社会资本合作模式，鼓励绿色投资资金支持以政府和社会资本合作模式相关的绿色项目。鼓励创投基金孵化绿色低碳科技企业，支持股权投资基金开展绿色项目或企业并购重组。

创新绿色融资工具。有序发展碳远期、碳掉期、碳期权、碳租赁、碳债券、碳资产证券化和碳基金等碳金融衍生品工具，丰富金融产品种类。建立排污权、节能量（用能权）、水权等环境权益交易，以市场化方式实现能源使用。发展基于碳排放权、排污权、节能量（用能权）等各类环境权益的融资工具，拓宽企业绿色融资渠道。

3 绿色保险

拓宽绿色保险产品和服务。创新绿色保险产品和服务，加快发展绿色建筑保险、可再生能源保险、新能源汽车保险、绿色产业产品质量责任险等创新型绿色险种，为绿色产业发展保驾护航。在环境高风险领域建立环境污染强制责任保险制度。大力发展与生态环境和气候变化相关的保险产品，分散气候变化引起的灾害事故风险，建立完善与气候变化相关的巨灾保险、天气保险制度。

推进绿色保险承保能力建设。积极探索绿色保险产品差别保险费率机制，发挥费率杠杆调节作用。对环境污染责任保险、农业保险、森林保险、巨灾保险等绿色保险保费收入免征增值税，调动保险机构服务绿色发展的积极性。

8.3 全国电—碳市场

8.3.1 现状与趋势

我国正稳步推进电力市场与碳市场建设。电力市场机制不断完善，交易规模持续扩大，2019 年全国各电力交易中心组织完成市场交易电量 28344 亿千瓦时，占全社会用电量比重达 39.1%，8 个电力现货市场建设试点进入试运行阶段，形成了中长期交易为主、现货交易为补充的电力市场体系雏形。全国碳市场机制不断完善，首批纳入市场管控范围的涵盖电力行业超过 2000 家火力发电企业，覆盖超过 30 亿吨碳排放量。但我国电力市场与碳市场各自独立运行，在设计目标、运行机制、主营产品、运营特点等方面缺乏有效协同，功能交叉重叠，尚没有充分发挥市场引导资源大范围优化配置的作用。现阶段迫切需要统筹现有绿色发展机制，进一步创新理念，构建新型市场体系，促进经济社会低碳转型。

碳中和目标对市场建设提出了更高要求。我国提出碳达峰、碳中和目标，亟须采取更加有力的政策和措施，对市场建设提出更高要求。

市场建设提速扩围　必须极大调动全社会参与主体的积极性和主动性，将市场覆盖范围从局部向全国加速推广，扩大交易覆盖领域，丰富市场产品类型，提升交易规模，尽快完善市场配套机制，充分发挥市场的资源配置核心作用。

市场配置高效低成本　加快推进能源生产侧清洁替代与消费侧电能替代，更加高效、通畅地实现清洁能源资源大范围配置，是碳达峰、碳中和目标完成的核心手段。必须发挥市场的竞争和激励作用，降低碳减排成本，加大减排收益，促进绿色发展"正循环"。

经济产业全面转型　我国重型化的产业结构是全社会碳排放居高不下的重要原因。实现碳达峰、碳中和目标，必须利用市场手段引导资金向清洁低碳产业加速流动，带动绿色新技术、新业态、新模式的推广应用，培育经济增长新动能，实现产业结构转型升级。

构建中国电—碳市场顺应发展趋势，是实现碳达峰、碳中和目标的有效方案。实现碳达峰、碳中和目标，时间紧、任务重、难度大，仅依靠行政命令式的减排机制效率低、成本高、不可持续，必须发展高效、低成本的新型市场减排机制，最有效的手段是推动电力市场和碳市场深度融合，即构建中国电—碳市场。以促进清洁低碳发展为目标，加快建成有效竞争的市场体系、价格体系和交易体系，形成主要由市场决定能源价格的机制，推动生产侧清洁替代与消费侧电能替代，依托中国能源互联网，促进清洁能源资源大范围优化配置，彻底摆脱经济社会对化石能源的依赖，为实现碳达峰、碳中和目标提供坚实保障。

8.3.2 理念与内涵

电—碳市场将电能和碳排放权相结合形成电—碳产品，产品价格由电能价格与碳排放价格共同构成，并将原有电力市场和碳市场的管理机构、参与主体、交易产品、市场机制等要素进行深度融合。

在发电环节

根据我国减排战略目标确定发电企业各交易期碳排放额度，考虑总体排放需求、清洁发展目标等因素，动态形成碳排放成本价格。发电企业参与上网竞价时，火电企业的发电成本与碳排放成本共同形成上网价格，通过碳排放成本价格的动态调整不断提升清洁能源市场竞争力，促进清洁替代。

在用能环节

建立电力与工业、建筑、交通等领域用能行业的关联交易机制，用能企业在能源采购时承担碳排放成本，形成清洁电能对化石能源的价格优势；同时，用能企业通过低碳技术研发创新、升级改造等活动不断降低生产过程碳排放，获得用能补贴，激励用能侧电能替代和电气化发展。

在输配环节

电网企业推动全国范围电网互联互通，促进优质、低价清洁能源大规模开发、大范围配置、高比例使用。

在金融投资及相关领域

金融机构开发多元化电—碳金融产品，提供电—碳金融期货、期权、远期合约等衍生品交易，为交易各方提供避险工具，并向市场提供资产管理与咨询服务，增强市场活力。

电—碳市场顺应气候与能源协同治理的发展趋势，发挥市场高效配置资源的优势，能够激发全社会主动减排动力，提升清洁能源竞争力，打破市场壁垒，促进绿色低碳产业发展，创新商业投融资模式，是以高效率、低成本、高效益实现气候与能源协同治理，是应对气候变化与实现能源可持续发展的系统性解决方案。

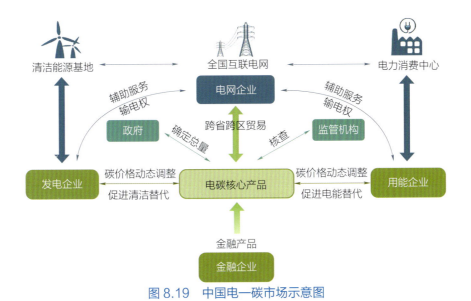

图 8.19 中国电—碳市场示意图

8.3.3 措施与目标

构建中国电—碳市场是实现我国碳中和目标的关键手段，须尽快启动相关研究、制定总体设计方案，以开展顶层设计、制定市场规则、推动市场融合为建设重点，循序渐进推动市场发展完善。

开展顶层设计。 遵循"创新、协调、绿色、开放、共享"的新发展理念，以实现清洁低碳可持续发展为方向，组织能源、气候、经济、社会、法律、管理、金融等领域力量，统筹我国能源转型与碳减排总体目标，制定各类清洁能源与终端各领域电能使用发展规划，规划电—碳市场总体目标及发展思路，明确市场建设边界条件，设计市场总体架构、参与主体与交易内容，开发多元化交易产品，完善市场机制设计，制定发展路线图，综合评估市场建设效益，形成系统性市场建设方案。

制定市场规则。 建立健全电—碳市场法律法规与政策体系，制定市场管理规则、交易规则、监管规则、配套保障制度等，明确市场参与主体相关法律职责和行为准则，协调相关财政、税收、投资等政策，保障碳减排、清洁消纳等政策协调兼容。根据市场建设目标及市场发展阶段，不断优化电—碳市场组织管理规则，明确市场主体范围、职能与行为边界，强化市场约束监督，为市场健康运行提供制度保障。

推动市场融合。构建电价与碳价有机融合的价格体系，制定统一的价格形成机制，对电能和碳排放权实施综合定价。组建市场交易、监管机构，组织电能及碳排放权的市场交易，开发电—碳交易及金融产品，提供结算依据和相关服务，披露公开市场信息，运营和管理交易平台，负责市场综合监督管理。扩大电—碳产品交易范围和规模，打破市场壁垒，推动市场高效运转。

构建中国电—碳市场，提出阶段性目标，推动市场全面建设，并有力推动"两个替代"，促进我国能源系统清洁转型。

在尽早达峰阶段，建成较为成熟的市场，省内交易活跃，省间交易具备一定规模，形成较完备的交易产品、市场主体、关键机制，基本覆盖碳排放重点行业。重点开发满足市场基本交易需求的电—碳实物、辅助服务等市场产品，形成市场关键交易机制，市场交易全面开展；市场覆盖电力行业，工业领域中钢铁、水泥、化工、建材、石化等高耗能、高排放行业，以及交通领域中航空等行业，参与主体数量超过 30 万，管控碳排放量占能源活动碳排放量 60% 以上；市场年交易电量达到 5.9 万亿千瓦时，其中跨省跨区域年交易电量达到 1.2 万亿千瓦时。

在快速减排阶段和全面中和阶段，建成完备的全国统一市场，市场主体、产品、机制进一步完善，建成成熟的金融市场，实现终端用能行业、用能主体全面覆盖。重点开发丰富的电—碳金融交易产品，形成交易活跃、流动性充裕的金融市场，提供多样化风险管理和投资工具；市场覆盖范围扩大至电力行业以外的工业、建筑、交通各领域，参与主体数量超过 50 万，管控碳排放量占能源活动碳排放的 80% 以上；市场年交易电量达到 11.3 万亿千瓦时，其中跨省跨区域年交易电量达到 3.6 万亿千瓦时。

中国电—碳市场有力推动"两个替代"，促进我国能源系统清洁转型，彻底摆脱对化石能源的依赖，从根源上减少碳排放，形成清洁主导、电为中心的能源系统，实现碳达峰、碳中和目标。

- 到 2030 年，清洁能源占一次能源比重、电气化率（含制氢用电）均超过 30%；能源行业年度碳排放量下降至 100 亿吨以下，实现碳达峰目标。

- 到 2050 年，清洁能源占一次能源比重超过 70%，电气化率达 50% 以上；能源行业年度二氧化碳排放量下降至 20 亿吨左右，实现电力系统率先碳中和。

中国电—碳市场总体方案

中国电—碳市场总体建设方案由市场主体、市场产品、交易机制和保障体系构成。

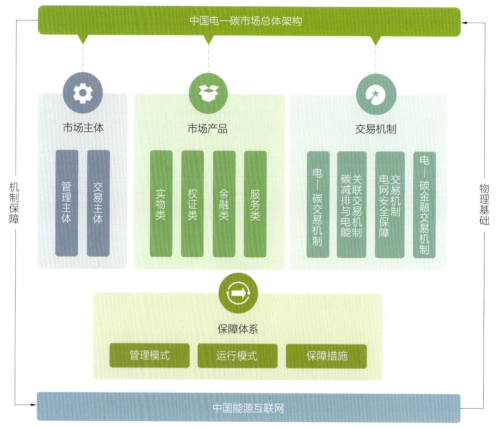

图 1　中国电—碳市场总体架构

1. 市场主体

市场主体由市场管理主体和市场交易主体组成。市场管理主体包含决策机构、交易机构、运行协调机构、监管机构、金融管理机构，主要负责碳减排与清洁发展目标设计、碳配额发放、交易规则制定、交易出清与结算、保障电力系统稳定运行，制定交易行为准则及相应惩罚措施等；市场交易主体包含能源生产、输配、销售、消费全链条的企业/个人，以及相关中介服务和金融投资机构，通过开展各类型市场产品买卖满足各领域行业用能需求、投资需求和市场履约。

2. 市场产品

市场产品由实物、权证、金融和咨询服务四大类产品组成。其中实物和权证是最基础、最重要的交易产品，占市场产品交易量的绝大部分。金融和咨询服务产品以实物和权证产品为依托不断发展成熟，提供规避交易风险、增强市场流动性、辅助决策等功能。

3. 交易机制

中国电—碳市场通过设计电—碳交易机制、碳减排与电能关联交易机制、电网安全保障交易机制、电—碳金融交易机制向市场参与者提供多元化交易方式。

电—碳交易机制。在发电侧引入碳价格信号，发电价格与碳价格信号共同形成电—碳产品市场价格，提升清洁能源的市场竞争力。中长期与现货两种交易模式，提供年度、月度等中长期交易和日前、日内、实时等现货交易服务，满足市场主体不同风险偏好，实现以中长期交易锁定长期收益，以现货交易发现真实价格，提高市场清洁电能消纳能力。

碳减排与电能关联交易机制。将终端领域用能企业的减排行为与清洁用电挂钩，用能企业低碳技术升级改造、设备更新换代、清洁项目投资等减排行为经过评估后兑换为等价资金，抵消购买清洁电能的成本。

电网安全保障交易机制。开展辅助服务、输电容量、发电容量、需求响应等产品的灵活交易，采用电—碳净计量等方法，满足电力系统调峰、备用、黑启动、无功补偿等安全保障需求，缓解电网输电阻塞，提高发电容量充裕性，调动灵活性资源，保障电网安全稳定运行。

电—碳金融交易机制。通过成立清洁发展投资基金、发行绿色债券、引入政府和社会资本合作投融资模式等，满足社会低碳发展的融资需求；通过开发电—碳金融衍生品交易、电—碳项目资产证券化、电—碳资产标准化认证、项目减排量认定体系构建等，使电—碳资产成为企业、金融机构和个人投资者的交易媒介、投资标的和价值储存手段，带动金融市场繁荣。

4. 保障体系

搭建由管理模式、运行模式和保障措施组成的市场保障体系，确保电—碳市场顺畅运行。中国电—碳市场管理模式设定市场交易履约周期，在每个交易履约期内通过路径设计、市场运营、成效反馈三个环节形成闭环管理，迭代优化市场建设。市场运行模式包括在交易侧开展"一体化交易"，即在全国各省各地区采用相同的交易产品与交易规则，不再区分省内、省间市场；在调度运行侧开展"统一运行"，即电力系统运行协调机构制定全国统一电网系统调度运行规则，统筹管理各电网公司调度机构，实现全国范围电网系统统一运行。中国电—碳市场保障措施包括建立健全相关行业法律法规及政策，明确管理主体责任的义务，明确市场与政府职能定位；形成独立运作、政监分离、职能完善和有效制衡的现代监管制度；建立信用分级制、信用风险衡量规则、信息披露等多重规则制度，多角度发挥市场信用管理作用。

9 碳中和效益与前景

实现碳中和将形成零碳能源体系和可持续发展新格局，引领生态文明建设，提升社会民生福祉，对经济发展、能源安全、社会民生、生态环境将产生巨大协同效益。预计到 2060 年，实现碳中和能够通过拉动经济增长、减少化石能源补贴、创造就业、避免气候损失、增加健康协同效益，创造社会福利累计约 1100 万亿元，相当于 1 元能源投资能够获得 9 元的社会福祉。

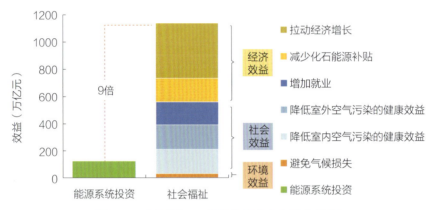

图 9.1　中国能源互联网实现碳中和社会效益

9.1　综合效益

9.1.1　经济效益

1　经济发展

拉动经济增长。建设中国能源互联网实现碳中和目标，将拉动投资，带动上下游产业发展，并为经济活动提供优质、清洁、智能的电力供给，提升能源利用效率，具有显著的经济拉动作用。到 2060 年，能源系统累计投资 122 万亿元，拉动全社会整体投资规模超过 410 万亿元，对我国 GDP 增长的贡献率超过 2%。

推动经济转型。建成以清洁能源为主体的零碳可持续能源体系，能直接推动我国工业、建筑、交通等主要终端领域的低碳转型，促进国内经济高质量发展。推动建立绿色低碳、循环发展的产业结构，新能源、新材料、新型储能、智能制造、电动汽车、大数据等先进技术和新兴产业的强劲发展持续提高能源和资源利用效率，提升我国经济发展核心竞争力的同时，带来社会发展、环境保护等协同效益。

2　产业带动

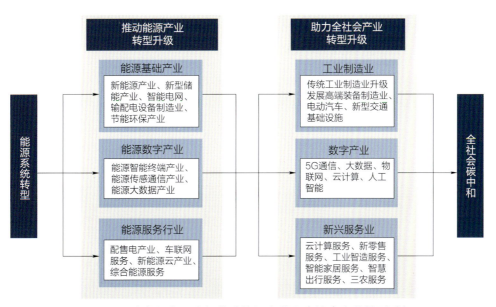

图 9.2　碳中和实现路径带动能源产业和全社会产业转型升级

推动能源产业转型升级

能源系统转型覆盖能源生产、转换、传输、存储和消费等各环节，有力带动上下游产业链发展。

促进能源基础产业发展

通过建设高比例可再生能源接入、多能互补的能源网络，推进新能源产业、新型储能产业、智能电网产业、输配电设备制造业和节能环保产业加快发展。

加快能源数字产业发展

通过将大数据、云计算、物联网、移动互联网、人工智能等先进互联网技术引入能源系统、实现能源系统的高端化、智能化，建设开放共享的能源信息网络相关产业，包括能源智能终端产业、能源传感通信产业、能源大数据产业等。

培育新兴能源服务业

通过能源和信息的深度融合，带动配售电产业、车联网服务产业、新能源云产业、综合能源服务产业蓬勃发展。

助力全社会产业转型升级

支撑传统工业制造业转型升级

以清洁电力和电制原料燃料全面促进传统产业节能降耗，加快传统产业转型升级，促进传统重化工业加速转向清洁低碳的新型重化工业。

加快数字产业发展

能源系统转型为先进通信技术、大数据、物联网、云计算、人工智能等先进数字技术应用提供重要载体，推动产业链升级、价值链提升，通过跨界融合，打造经济发展新模式，以数字化、智能化助力全社会碳中和目标的实现。

培育战略新兴服务业

低碳、智能、高效的能源供需体系降低全社会用能成本，带动云计算服务、新零售服务、工业智造服务、智能家居服务、智慧出行服务、三农服务等新兴服务业和新商业模式快速发展，提高传统服务业技术含量和附加值，创造更大的社会经济效益。

为全社会产业结构转型升级注入强大动力

能源消费模式的创新催生新业态新模式的形成，加速技术创新，促进高端装备制造业、电动汽车、新型交通基础设施等产业的蓬勃发展，新一代信息技术、新能源、新材料、节能环保等战略性新兴产业成为经济发展的主导产业。优化经济产业结构，第三产业比重加速上升，在 2060 年第三产业比重提高到 66% 左右。

3 能源保障

保障能源安全

实现碳中和目标需要自主开发清洁电力，通过构建以新能源为主体的新型电力系统，为经济社会发展提供充足、经济、稳定、可靠的能源供应保障。

供给充足

到 2060 年，我国一次能源供应量达到 59 亿吨标准煤，其中清洁能源能够满足 90% 的一次能源需求，根本解决能源供应紧张问题。届时，我国发电量将达到 17 万亿千瓦时，其中可再生能源发电量占比达到 96% 以上，高比例可再生能源电力系统安全稳定运行，人均用电量达到 1.3 万千瓦时，是 2015 年人均用电量的 3 倍以上，全社会用电成本下降 20%。

自主保障

2060 年，我国化石能源在一次能源中占比降至 10% 以下，通过各领域电能替代，有力推动在能源消费侧以自主开发的清洁电能及电制燃料替代进口化石能源，减少终端油气消费，基本实现能源全部自给，能源安全保障能力大幅提升。

建成现代化能源系统

成本降低
通过清洁能源规模化发展，推广智能电网技术，降低能源供给整体成本，提高能源供给经济性、可靠性、安全性和环保性。❶

配置优化
构建以特高压为骨干网架、各级电网协调发展的全国统一大电网，建成清洁主导、电为中心、互联互通、开放共享的现代能源系统，为经济社会提供安全、清洁、低碳、高效的能源保障。❷

效率提升
发挥电能经济、高效的优势，推动我国产业结构转型升级，降低高耗能产业比重，提高新型数字产业、服务业对经济增长的贡献，进而大幅提高能源效率，到 2060 年，我国单位 GDP 能耗相比 2018 年降低 80% 以上。

9.1.2 社会效益

1 民生就业

创造大量就业岗位。实现碳中和能够拉动清洁能源开发、电源及电网互联工程投资，创造建设地的人力需求，同时能够带动与能源产业相关的上下游产业发展，涵盖社会生产、流通、分配和消费等领域，在解决就业问题、降低失业率上，发挥重要作用。❸ 能源系统转型将带来新经济增长点和新就业机会，可再生能源产业单位产能就业人数是传统能源产业的 1.5~3.0 倍。❹ 到 2060 年，累计可增加约 1 亿个就业岗位，促进我国经济社会高质量发展。

---

❶,❸ 全球能源互联网发展合作组织，全球能源互联网应对气候变化研究报告，北京：中国电力出版社，2019。
❷ 全球能源互联网发展合作组织，中国能源转型，2019。
❹ 何建坤，中国低碳发展战略与转型路径研究项目成果介绍，2020 年 10 月。

促进区域协调发展。我国光、风、水电基地主要分布在西部地区。到 2050 年，新疆、青海、内蒙古、西藏等地区重点规划开发 18 个大型太阳能发电基地，发电总装机规模可达 5.5 亿千瓦；新疆、甘肃、蒙东、蒙西等地区将重点规划开发 21 个大型陆上风电基地，风电总装机规模可达 4 亿千瓦；西南地区的金沙江、雅砻江、大渡河、澜沧江、怒江、雅鲁藏布江等流域水电总装机规模可达 2.76 亿千瓦。促进西部地区清洁能源资源加快开发和消纳，带动发电、制氢、新型化工、绿色矿业等产业发展并形成支柱产业，将资源优势转化为经济优势，提高收入、增加就业、改善民生、促进稳定，缩小区域发展差异，推动东西部协调发展[1]。

2 改善健康

保障居民健康。实现碳中和目标将带来生态环境的根本改善，提高空气质量[2]、水质和土壤质量，对我国居民健康有明显改进作用。通过清洁替代和电能替代，减少各类大气污染物排放，显著降低人群死亡率、心血管疾病以及呼吸系统疾病的发病率，显著提升我国空气质量和人民健康水平，增强人民生活幸福感[3]。到 2060 年，我国空气中细颗粒物浓度相比 2015 年减少 80% 以上，达到国家环境空气质量一级标准，可避免因室内外空气污染、气候变化、极端天气灾害造成的死亡人数累计约 2000 万例，减少污染相关疾病约 9600 万例。[4]

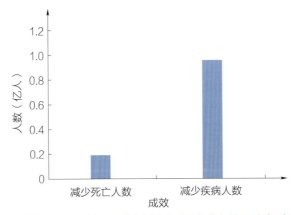

图 9.3 碳中和实现路径下到 2060 年累计减少的死亡与疾病人数

---

[1] 全球能源互联网发展合作组织，中国能源转型，2019。

[2] 全球能源互联网发展合作组织，落实联合国 2030 年可持续发展议程行动计划，2017。

[3] 全球能源互联网发展合作组织，全球能源互联网应对气候变化研究报告，北京：中国电力出版社，2019。

[4] 测算方法参考 Qu C, Yang X, Zhang D, et al., Estimating health co-benefits of climate policies in China: An application of the Regional Emissions-Air quality-Climate-Health (REACH) framework, Climate Change Economics, 2020。

9.1.3 环境效益

1 气候效益

减少气候损失。 实现碳中和目标，将气候风险维持在较低水平，大幅减少气候变化和气候灾害导致的各类经济、社会损失，且越早开始减排行动，能够避免的气候损失越大 [1]。相比现有模式延续情景，中国能源互联网碳中和实现路径到 2060 年能够累计避免气候损失约 31 万亿元，相比现有模式延续情景下降 56% [2]。

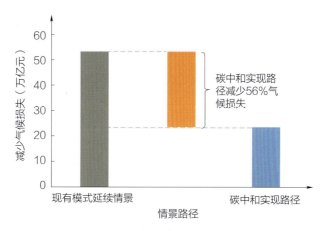

图 9.4　2020—2060 年碳中和实现路径减少气候损失

降低气候风险。 我国实现碳中和目标，将助力控制温升水平，有效降低气候系统面临的各类风险。减缓气候变暖导致的极端天气气候事件，降低干旱、洪涝、热带气旋（台风、飓风）、沙尘、寒潮与低温、高温与热浪等灾害事件发生的强度和频率，减少极端灾害导致的人员伤亡和经济损失。减少气候变化对农业、民生和经济部门、基础设施、人类健康等造成的不利影响和损失，降低气候变化对水资源、土地、生态系统等自然系统的不利影响。

---

[1] Stern N, The Economics of Climate Change: The Stern Review, Cambridge, UK: Cambridge University Press, 2007.

[2] Zhao Z J, Chen X T, Liu C Y,, et al., Global climate damage in 2℃ and 1.5℃ scenarios based on BCC_SESM model in IAM framework, Advance in Climate Change Research, 2020, 11,261-272.

2 环境保护

有效减少环境污染。到 2060 年，二氧化硫、氮氧化物、细颗粒物排放相比现有模式延续情景分别减少 1576 万、1453 万、427 万吨，分别减排 91%、85%、90%，[1,2] 为破解气候变化、大气、淡水、土地、森林、海洋、粮食、生物多样性等环境问题开辟了新道路，为打赢打好污染防治攻坚战、推动生态环境治理体系和治理能力现代化提供有力支撑。

促进生态文明建设。从源头上实施清洁替代切断污染排放，优化化石能源的使用方式，从污染源头上直接减少化石能源生产、使用、转化全过程的空气污染物排放。过程中推动电网互联互通优化资源配置，统筹季节差、电价差、资源差，让过度依赖煤油气的地区用上清洁电能，拓展各区域的环境容量空间，破解资源禀赋约束和发展路径锁定问题。终端中促进电能替代扩大减排潜力，推动工业、交通、建筑领域使用的煤炭、石油和天然气被清洁电力取代，减少工业废气、交通尾气、生活和取暖废气等排放，实现空气污染联动治理。

---

[1] 国际能源署，能源与空气污染，北京：机械工业出版社，2017。根据全球能源互联网方案和国际能源署中的排放系数测算减排效益。

[2] 全球能源互联网发展合作组织，全球能源互联网促进全球环境治理行动计划，2019。

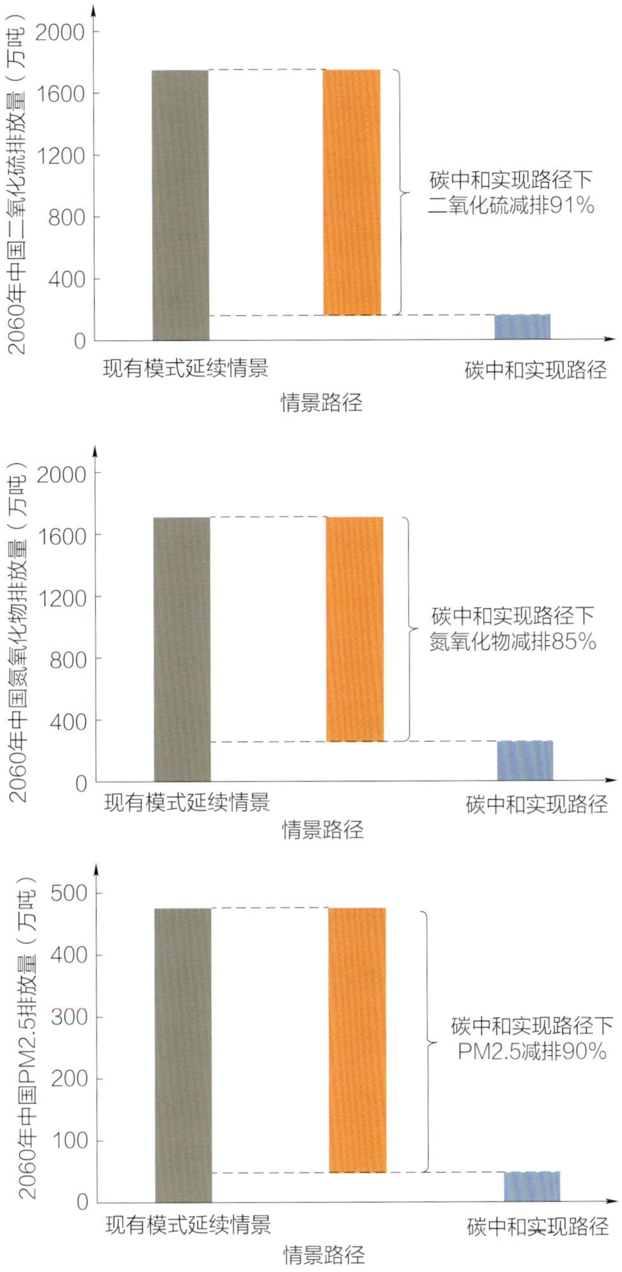

图 9.5　碳中和实现路径下的二氧化硫、氮氧化物、细颗粒物减排量

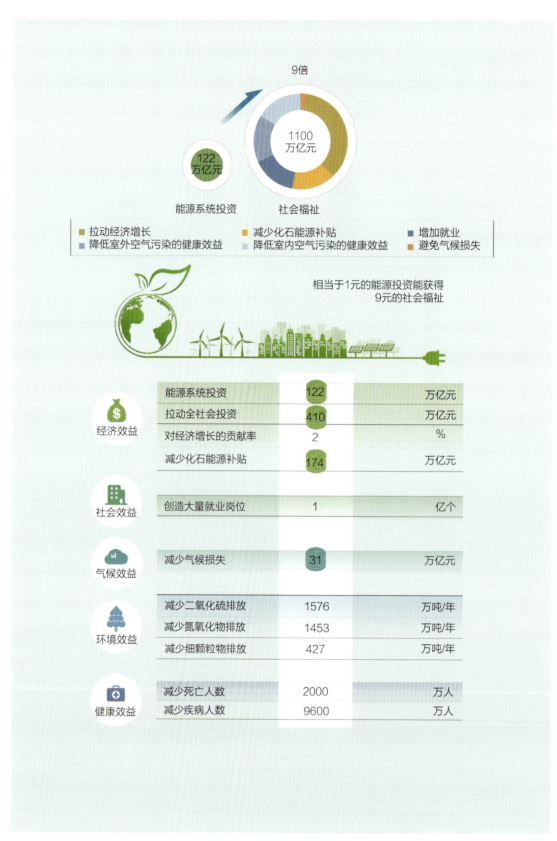

图 9.6　中国能源互联网碳中和实现路径的综合效益

9.2　前景展望

9.2.1　经济繁荣昌盛

实现碳中和，人民生产方式、消费方式将发生深刻变化，经济发展模式与经济体系将发生结构性变革，经济社会步入绿色低碳、智能高效、开放共享的新时代。

经济发展获得持续动能。经济社会发展对资源的依赖程度逐渐降低，经济增长与资源环境要素投入脱钩，从根本上破除了制约经济持续健康发展的资源环境等约束，释放更多增长活力。新能源、新材料、新一代信息技术、节能减排、清洁生产、生物技术等低碳行业蓬勃发展，并在共享经济、现代供应链、中高端消费、高端服务业等领域形成新增长点，为经济高质量发展注入持续强大动能。实现资源高效利用、环境协调发展、社会潜能激发、经济又好又快发展。

产业体系全面升级。碳中和对生产要素和生产方式产生根本性影响，推动传统产业优化升级和新兴产业高速发展。传统产业由"高污染、高排放、高消耗、低效率"的粗放型发展模式转变为"低污染、低排放、低消耗、高效率"的高质量发展模式，产业迈向全球价值链中高端，形成若干世界级先进制造业集群。清洁能源、节能环保、新能源汽车、智能电网等新兴低碳产业蓬勃发展，新一代数字通信技术飞跃式突破。各领域各行业协同共享信息技术资金，形成线上线下有机结合、上下游产业协同联动发展，大中小型企业产能共享的网络化产业链、供应链和价值链，形成绿色低碳、协调共享的产业结构。产业结构升级带动就业增加，形成新的社会分工，工人知识性、技能性和创新性能力不断提升，数亿人直接或间接从事低碳行业，分享低碳发展红利。

创新驱动发展。经济增长由土地、资源、劳动力、投资等要素驱动转变为创新驱动。低碳相关前沿引领技术、现代工程技术、颠覆性技术不断创新突破，能源、信息、材料、制造、生物、环境等科技领域的大批创新成果不断涌现，推动新能源、新材料、新一代信息通信产业、智能电网、电动汽车、轨道交通等行业焕发生机。各类新技术、新产业、新业态呈交叉式、集成式、聚合式突破发展，批量创新性研究、产品等成果不断涌现，新型价值创造方式应运而生。

区域协调发展。区域发展不再受人口分布、资本聚集等要素约束。西部地区依托丰富的能源资源优势，能源、交通、信息等基础设施日臻完善，并带动氢能、大数据、电制原材料等高新技术产业的发展，构建以清洁能源为先导、绿色循环产业协调发展的价值链，开创新时代西部大开发新格局。统一开放的全国市场体系，使东西部资源、市场等互补特性被充分挖掘调动，东部地区资金、技术、人才优势与西部地区资源、市场、劳动力等优势高效协同、有机融合，形成区域间协同共享、共同繁荣的经济新发展格局。

9.2.2 环境和谐美丽

实现碳中和，将建成清洁、高效、安全、永续的现代能源体系，解决当前困扰人类的极端气候灾害、环境污染、土地荒漠化、水资源紧缺、生物多样性等问题，恢复绿水青山、生机盎然、美丽和谐的人居环境，人们进入永享自然之美的新常态，开启尊重自然、珍爱自然、与自然协同发展的生态文明新历程。

自然环境优美。清洁高效的零碳能源体系将有效消除能源活动对生态环境的影响，清洁能源大规模开发利用，直接减少化石能源生产、使用、转化全过程的污染物排放；工业、交通、建筑领域使用的化石能源被清洁电力取代，减少工业废气、交通尾气、生活和取暖废气对空气和水资源的污染。依托太阳能、核能等清洁能源的广泛应用，大规模海水淡化和大范围水利调度成为现实，水资源供应充裕、分布均匀。依托能源、土地利用、农林业、气象等领域创新技术，电—水—林—汇等先进理念，促进西北荒漠化地区高效采集、存蓄雨水地下水，高效利用淡化海水，植被覆盖面积增加，荒漠变成适合人类居住的环境。森林、湿地覆盖率持续扩大，生物多样性得以保护，形成天更蓝、地更绿、水更净、人与自然和谐发展的格局。

气候生态和谐。 依托取之不尽用之不竭、成本低廉的清洁能源供应，及碳捕集与封存、气候工程等前沿技术，消除开采、加工、运输、存储及燃烧化石能源产生的温室气体排放，彻底消除地球变暖的根源，消除对地质、陆地和海洋造成的破坏，气候生态回归自然状态，气候环境危机根治，粮食生产、土壤、水资源和人民生命财产不再承受气候变化带来的威胁，人们迎来更加美好的未来。

人民健康幸福。 有效减少污染物和温室气体排放造成的高温暴露生理疾病，减少呼吸道、心血管等非传染性疾病的发病率，避免极端降水造成饮用水中病原体浓度提高，降低水、空气等媒介传染性疾病的发病率。在碳中和带来的经济高质量发展模式下，医疗保障水平随之大幅提高，人们健康水平显著提升。依托清洁能源持续稳定发电技术，气象精准预测技术，人工降雨、降雪、消云、消雾技术，防冻、抑制雷电、削弱台风等前沿技术，有效减缓极端天气气候事件，降低干旱、洪涝、台风、飓风、沙尘、寒潮与低温、高温与热浪等灾害事件发生的强度和概率，减少人员伤亡和经济损失。

9.2.3 能源清洁高效

未来人类能源生产将从低效、粗放、污染、高碳的方式向高效、智能、清洁、低碳的方式持续演进。传统的燃煤电厂逐步退役，煤炭、石油、天然气等化石能源比重逐步降低，由目前的主要能源变为次要能源，化石能源回归其基本属性，主要作为工业原料和材料使用。千万千瓦级的水电、风电、太阳能电站集群在峡谷、荒漠安家，各种分布式电源广泛分布在城市、乡村，太阳能、风能、水能、海洋能、地热能、生物质能等清洁能源比重逐步提高，由目前的次要能源变为主要能源。

能源供应充足永续。 我国水能、陆上风能、太阳能资源技术可开发量分别达到 6.6 亿、56 亿、1172 亿千瓦，年发电量 2.3 万亿、5.9 万亿、6.2 万亿千瓦时，完全可以满足各类能源需求。普照的阳光、奔腾的河流、过境的大风、深藏的地热等各种形式的清洁能源，将通过各类新型发电装置转化为电能，随时随地满足我国人民的需求。到 2060 年，我国每年可生产 16.5 万亿千瓦时清洁电能，较 2020 年增长近 7.7 倍，充沛的电能照亮华夏大地每个角落。在充足的能源支撑下，人民巨大的物质需求得到充分满足，如大量收集的雨水、排放的污水、充满盐分的海水都被转化为清洁且价格低廉的淡水，满足社会持续增长的用水需求。

能源消费便捷高效。电能成为能源消费的中心，我国进入"电力无处不在"的电气化新时代。电能将基本满足人们对能源的各种需求，电锅炉、电采暖、电制冷、电炊具和电动交通应用等广泛实现，热水、烹饪、采暖、制冷、照明、灌溉等人类生活所需几乎全部通过电力解决。智能电网为各类用户、设备和系统提供灵活可靠、经济便捷的清洁电力，形成以电力为核心，电、冷、热、气、动力等多种用能形式高效互补、集成转化的新型综合能源系统。

能源利用成本低廉。清洁能源实现规模化开发、网络化配置，有效降低了能源开发成本，整体提高全社会能源利用水平。能源生产链条大大缩短，能源供应的边际成本大幅下降，人们将充分享有高效、低廉的清洁电力供应。以清洁电能为载体，能源突破了资源属性，不再是战略物资，不再束缚经济社会发展，人人享有经济、便捷、充足的能量供给，驱动低碳家庭、低碳城市、低碳社会蓬勃发展。

9.2.4 社会文明进步

低碳理念深入人心。碳中和将推动更多社会个体投身到应对气候变化、环境治理、科技创新等为社会谋和谐、谋福祉的宏伟事业中。人们深刻认识到生态文明的重要性，注重人与人、人与社会、人与自然的和谐共生、良性循环、全面发展、持续繁荣。人们认同需要用更文明的态度对待自然，拒绝对大自然进行野蛮与粗暴的掠夺，崇尚合理的节俭，摒弃奢靡浪费，节能、节水、节地、节材、循环利用、回收再生等行动深入人心。

低碳生活成为风尚。低碳代表着更健康、更自然、更科学的生活态度，同时也是一种低成本、低代价、低能量、低消耗的生活方式。在碳中和的理念下，人们返璞归真地去进行社会活动，摒弃了用金钱来标榜社会地位的生活方式，转为适度合理、尊崇健康环保，更多追求非物质方面的精神享受。节约粮食、杜绝浪费的饮食风气广泛形成共识，爱惜粮食、适量用餐、光盘行动蔚然成风；环保、低碳的棉麻服装受到大众欢迎，旧衣物循环回收成为居民习惯；城镇建设规划合理，大拆大建现象逐步消退，超低能耗的"零碳建筑"全面推广；电动、燃料电池等新能源汽车成为绝对主导的机动车，轨道交通高速便捷、共享自行车城乡普及，零碳排放的公共交通成为出行优先选择。

迈入零碳社会。碳中和理念将带动我国经济社会发生系统性转变，人们崇尚零碳文化，发展零碳经济，享受零碳生活，建设零碳城市和零碳乡村，迈入零碳社会。社会各界形成注重生态价值、倡导绿色环保、推崇尚俭节用、秉持可持续发展的文化氛围。政府以绿色增长新理念引导零碳经济发展，企业以低碳产品和服务为核心竞争力参与零碳市场体系建设。民众具有零碳意识，追求理性消费、尚俭戒奢的生活方式，居民生活舒适宜居，人与人、人与社会、人与自然在绿色、健康、安全的体系下和谐共生。

参考文献

[1] 刘振亚 . 全球能源互联网 [M]. 北京：中国电力出版社，2015.

[2] 全球能源互联网发展合作组织 . 全球能源互联网研究与展望 [M]. 北京：中国电力出版社，2019.

[3] 中电联电力发展研究院 . 中国电气化发展报告 2019[R]. 2019.

[4] 全球能源互联网发展合作组织 . 三网融合 [M]. 北京：中国电力出版社，2020.

[5] 全球能源互联网发展合作组织 . 全球电—碳市场研究报告 [M]. 北京：中国电力出版社，2019.

[6] 全球能源互联网发展合作组织 . 新发展理念的中国能源变革转型研究 [R]. 2019.

[7] 全球能源互联网发展合作组织 . 中国 2030 年前碳达峰研究报告 [R]. 2020.

[8] 全球能源互联网发展合作组织 . 2060 年前碳中和研究报告 [R]. 2020.

[9] 全球能源互联网发展合作组织 . 全球清洁能源开发与投资研究 [M]. 北京：中国电力出版社，2020.

[10] 全球能源互联网发展合作组织 . 中国"十四五"电力发展规划研究 [R]. 2020.

[11] 瓦克拉夫·斯米尔 . 能源转型—数据历史与未来 [M]. 北京：科学出版社，2018.

[12] 托尼·西巴 . 能源和交通的清洁革命 [M]. 长沙：湖南科学技术出版社，2018.

[13] 薛建明 . 当代中国科技进步与低碳社会构建 [M]. 北京：中国书籍出版社，

2015.

[14] 王景福，张东晓 . 沿着低碳之路走向生态文明 [M]. 北京：中国环境出版社，
    2017.

[15] Henrik Lund. 可再生能源系统——100% 可再生能源解决方案的选择与模
    型 [M]. 北京：机械工业出版社，2011.

[16] 曾少军 . 一条新路：中国"低碳 +"战略 [M]. 北京：中国经济出版社，
    2019.

[17] 中国可再生能源学会 . 2049 年中国科技与社会愿景——可再生能源与低碳
    社会 [M]. 北京：中国科学技术出版社，2016.

[18] 沈满洪，吴文博，池熊伟 . 低碳发展论 [M]. 北京：中国环境出版社，2014.

[19] 李左军，等 . 低碳发展的逻辑 [M]. 北京：中国财富出版社，2014.

[20] 杜祥琬，等 . 低碳发展总论 [M]. 北京：中国环境出版社，2016.

[21] 王能应 . 低碳理论 [M]. 北京：人民出版社，2016.

[22] 魏一鸣，刘兰翠，廖华 . 中国碳排放与低碳发展 [M]. 北京：科学出版社，
    2017.

[23] 张龙，王淑娟 . 绿色化工过程设计原理与应用 [M]. 北京：科学出版社，
    2018.

[24] 张永杰，黄军 . 钢铁低碳高能效共性难题技术研发与应用 [M]. 北京：冶金
    工业出版社，2019.

[25] 清华大学建筑节能研究中心 . 中国建筑节能年度发展研究报告 2019[M]. 北
    京：中国建筑工业出版社，2019.

[26] 黄全胜，王靖添，闫琰，宋媛媛 . 中国交通运输行业低碳发展策略与展望
    [M]. 北京：北京大学出版社，2020.

[27] 王敏，宋志国，等 . 绿色化学化工技术 [M]. 北京：化学工业出版社，2020.

[28] 张霜，叶大军，张红达，龚明 . 低碳经济模式钢铁企业战略联盟发展之路
    [M]. 北京：科学出版社，2015.

[29] 刘朝全，姜学峰 . 2018 年国内外尤其行业发展报告 [M]. 北京：石油工业
    出版社，2019.

[30] 陈汉平，杨世关 . 生物质能转化原理与技术 [M]. 北京：中国水利水电出版

社，2018.

[31] 薛建明，等 . 低碳交通体系构建与实践研究 [M]. 北京：光明日报出版社，2019.

[32] 陶良虎 . 低碳产业 [M]. 北京：人民出版社，2016.

[33] 全球能源互联网发展合作组织 . 破解危机 [M]. 北京：中国电力出版社，2020.

[34] 王社斌，林万明，等 . 钢铁冶金概论 [M]. 北京：化学工业出版社，2014.

[35] 国网天津市电力公司，国网天津节能服务有限公司 . 电能替代技术发展及应用——走清洁、环保、可持续发展之路 [M]. 北京：中国电力出版社，2015.

[36] 清华大学气候变化与可持续发展研究院 . 中国长期低碳发展战略与转型路径研究 [R]. 2020.

[37] 杨志，刘丹萍 . 低碳经济与经济社会发展 [M]. 北京：中国人事出版社，2011.

[38] 中国化工学会储能工程专业委员会 . 储能技术及应用 [M]. 北京：化学工业出版社，2018.

[39] 全球能源互联网发展合作组织 . 大规模储能技术发展路线图 [M]. 北京：中国电力出版社，2020.

[40] 华志刚 . 储能关键技术及商业运营模式 [M]. 北京：中国电力出版社，2019.

[41] 蔡闻佳，惠婧璇，赵梦真，等 . 温室气体减排的健康协同效应：综述与展望 [J]. 城市与环境研究，2019，000（001）：76-94.

[42] Stern N. The Economics of Climate Change：The Stern Review，Cambridge[M]. UK: Cambridge University Press，2007.

[43] 刘振亚 . 中国电力与能源 [M]. 北京：中国电力出版社，2012.

[44] 曹颖，陈怡，田川，等 . 中国低碳发展战略研究报告 2018—政策评价与选择 [M]. 北京：中国环境出版集团，2019.

[45] 张继久，李正宏，杜涛 . 低碳经验 [M]. 北京：人民出版社，2016.

[46] 胡剑锋，黄海蓉 . 低碳工业轮 [M]. 北京：中国环境出版社，2017.

[47] 张永坚 . 医药化工生产设备选型 [M]. 北京：化学工业出版社，2014.

[48] 徐自亮，余英，李力 . 氢燃料电池应用进展 [J]. 中国基础科学，2018，20（2）.

[49] 詹熳宁，靖佳超，娄春景 . 船舶未来新型替代能源 [J]. 船舶，2018，v.29;No.176（S1）：167-172.

[50] 段茂盛 . 通过清洁发展机制促进可持续发展 [J]. 环境保护，2006（13）：71-74.

[51] 徐冠华，葛全胜，宫鹏，等 . 全球变化和人类可持续发展：挑战与对策 [J]. 科学通报，2013，058（021）：2100-2106.

[52] 张臻烨，胡山鹰，金涌 . 2060 中国碳中和——化石能源转向化石资源时代 [J]. 现代化工，2021，41（06）：1-5.

图书在版编目（CIP）数据

中国碳中和之路 / 全球能源互联网发展合作组织著 . —北京：中国电力出版社，2021.7 （2021.12重印）
ISBN 978-7-5198-5774-5

Ⅰ.①中…　Ⅱ.①全…　Ⅲ.①中国经济－低碳经济－研究　Ⅳ.①F124.5

中国版本图书馆 CIP 数据核字（2021）第 122816 号

出版发行：中国电力出版社
地　　址：北京市东城区北京站西街 19 号（邮政编码 100005）
网　　址：http://www.cepp.sgcc.com.cn
责任编辑：孙世通（010-63412326）　周天琦　刘红强　曲　艺
责任校对：黄　蓓　李　楠
装帧设计：北京宝蕾元科技发展有限责任公司
责任印制：钱兴根

印　　刷：北京瑞禾彩色印刷有限公司
版　　次：2021 年 7 月第一版
印　　次：2021 年 12 月北京第三次印刷
开　　本：889 毫米 ×1194 毫米　16 开本
印　　张：20.25
字　　数：329 千字
定　　价：280.00 元